にほんご どっかい
阅读教程

陆留弟——总主编　　蔡敦达　庞志春——编著

日本語中級通訳員　　　　試験

总主编的话

作为上海市外语口译岗位资格证书考试项目之一的"日语口译岗位资格证书考试"自1997年开考至今,已由开始的鲜为人知,到现在逐步被高校日语专业学生了解,并得到社会各相关部门的认可。考试规模不断增大,生源范围不断扩展。可以说,这一项目为培养具有一定水平的日语口译人才作出了贡献。

随着报考人数的增加,考生结构发生变化,原考试项目显现出局限性。为了更好地体现服务社会的宗旨,适应不同岗位日语口译人才的需要,上海市高校浦东继续教育中心(以下简称"中心")决定从2007年秋季起开设"日语中级口译岗位资格证书"和"日语高级口译岗位资格证书"两个级别的考试。在"中心"和上海市外语口译岗位资格证书考试委员会的直接领导和组织指导下,由日语口译专家组陆留弟、蔡敦达、庞志春、杜勤、王丽薇五位老师负责编写《日语中级口译岗位资格证书考试·听力教程》(王丽薇、吴素莲)、《日语中级口译岗位资格证书考试·阅读教程》(蔡敦达、庞志春)、《日语中级口译岗位资格证书考试·口语教程》(庞志春、王建英)、《日语中级口译岗位资格证书考试·翻译教程》(杜勤、刘新梅)、《日语中级口译岗位资格证书考试·口译教程》(陆留弟、蒋蓓)系列教程。

按照"中心"对教程编写确定的五点原则:1. 定位准确;2. 设定框架和体例;3. 选材面广;4. 体现时代特征;5. 突出口译特点,五位老师认真收集材料,编写上精益求精、各具特色。例如,《听力教程》每课由A、B两套试题组成。A套用以测试学习者的听力水平,以便进行有针对性的学习和训练。B套为模拟试题,其题型和要求与《考试大纲》的规定完全一致。《阅读教程》全书由上篇、下篇组成,上篇为"阅读基础与技巧",下篇为"课文"。上篇部分主要帮助学习者认

识阅读、掌握阅读的主要方法，从而准确且快速地阅读日语文章，做到事半功倍。下篇日语文章涉及说明文、论述文、随笔、小说等题材。《口语教程》每课由两篇文章和"口语讲座"组成。其中"口语讲座"为其特色，兼具知识和信息，引导学习者如何说日语、用日语，从而提高他们的日语表达能力。《翻译教程》每课由日译汉、汉译日两部分组成。在讲授日汉互译基础理论的同时，注重翻译技巧的传授，帮助学习者通过大量的日汉互译实践提高自身的翻译水平。《口译教程》每个单元由六大模块组成。基本词汇和背景知识模块帮助学习者扫除口译中的基本障碍和了解相关背景知识；短句口译和简单的段落口译模块是口译表达的"实战演习"，要求学习者学会灵活、自然、丰富的口语表达；口译注释模块对相关的语言内容进行补充说明，小知识模块对口译的基本要点和基本培训内容进行必要的阐述。此外，为了体现本教程能为上海乃至全国培养更多应用型日语人才的编写目的，编者根据不同教材的特点以及需要，归纳出了八大主题：文化娱乐、社会生活、教育研修、环境保护、高新技术、经济贸易、金融证券和时事新闻。

学习外语不同于学习数学、物理等带有公式、逻辑性的学科，外语的学习必须要有无数次的反反复复，而且是简单的反复、反复、再反复。只有坚持这"简单反复"的过程，才能取得外语学习的成功。当然，这"简单反复"也必须由一些指导性的方法来支撑。首先，在初级阶段练好语音语调是对一个"能说会道"者的基本要求；其次，要做到坚持每天放声朗读，这是带领学习者进入"开口说话与交流"的最佳途径；最后也是最重要的一点：如何寻找"自我学习、自我会话、自我翻译"的环境。在外语的学习过程中，除了借助教程以及老师的教授和辅导外，如何寻找一个适合自己学习外语的环境，使自己在日常生活以及自然环境下悟出一套自我学习外语的方法，这在当今千军万马学习外语的浪潮中成为成功的弄潮儿至关重要。

总而言之，学习任何语言都需要付出艰辛的劳动。希望这套系列教材能为有志于从事日语口译工作的人们提供一些帮助和指导。在此，我谨代表本系列教程的所有编写人员期待着你们的成功！

本人对整套教程从宏观上进行了总体把握,但微观上的把握略有不足,编撰时难免有些缺失。希望各方专家、学者、老师和学生多多给予指正,以便我们及时改进。

　　"中心"和上海市外语口译岗位资格证书考试委员会的有关领导和工作人员以及华东师范大学出版社对系列教程的编写和出版做了大量的工作,在此我代表各位主编和参与本系列教程的所有人员向你们道一声谢谢,感谢你们对本系列教程的大力支持,感谢你们给了我们施展智慧的一次良好机会。

总主编　陆留弟

2007年3月

教材使用说明

《阅读教程》为"日语中级口译岗位资格证书考试"系列丛书之一种,是根据《上海市日语中级口译岗位资格证书考试大纲》(2006年版)阅读理解部分的要求编写的,旨在帮助学习者通过培训或自学掌握日语阅读理解的基本知识和技能。

本教程由上篇和下篇两大部分组成,上篇为"阅读基础与技巧",下篇为"课文与综合解答"。

上篇共分十一讲,在介绍阅读理解"ボトムアップ(bottom-up)处理"("文本依存处理"、"语言性处理"、"低级处理"等)模式、"トップダウン(down-up)处理"("阅读者依存处理"、"知识依存处理"、"高级处理"等)模式和"スキーマ(schema)"("图式")理论的同时,着重就对立解读法、并列解读法、相同内容解读法、综合解读法、接续词语解读法、让步解读法、关键词解读法、理由解读法、指示词语解读法、归纳解读法等十种阅读理解的方法,举例作了详细的讲解。有关上篇的内容,学习者既可以在培训教师的指导下学习,也可以在具体学习下篇课文内容的同时自学,旨在帮助学习者认识阅读,掌握阅读的主要方法,从而准确且快速地阅读日语文章。

下篇共有十六课,每课由本文Ⅰ和本文Ⅱ两篇文章组成,内容涉及说明文、论述文、随笔、小说、会话等不同文体的日语文章。每篇文章后包括设问、词汇以及句型(或注释)三部分。设问题型既有选择题等客观题,也有归纳题等主观题;词汇和句型的取舍标准设定在中级日语以上,并在词汇和句型部分适当地增加了词汇条目的例句和句型的比较等内容,目的是帮助学习者准确地掌握词汇和句型。下篇的内容按18周设计,每周一课,周学时4至6学时。另视教学需要,可安排综合测试等。

综合解答除了给出参考答案外,根据阅读理解的相关解题法对设问进行解析,旨在提高学习者的学习效率,做到事半功倍。

本教程主要学习对象为参加"上海市日语中级口译岗位资格证书考试"的考生,同时也可作为其他同等日语能力者的阅读理解参考书以及日语教师的教学参考书。

本教材在编写过程中,参考或引用了国内外相关的书籍或资料,在此我们向原著者或编者表示衷心的感谢。另外,在本书日语文章的文字录入等方面,同济大学外国语学院日语专业研究生李丽同学付出了辛勤的劳动,一并表示谢意。

由于编者能力有限且时间仓促,本教材疏漏、缺陷难免,敬请诸位批评、指正。

编 者
2007 年 3 月

目　录

上篇　阅读基础与技巧

第一讲　何谓阅读理解 …………………………………………… 3
第二讲　对立解读法 ……………………………………………… 8
第三讲　并列解读法 ……………………………………………… 12
第四讲　相同内容解读法 ………………………………………… 15
第五讲　综合解读法 ……………………………………………… 18
第六讲　接续词语解读法 ………………………………………… 21
第七讲　让步解读法 ……………………………………………… 25
第八讲　关键词解读法 …………………………………………… 28
第九讲　理由解读法 ……………………………………………… 31
第十讲　指示词语解读法 ………………………………………… 34
第十一讲　归纳解读法 …………………………………………… 37

下篇　课文

第一课 …………………………………………………………… 47
第二课 …………………………………………………………… 60
第三课 …………………………………………………………… 72
第四课 …………………………………………………………… 84
第五课 …………………………………………………………… 97
第六课 …………………………………………………………… 111

第七课 ·················· 124

第八课 ·················· 135

第九课 ·················· 146

第十课 ·················· 159

第十一课 ················· 172

第十二课 ················· 184

第十三课 ················· 198

第十四课 ················· 212

第十五课 ················· 223

第十六课 ················· 236

综合解答

参考文献 ················· 312

上　篇

阅读基础与技巧

第一讲　何谓阅读理解

　　阅读理解，在日语中称之为"読解"或"読み"。而本书所言阅读理解是相对第一语言（母语）而言的第二语言（外语）习得，即指日语文章的阅读理解。

　　日常生活中的阅读理解，通常有下列七种阅读方法：（1）边找关键词语和句子边快速阅读；（2）边确认语法或句型的使用法和意义边阅读；（3）根据文章题目或小标题预测其内容后阅读；（4）根据图表或照片想像其内容后阅读；（5）留意接续词和指示词语，边确认句子之间的关系边阅读；（6）边核对生词或冷僻词的意思边阅读；（7）边快速查找自己想知道的信息边阅读。若将以上七种阅读方法归类的话，大致可分为两类：第一类包括（2）、（5）、（6）三种，第二类包括（1）、（3）、（4）、（7）四种。然而，这种分类并非绝对，例如，（5）中"留意接续词和指示词语"，不但对理解句子之间的关系有用，而且还关系到对段落之间的关系，即文章结构和内容的理解。从这点上看，它也可归纳到第二类。

　　有关阅读理解，传统上重视"ボトムアップ（bottom-up）処理"（可译为"文本依存处理"、"语言性处理"、"低级处理"等），其意为文章阅读者运用所有语言知识解读各个语言要素，理解文章意思的过程。换言之，即阅读者识别文字、认知单词，运用语法知识解析句子结构，解读整个文章的意思。其语言单位从小到大，即从文字、单词、句节、句子到段落。前述的第一类阅读方法的（2）、（5）、（6）三种属于这种模式，用图式表现为：

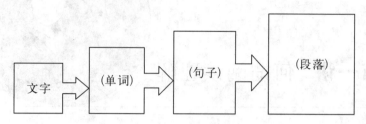

"ボトムアップ処理"目的在于弥补阅读者语言能力的不足；为有效发挥阅读者的母语背景知识和自身经验，另有"トップダウン(down-up)処理"(可译为"阅读者依存处理"、"知识依存处理"、"高级处理"等)，其意为文章阅读者并非运用语言知识逐句解读，而是根据阅读者所具有的有关文章的背景知识、自身的经验等，通过预测、推测文章内容达到理解文章意思的过程。换言之，即阅读者运用一系列非语言知识解读整个文章的意思。前述的第二类阅读方法的(1)、(3)、(4)、(7)四种属于这种模式，用图式表现为：

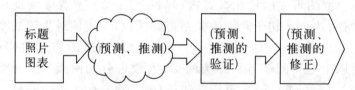

当然，两种阅读理解的过程并非绝对对立，而是相辅相成的。阅读者在实际阅读文章时，具体实施哪种阅读过程，因其所掌握的语言能力、已有知识等而定。何况在阅读的整个过程中，"ボトムアップ処理"和"トップダウン処理"往往会同时进行。这种阅读者从文章得到信息与通过预测、推测等理解文章的"相互作用(interaction)"，即所谓的"相互交流モデル(interactive models of reading)"(可译为"相互交流模式")。

为了更好地进行"トップダウン処理"，需要将阅读者的已有知识结构化，我们把这种已有知识的概念结构称之为"スキーマ(schema)"(可译为"图式")，阅读者在阅读文章时，活用"スキーマ"会使阅读事半功倍。这在阅读理解中叫做"图式理论"。例如，针对以下短文的设问，尽可能地列出您能推测到的答案。

ある家に泥棒が入って、お金を探していると、その家の主人が目を覚ましました。主人はベットを出て、泥棒のところに行きました。
　　(1)「泥棒」はどんな人でしょうか。
　　(2)「主人」はどんな人でしょうか。
　　(3) この家はそんな家でしょうか。いくつ部屋があるでしょうか。
　　(4) 家はどのくらいお金があるでしょうか。
　　(5) 主人と泥棒は、この後どうするでしょうか。

　　针对这五个设问,我们可以想到的是：(1)"一人の泥棒"、"二人か三人組の泥棒"、"銃やナイフを持っている泥棒"、"何も持っていない泥棒"、"30才ぐらい"、"50才ぐらい"……(2)"お金持ち"、"大きな家に住んでいる人"、"家族が少ない人"、"勇気のある人"、"不眠症の人"……(3)"大邸宅"、"二階建ての家"、"洋風の家"、"あまり大きくない家"……(4)"金庫に大金がある"、"あまりお金がない"……(5)"戦う"、"泥棒が逃げ出す"、"主人が警察に連絡する"、"主人が家の人を起こして一緒に戦う"……

　　在日常生活中,我们通过与周围的人或物的交流,将所获取的各种知识、信息及经验整理后形成了一种自我图式,每个人的图式都不尽相同。当我们在接受或吸取新事物时,会自觉或不自觉地比照自己所具有的图式,经过分析后作出判断或解释。若新信息中包含不同于我们所具有图式的要素时,我们的自我图式就会得到修正或更新,有时甚至可能重新形成一种新的图式。总之,所谓"图式",指的就是经过自己的头脑整理、结构化的知识或信息。

　　"图式理论"分两种："コンテント・スキーマ(content schema)"(可译为"概念图式")和"フォーマル・スキーマ(formal schema)"(可译为"形式图式")。"コンテント・スキーマ"是有关文章内容的知识框架,由阅读者的经验和已有知识所组成。人们记忆中的这种

概念图式通过话题材料、单词等得到激发，由此产生相关的预测、推断，使对整个文章意思的理解成为可能。而"フォーマル・スキーマ"是有关文章结构的知识框架，笔者的观点、所要表达的意思在文章中是如何组织的？话题材料、主题又是怎样展开的？文章阅读者在阅读中若能把握这些文章结构，就容易想像以后的话题展开，有助于顺利地进行阅读。

如上所述，我们在日常的阅读中，按照自我"スキーマ"，或采用"トップダウン処理"；或采用"ボトムアップ処理"；或采用"相互交流モデル"。这样，自然就需要使用各种阅读手段。这种手段叫做"読解ストラテジー（strategy）"（可译为"阅读策略"）。其典型的做法有：从文章的题目、标题、著者名、照片、图表等推测内容；使用略读、寻读等方法，首先把握大意或重要信息；省略不明白、不必要、多余或过多的部分；从文章中找出主题句，不明确的自己补足；确认文章结构，搭出框架；区分两者对立的信息，如事实与意见、肯定与否定等；把文章中的信息与已有知识结合起来想像；根据目的决定文章是精读还是泛读，等等。

因此，所谓阅读理解，并非被动的行为，即仅仅理解文章中所出现的信息，而是能动的行为，即阅读者调动自我图式中的知识或信息，对文章的内容作出积极的预测或评价，从而有效且正确地理解文章的意思。换言之，阅读已不单单是理解的过程，可以说还是一种语言交流的过程。

那么，我们又将如何进行日语的阅读理解呢？首先让我们来考虑一下影响日语阅读理解的各种语言要素和非语言要素。

语言要素包括表记知识、单词和汉字知识、语法和句法知识。表记知识指表音文字假名和表意文字汉字的并用；单词和汉字知识特指日语汉字；语法和句法知识指助词、助动词、动词、形容词和形容动词、词序、日语特有的文章结构。

非语言要素包括文章结构知识和已有知识。文章结构知识指日语特有的起承转合等形式图式的要素；已有知识指文化价值观、一般

知识、有关话题的兴趣和熟悉程度等与日本文化社会有着密切关系的,即概念图式的要素。

因此,归纳起来可以这样说,所谓日语的阅读理解实质上是组合以下三种能力的综合能力:

1. 掌握包括词汇、语法等在内的日语一般知识;
2. 具有从结构上理解文章的逻辑思维能力;
3. 了解有关文章的背景知识。

首先,掌握词汇、语法等日语一般知识是基础。例如,阅读者所熟知的词汇越多,所能理解的文章种类就越广。换言之,这是阅读理解的基本能力。

其次,客观且有条理地把握文章的方向和组织,从结构上理解文章的能力,即逻辑思维能力也是十分重要的。这种能力不同于阅读小说等时的感情植入,需要的是客观地解读,例如报纸或杂志上的述评要点,而不容夹杂自我好恶等主观色彩。因此,解读文章时不受成见束缚,不掺杂自我感情或感想,客观地把握文章内容,这样,即便是难懂的评论文或论述文的设问也会迎刃而解。

提高阅读理解能力的第三个重点是了解有关文章的背景知识。即涉及文章主题的政治、经济、社会、科学、体育、艺术等各个领域的知识。阅读理解的考试目的是检验阅读者对文章的解读能力或表达能力,这话没错。但阅读者对文章的背景知识知之甚少或根本不了解,是不可能完成这一任务的。

第二讲 对立解读法

　　逻辑展开的基本类型有三,其中之一就是对立。所谓对立,即在比较两个事物的同时进行说明或议论的方法。例如,日本与中国、过去与现在、乡村与都市等等。阅读时有意识地注意比较,弄清两者的关系,从而正确把握文章的主题。

例題1　この文章は、対立の論理展開で書かれている。ここで筆者は、なにとなにを対立させているか。それぞれ一言で答えなさい。

　　離れたところにいて、すぐに会いに行くことができない人に連絡を取りたいとき、電話を使うべきかメールを使うべきか、迷う場面が少なからずある。
　　メールの最大のメリットは、送り手にとっては、自分が思いついたとき、好きなときにいつでも発信でき、送った瞬間に相手のメールボックスに届く点にある。電話だとこうはいかない。相手が留守ならかけ直さなければならないし、よほどの急用でないかぎり深夜や早朝に連絡することは、はばかられる。受け手も、電話なら食事中だろうが会議中だろうが強制的に電話口に呼び出されるが、メールなら時間に余裕のあるときにメッセージを読むことができる。しかも、電話口で、または面と向かっては言いにくいことでもメールだと伝えやすいという面もある。
　　一方で、電話にも捨てがたい魅力がある。メールは相手の都合次第でいつ読んでもらえるか分からないから、本当の急用の場合

は電話に限る。また、電話ではお互いに相手の反応を聞きながら話を進めていくので、相談事などの場合、文字だけでは表現しきれない微妙なニュアンスまで伝えることができる。メールの言葉は、パソコンの画面上で整えてから発信するから、かえってとげとげしくなってしまい、そこから誤解が生じる場合が少なくない。電話なら、じかに声を聞くことでそうした誤解をある程度回避することができる。

このようにメールも電話も一長一短があるから、連絡手段としてどちらが優れているとは一概に言えないだろう。それぞれの長所・短所を理解したうえで、相手や場合によって使い分けていくしかなさそうである。

例题1是一篇讲述大众通讯工具——电话和电子邮件优点、缺点的文章。很明显,文章是将电话和电子邮件进行了比较,即电话与电子邮件的对立。话题稍稍抽象的,例如日本与中国、过去与现在、乡村与都市等其基本结构都是一样的。简言之,即为"日本は～だが、中国は……である"、"昔は～だったが、今は……である"、"村は～だが、都市は……である",换言之,即为"A は～だが、B は……である"。我们把这称之为"対立の論理展開(对立之逻辑展开)"。

若有效把握这种"对立之逻辑展开"的方法,就能抓住文章的要点,正确且快速进行阅读理解。例如,我们将例题1中有关电子邮件的部分用 A＿＿,电话的部分用 B＿＿,就能非常容易地找到文章的要点。

離れたところにいて、すぐに会いに行くことができない人に連絡を取りたいとき、電話を使うべきかメールを使うべきか、迷う場面が少なからずある。

メールの最大のメリットは、送り手にとっては、A① 自分が思いついたとき、好きなときにいつでも発信でき、送った瞬間に相手のメールボックスに届く点にある。電話だとこうはいかない。相手

が留守ならかけ直さなければならないし、よほどの急用でないかぎり深夜や早朝に連絡することは、はばかられる。A② 受け手も、電話なら食事中だろうが会議中だろうが強制的に電話口に呼び出されるが、メールなら時間に余裕のあるときにメッセージを読むことができる。しかも、A③ 電話口で、または面と向かっては言いにくいことでもメールだと伝えやすいという面もある。

一方で、電話にも捨てがたい魅力がある。メールは相手の都合次第でいつ読んでもらえるか分からないから、B① 本当の急用の場合は電話に限る。また、B② 電話ではお互いに相手の反応を聞きながら話を進めていくので、相談事などの場合、文字だけでは表現しきれない微妙なニュアンスまで伝えることができる。メールの言葉は、パソコンの画面上で整えてから発信するから、かえってとげとげしくなってしまい、そこから誤解が生じる場合が少なくない。電話なら、B③ じかに声を聞くことでそうした誤解をある程度回避することができる。

このようにメールも電話も一長一短があるから、連絡手段としてどちらが優れているとは一概に言えないだろう。それぞれの長所・短所を理解したうえで、相手や場合によって使い分けていくしかなさそうである。

当我们将 A ＿＿ 和 B ～～ 的部分组合起来的话，也就是文章中所言的电子邮件和电话的各自特点。

电子邮件的特点：
A① 自分が思いついたとき、好きなときにいつでも発信でき、送った瞬間に相手のメールボックスに届く
A② 受け手も、メールなら時間に余裕のあるときにメッセージを読むことができる
A③ 電話口で、または面と向かっては言いにくいことでもメールだと伝えやすい

电话的特点：

B① 本当の急用の場合は電話に限る
B② 電話ではお互いに相手の反応を聞きながら話を進めていくので、相談事などの場合、文字だけでは表現しきれない微妙なニュアンスまで伝えることができる
B③ じかに声を聞くことでそうした誤解をある程度回避することができる

在原文中，还分别提到了电子邮件和电话的短处，即反过来说，两者的关系是电子邮件的长处便是电话的缺点，电话的优点也是电子邮件的缺点。因此，只要找出电子邮件和电话的长处，就能把握整个文章的重点。换言之，组合 A ____ 和 B ____ 两个部分的内容，就能归纳出文章的提要。

メールには、送り手も受け手も、好きなときに発信したり読んだりすることができ、口では言いにくいことを伝えやすいという長所があり、一方、電話には、急用の際すぐ相手と話ができ、微妙なニュアンスの伝達が可能なためメールにありがちな誤解を回避しうるという長所がある。

总之，在阅读这类 A 与 B 对立的文章时，不管其是长是短，只要找出 A ____ 和 B ____ 两个部分的内容，弄清两者的关系，就能正确把握文章的主题。

另外，为了更快、更正确地理解文章的内容，有必要了解"对立之逻辑展开"的流程，这时，作为对立"标志"的某些词语就起到了关键的作用。根据这些词语，我们可以推测"对立"是如何展开的，并对文章内容作出某种判断。表示对立的主要词语或表达方式有：

しかし、ところが、だが、が、一方で・他方で、対照的に、反対に、〜に対して、逆に等等。

第三讲 并列解读法

逻辑展开的第二个基本类型是并列。所谓并列,即针对某个主题以"第一に……。第二に……。第三に……。"的形式排列重点进行论述的方法。这种逻辑展开的方法经常使用于演讲等中,因为对讲演者而言是一种十分方便的方法,围绕一个主题分几个部分讲解,这样,既能详细论述每个部分的内容,又能避免走题或讲述不清等问题的产生。

无论对听话人来说还是对阅读者来说,这种并列的逻辑展开的方法都是十分有效的。当讲演者说"我讲三个问题。……现在讲第三个问题……"时,听话人自会感到"他的讲话大半过去了,只剩下一个问题了",而且给人的印象深,便于逐条记录其重点部分。同样,阅读这类并列之逻辑展开的文章时,使用①、②、③等数字标记重点,并在这部分划下划线,这样重点或重点部分就一目了然了。

例题2 次の文章を読んで、優秀なアスリートの持つ「精神力」とは何か、要点を「①……②……③……」という形でまとめなさい。

優秀なアスリートは、優れた運動能力の持ち主であることは言うまでもないが、それと並んで、人並み外れて強靭な精神力を持っているという共通点がある。

まずはモチベーションだ。目的・目標を定め、苦痛があろうともそれを成し遂げようとする意志と言ってもよい。そのために、最終的な目標へ向けて、日々、どのような練習をしなければならな

いのかを明確に意識する、計画的思考が不可欠である。肉体的な苦痛に抗しうるだけの目的意識の存在、それが優れたスポーツ選手が持つ精神力の基本である。

　ただ、目的・目標が明確であっても、それを実現すること、試合に勝つことを意識しすぎれば、プレッシャーに押しつぶされかねない。この点に関して、プロスポーツやオリンピックなどで活躍している選手の口からよく聞かれるのは、「よいイメージを持つことの大切さ」である。試合で活躍した場面、勝ったときの情景や気持ちを事前に思い浮かべるイメージトレーニングという方法があるが、優れたアスリートは、プレッシャーに押しつぶされることなく前向きな気持ちで練習や競技に取り組める状態をつくるのが得意だと言えるだろう。この、よいイメージに支えられた楽観主義が、「精神力」の第二のポイントである。

　そして第三に、体力や技術を本番に発揮するための集中力も欠かせない。いかに明確な目的意識やプレッシャーに負けない前向きな気持ちがあり、体力・技術があったとしても、それらを、うまく本番の一瞬に集中して発揮できなければ意味がない。この集中力というのは、考えようによっては、目的意識・計画的思考や、楽観主義などとは矛盾しうる要請かもしれない。自らの目標・目的を見すえつつ、プレッシャーに押しされない楽観的な精神状態を保ちながら、同時に、競技の一瞬一瞬に集中するという厳しい自己管理が求められるのである。

　　这是一篇讲述优秀运动员"精神力"的文章，第二、第三、第四自然段分三点并列陈述了"精神力"的内涵。第一点在"まずはモチベーションだ"这段。所谓"モチベーションだ"意为"动机"、"动力"，而其后的"目的・目標を定め、苦痛があろうともそれを成し遂げようとする意志"可以说是相同内容的具体表达。加上后面的"最終的な目標へ向けて、日々、どのような練習をしなければならないのかを明確に意識する、計画的思考"，组成一个整体，即为第一个重点。

第二点在以"ただ……"开始的段落。虽然有"よいイメージを持つことの大切さ"、"プレッシャーに押しつぶされることなく前向きな気持ちで練習や競技に取り組める状態をつくる"等的表达方式,但其最后的"よいイメージに支えられた楽観主義"是关键。

而第三点就是与前两点"矛盾しうる要請かもしれない"的"集中力"。换言之,即在正式比赛的一瞬间集中发挥自我水平的能力。这样说来,"长期的目标是什么"、"自我运动生涯中本次比赛的地位又将怎样"这些"計画的思考"都将成为"雑念"。再者,过于在乎比赛的各个细节,反而会影响自我水平的正常发挥。"矛盾しうる要請"说的就是这个意思。

因此,优秀运动员"精神力"为:
① 目的・目標を定めそれを成し遂げようとする意志
② よいイメージに支えられた楽観主義
③ 集中力

表示并列逻辑展开的主要词语或表达方式有:

～も、～や……、また、第一に・第二に・第三に……、まず・つぎに・さいごに、最初に・さらに等等。

但需要指出的是,不是每篇文章都是"第一に……。第二に……。第三に……。"非常明确的,也有"第一に……、第二に……、さらに……"等不规则的,更有无"标志"词语的或有省略部分"标志"词语的情况。例如,例题2中,第一点以"まずは……"开始,接下的第二点在段落的开头并不见表并列的词语,而是在其结尾处出现了"第二のポイントである"。这时,阅读者必须从内容上识别什么和什么是并列的,这样,即便没有"标志"词语,也能弄清它们之间的关系,顺利并正确地把握文章的重点,归纳其内容提要。

第四讲　相同内容解读法

逻辑展开的第三个基本类型是相同内容。所谓相同内容是指说明或强调某一事物时，改变说法重述同一事物的方法。例如，针对某一事物，我们假设使用一个关键词 A 来表达，其后列举具体事例来说明同样内容 A′，接着再次简述同样内容 A″，这样，A、A′、A″讲述的实际上是同一内容的事物，只不过是所使用的词语或表达方式不同罢了。它们之间的关系是 A＝A′＝A″。

若不习惯这种相同内容逻辑展开的方法，就会被文章中不断出现的新名词或表达方式搞得不知所措。相反，若熟悉这种相同内容逻辑展开的方法，就能顺利地阅读文章，把握 A＝A′＝A″的相互关系，从而理解文章的意思。另一方面，只要理解了文章的意思，阅读时即便跳过具体事例 A′或比喻等的 A″也无妨。换言之，掌握了相同内容逻辑展开的方法，就能快速提高阅读能力。

例题3　下線部"「知識のための知識」こそ科学の姿である"と同じ内容を述べている箇所を探し、すべて☐で囲みなさい。

十九世紀前半において、ようやく始まった科学研究から得られた成果が、社会の役に立つと主張できるような実例は、化学の世界を除いてはほとんど皆無であった。にも拘らず、すでに科学者たちは、研究から得られる知識が、「役に立つ」という価値を持っていることを、社会にアピールしようとしたのであった。

しかし、一方で科学者は、研究は自らの好奇心や真理探究心によるものであり、それは純粋に知的な活動であることを主張し続けたのである。「価値」という点からすれば、ちょうど十九世紀ヨーロッパに「芸術のための芸術」という考えがあったのと同じように、科学的知識には、それ自体に「内在的」な価値が備わっていて、したがって科学というのは、社会的に有用な価値を追求するのではなく、知識を追求することそれ自体が、人間にとって価値がある、という姿勢をとった。別の言い方をすれば、「知識のための知識」こそ科学の姿である、ということにもなる。

　　下面让我们来看一下文章的逻辑展开，着重分析划有下划线的第二自然段。首先请注意"科学者は、研究は自らの好奇心や真理探究心によるものであり、それは純粋に知的な活動であることを主張し続けた"这一部分，紧接着的是"「価値」という点からすれば……"。因此，在"……"以下的文章中，用"価値"这个词语表示相同的内容。这是一种典型的相同内容的表达例子。换言之，即为"科学的知識には……知識を追求することそれ自体が、人間にとって価値がある、という姿勢を（科学者は）とった"。一言以蔽之，即下划线部分的"「知識のための知識」こそ科学の姿である"。
　　将 A、A′、A″各自所指代的文章内容作一整理，即为：

科学者は、
「A 研究は自らの好奇心や真理探究心によるものであり、それは純粋に知的な活動である
　　‖　換言之
　A′（「価値」という点からすれば）科学的知識には、それ自体に「内在的」な価値が備わっていて、したがって科学というのは、社会的に有用な価値を追求するのではなく、知識を追求することそれ自体が、人間にとって価値がある
　　‖　換言之

A″「知識のための知識」こそ科学の姿である」
と主張し続けてきた。

　　例题 3 文章中第二自然段开头的"しかし"表明前后两段为对立的逻辑展开。把握了这一点，对理解整篇文章也很有帮助。另外，为慎重起见，在阅读一些重要的文章时，使用括弧把相关的内容圈起来，再用等号(＝)把它们连接起来，就会十分方便。

　十九世紀前半において、ようやく始まった科学研究から得られた成果が、社会の役に立つと主張できるような実例は、化学の世界を除いてはほとんど皆無であった。にも拘らず、すでに科学者たちは、研究から得られる知識が、「役に立つ」という価値を持っていることを、社会にアピールしようとしたのであった。

　しかし、一方で科学者は、研究は自らの好奇心や真理探究心によるものであり、それは純粋に知的な活動であることを主張し続けたのである。「価値」という点からすれば、ちょうど十九世紀ヨーロッパに「芸術のための芸術」という考えがあったのと同じように、科学的知識にはそれ自体に「内在的」な価値が備わっていて、したがって科学というのは、社会的に有用な価値を追求するのではなく、知識を追求することそれ自体が、人間にとって価値がある、という姿勢をとった。別の言い方をすれば、「知識のための知識」こそ科学の姿である、ということにもなる。

　　表示相同内容逻辑展开的主要词语或表达方式有：

　つまり、要するに、いわば、換言すると、言い換えると、すなわち、たとえば、〜のように等等。

第五讲 综合解读法

前几讲介绍了对立、并列和相同内容三种解读法。此外,还有一种我们称之为"顺接"文章逻辑展开方法。所谓"顺接"指话题自然的逻辑展开,或按时间先后顺序说明某事,或根据前文推导出后文。这种顺接方法是本书所言的第四种逻辑展开方法,但之所以强调对立、并列和相同内容解读法,是因为这三种方法的有效使用既是体现作者水准的部分,也是阅读者理解文章的关键。而顺接方法即所谓的"直线球",只要从上至下阅读文章,阅读者自会理解文章。

但作者在实际写作过程中,为更有效地将自己想表达的意思或观点传递给读者,或将两种事物对立起来,或用数个重点论述某个主题,或用不同方式反复论述同一内容。即文章的写作使用的是"曲线球"方法,而非"直线球"方法。而且,这三种逻辑展开方法在同一篇文章中会不同程度地组合使用,没有一篇有一定篇幅的文章仅运用对立或并列或相同内容单一的写法,三种方法的组合使用便是通常的做法。例如,某篇文章整体上使用"A 对 B"的对立手法撰写,但其各段落中却出现了相同内容的重复或并列的写法。或者在①、②、③……这种并列手法的各要点的内容中,出现了对立或相同内容的写法。一篇完整的文章通常是由这三种逻辑展开方法多重组合构成的。文章的阅读理解,实际上就是对这三种逻辑展开方法的解读。

例题 4 次に文章の要点を五〇字以内でまとめなさい。

人間を研究対象に含めている場合には、「いったい人間の行動をみる場合、基本的にどれだけのことに注意しなければならないか」

という、かなり一般的な問題がでてくる。それで人間行動の観察については、次の七つの着眼点が重要ではないかと思う。

　第一は「類型的行動」である。人間の行動は、あるまとまりを持った単位に区切ることができる。すなわち、ひとまとまりの行動である。これを類型的にまとめて表現することができる。たとえば、散歩、食事、出産、討論、恋愛、お祭り、農耕、戦争、など。そしてこういう類型化された行動に対して、当事者たちはさまざまの名前を与え、概念を用意している。それでこのような類型化された行動の名前とか概念とかについて、調査しなければならない。

　第二は「状況」である。すなわち、その人間のその行動はどういう状況のもとでおこったか、どんな背景の中でおこったかということである。もっと細かく言えば、いつ、どこで、どんな事情とか原因から、などを含んでいる。

　第三は「主体」である。「だれが」もしくは「なにが」ということである。第四は「対象」すなわち「誰を」あるいは「誰に」もしくは「なにを」あるいは「なにに」ということである。第五は「手段方法」。すなわち「いかなる手段方法によって」という点をあきらかにしなければならない。第六は「目的」である。すなわち「なんのために?」である。第七は「結果」である。すなわち「その結果どういうことになったか?」ということである。和解する目的で話し合ったが、結果は決裂であったなどということがあるから、目的と結果とはかならずしも一致しない。

　一例をあげれば、「日本には、ジャンケンポンという優先順位の決めかたがある(類型的行動)。昨晩父親が土産に大小二個のお菓子を持ち帰ったとき(状況)、太郎君は(主体)花子ちゃんに(対象)、片手を使って(手段方法)、ジャンケンポンに(勝つためにやって)勝った(目的)。そこで、大きいほうのお菓子をたべた(結果)」というようなものである。

　文章开宗明义地提到了"人間行動の観察については、次の七つの

着眼点が重要ではないか"。在接下来的各个段落中对这七个着眼点逐一进行了说明,是典型的并列逻辑展开。其中,第一点的"類型的行動"是读者较为陌生的词语,故作者在这里使用了"すなわち"、"たとえば"等标志性词语,这便是相同内容的替换说法。即在并列的内部使用了相同内容的逻辑展开。最后的段落(第五段)是包括以上七个着眼点的具体事例。

　　换言之,第一段提出"人間行動の観察には、七つの着眼点が重要である"的观点
　　　　　　　↓ 顺接
　　第二~四段说明七个着眼点(并列)
　　　　　　‖ 相同内容(替换说法)
　　第五段包括七个着眼点的具体事例
　　因此,概括起来,文章的提要是:

　　人間行動の観察には、類型的行動、状況、主体、対象、手段方法、目的、結果という七つの着眼点が重要だ。

第六讲　接续词语解读法

我们在前面对立、并列、相同内容解题法中谈到了文章逻辑展开的"标志"词语的问题。其实，在这些"标志"词语中，接续词语占有很大的比率。所谓"接续词语"就是接续词、词组、句子或段落的词语，明确它们之间的逻辑关系。例如，作为对立关系标志的"しかし"、"ところが"、"だが"、"が"等是表示逆态接续的接续词语；作为相同内容标志的"つまり"、"要するに"、"いわば"、"換言すると"、"言い換えると"、"すなわち"等是表示同格的接续词语，还有表示举例说明的"たとえば"等等。

日常会话中，我们也使用许多接续词语。但大多会话一般不很严密，常常会用错接续词语。例如，在陈述本该使用表示对立关系的接续词语"しかし"、"ところが"等表示逆态接续的地方，却使用相同或并列内容的标志"つまり"、"また"等的接续词语。会话中，通常凭当时的感觉理解意思，但文章中的表达却不是这么回事。因此，阅读理解中接续词语至关重要，前后文的关系是逆态接续还是顺态接续，或是同格或是并列，不能正确判断的话就不能正确理解文章。换言之，正确把握接续词语就能准确地抓住文章的展开规律，从而对文章的阅读理解做到得心应手。

日语接续词语除了表示对立、并列和相同内容外，还有其他种类。现将主要的接续词语按其功能归纳如下：

1. 对立类（形成对立逻辑展开的接续词语）
① 逆态接续——しかし、けれども、が、だが、ところが、にもかかわらず等

=引出反对的内容。
② 比较——むしろ
=比较前后的内容（AよりもむしろB）。
③ 限定——ただ、ただし、もっとも、なお等
=表示条件或例外（Aである。ただし、Bである）。
2. 并列类（形成并列逻辑展开的接续词语）
④ 并列——また、かつ、同様に、ならびに、および等
=并列前后的内容。
⑤ 选择——または、あるいは、もしくは等
=并列前后的内容，选择其中的一种。
3. 相同内容类（形成相同内容逻辑展开的接续词语）
⑥ 同格——つまり、要するに、換言すれば、すなわち、言いかえると等
=表示前后的内容相同。
⑦ 举例・比喻——たとえば、例を挙げると、いわば等
=使用具体例子或比喻说明。
4. 顺态接续类（形成顺态接续逻辑展开的接续词语）
⑧ 顺态接续——そして、そこで、そうして、それから等
=前后内容的自然接续。
⑨ 结果顺态接续——したがって、ゆえに、だから、そこで、それで、それゆえ等
=引出结果或结论。
⑩ 添加——さらに、そのうえ、しかも、のみならず、そのほか等
=添加新的内容。
5. 其他
① 转换——さて、ところで、では、そもそも、ときに、いったい等
=改变话题。
② 理由——なぜなら、というのは等

＝提出前述内容的理由或根据。

例題5 次の六つの文を、適当に順番を入れ替えながら、後に挙げる接続語をすべて使ってつなぎ合わせなさい。それぞれの文の文末表現は、文章の流れに合うように調整してもかまわない。

　a．逆説とは、普通に考えると矛盾しているが、よくよく考えてみると真理を言い当てている、そんな説である。
　b．「タダほど高いものはなし」は、タダ(無料)なのだから本当は高いはずはなく、一見するとおかしな話である。
　c．「急がば回れ」も同様に逆説であると考えてよい。
　d．正当な対価を支払わずに何かを手に入れると、後で余計な出費を求められるなど、結局高くつくことが往々にしてある。
　e．逆説とは、「一見すると誤りだがよく考えると本当である説」のことであるが、その例は、ことわざに多く見出すことができる。
　f．よく考えと、これは筋が通っている。

　しかし、また、要するに、たとえば、なぜなら

　对于以上的问题，我们首先从简单的做起，"b．「タダほど高いものはなし」は……一見するとおかしな話である"和"f．よく考えと、これは筋が通っている"所述内容正好相反，即"b。しかしf"。而表示"f．……筋が通っている"的理由则是"d．正当な対価を支払わずに何かを手に入れると……結局高くつくことが往々にしてある"，即"b．しかしf．なぜならdだから"。这些有关"「タダほど高いものはなし」"都可看作是对应e的具体例子，即"e．たとえばb．しかしf．なぜならdだから"。另外，"c．「急がば回れ」も……"也可看作是一个相同的具体事例。这时，"「急がば回れ」"和"「タダほど高いものはなし」"作为两个不同的成语处于对等的地位，因而连接

两者的接续词自然是表示并列的"また"。这样,在运用了具体例子加以说明后,再度用"a. 逆説とは……"进行抽象的归纳。即"e。たとえばb。しかしf。なぜならdだから。またc。要するにa。"。

正确的答案是:

　逆説とは、「一見すると誤りだがよく考えると本当である説」のことであるが、その例は、ことわざに多く見出すことができる。【たとえば】「タダほど高いものはなし」は、タダ(無料)なのだから本当は高いはずはなく、一見するとおかしな話である。【しかし】よく考えと、これは筋が通っている。【なぜなら】正当な対価を支払わずに何かを手に入れると、後で余計な出費を求められるなど、結局高くつくことが往々にしてあるからだ。【また】「急がば回れ」も同様に逆説であると考えてよい。【要するに】逆説とは、普通に考えると矛盾しているが、よくよく考えてみると真理を言い当てている、そんな説である。

　　　　順便提一下,阅读理解中如何解读"逆説"的问题。所谓"逆説",就是"一見すると誤りだがよく考えると本当である説"。而我们阅读中感到困难的文章大多数是因为频繁地使用了这种写作方法。无论是报纸的社论还是杂志的论文,大家都认为是正确的观点或意见也用不着再去理论,也没有必要撰写文章。往往是看上去"ウソなんじゃないか"的主张才合乎道理或是真理。这也是多数作者所要强调的。换言之,阅读这些包含"逆説"的文章,不能为条条框框所束缚,否则就理解不了。因此,阅读理解能力的强弱很大程度上取决于能否有效地解读这些"逆説"。

第七讲　让步解读法

　　所谓的"对立之逻辑展开"是逻辑展开三种方法之一，即对比两种不同性质的事物并进行说明或议论。在论证自己的意见时经常使用这种方法。例如，假设自己想提出 B 意见，聪明的作者不会直截了当地和盘托出 B 意见，若这意见是自己独创的就更加如此。因为其他人都没想到或还没想到的意见突然提出来的话，遭人反对是必然无疑的。这时，为了避免反对，在提出自己的 B 意见之前，常常会先介绍自己预料中的反对意见或其他常识性见解（A 意见），我们把这称为"让步"。

例题 6　筆者の主張を四〇字以内でまとめなさい。

　社会に未来がないと若者はいう。たしかに成長、発展という未来を想像することは、若者にとってむずかしい。
　しかし、社会には成熟という未来がある。日本のサッカーが世界のトップレベルになるには、もっとマリーシャが必要だという。マリーシャとはポルトガル語やスペイン語で「ずるがしこい」ということだ。それは同時に「したたか」ということでもある。若者も、もっとしたたかさを身につけることで、もっと強くなり、過去の世代より成熟できる未来があるはずだ。

　　请大家注意"しかし"以后的文章，这才是作者的主张或意见。即"社会には成熟という未来がある"，并且举例葡萄牙语和西班牙语提出"若者も、もっとしたたかさを身につけることで……過去の

世代より成熟できる未来があるはずだ"的主张，鼓励年轻人要对未来充满希望、奋发进取。然而，若是光对年轻人说教这种乐观的主张，年轻人是不会买你的账的。因此，暂且听取、承认年轻人的意见，即"社会に未来がないと若者はいう。たしかに成長、発展という未来を想像することは、若者にとってむずかしい"。这里的关键词是"たしかに"，是表示让步逻辑展开的副词，也可称之为"让步副词"。作为让步副词，除"たしかに"，还有"なるほど"、"もちろん"等等。

有关让步的逻辑展开，现将主要的形式归纳如下：

   让步副词 ＋{A＝自己预料中的反对意见或其他常识性见解或多数意见等}＋逆态接续的接续词语＋{B＝作者的主张或意见}
   ＊ 让步副词＝たしかに、もちろん、なるほど等
   ＊ 逆态接续的接续词语＝しかし、けれども、が、だが、ところが、にもかかわらず等

有时在介绍反对意见时不使用让步副词，但很少会省略表示逆态接续的接续词语。即：在"しかし"、"だが"、"けれども"等逆态接续的接续词语之后，作者所要论述的极有可能就是他自己的主张或意见。

一般情况下，作者在介绍了反对意见A后，以与之相对照的形式提出自己的意见B，这时，反对意见A与自己的意见B之间用逆态接续的接续词语（如"しかし"等）连接使之形成对立。因此，让步就是对立的逻辑展开的一种形式。作者的主张或意见实际上就在"しかし"以后的文章中，只要对此进行归纳就行。文中的"サッカー"也好"マリーシャ"也好，都是"「したたか」"的引子，属补充说明，重要的是"社会には成熟という未来がある"、"若者も、もっとしたたかさを身につけることで……未来があるはずだ"两点。

正确的答案是：

若者もしたたかさを身につけることで、過去の世代より成熟できる未来を持てるはずだ。

　　让步的逻辑展开形式经常出现在报纸、杂志的社论或评论等提出某一主张或意见的文章中。社论或评论的作者为什么不是直截了当地陈述自己的主张，而是介绍反对意见或与自己的意见相左的常识性见解或多数意见呢？首先，通过对照反对意见、常识性见解或多数意见，证明自己主张的正确性。众所周知，著书写文章的人都认为自己的著述与人家不一样，甚至高于他人。尽管从客观上看大多数作者并没有什么独创的东西，但又不满足以往的意见或见解。因此，都想提出自己的主张或意见，而最为简便的手段就是与以往的意见相对照。例如，"たしかに、これまで多くの人は……と信じてきたかもしれない。しかし、本当は～なのだ"等。其次，让步的逻辑展开还有事先封住他人反驳的作用。即我知道对于自己的意见会有各种反对意见，尽管如此我还是提出了自己的主张。
　　其实，这种让步的使用也常常出现在我们的日常会话中。例如，假设你期末考试不好，你去找教授，请他考虑你平时听课出勤率和交作业的因素给你过关。"たしかに、点数はよくなかったかもしれません。テストの点数が大事なのは分かっています。でも、僕は授業にも欠席せず、宿題も毎回提出しました。テスト前にも一生懸命勉強しました。そこを評価してもらえませんか。"这里的"テストの点数が大事なのは分かっている"实际上是捷足先登地说出了教授要说的话，换言之就是承认教授的主张。反之，若对教授说"欠席もせず宿題も欠かさず、テスト前に一生懸命勉強したから、評価してくれ"的话，教授肯定回答你"成績評価はテストの得点で決めると伝えてあったはずだ"，弄不好真的会给你一个不及格。以上例子再次证明，"が、だが、しかし、けれども"等逆态接续的接续词语后面才是作者的意见或主张，阅读理解中必须严格遵循这条规则。

第七讲

第八讲 关键词解读法

我们常常抱怨读完文章记不住内容,原因多为没有理解或吃透文章的意思。抓住词语定义是阅读理解的关键要素。不是对文章中出现的所有词语的定义都要有严密的理解,而是必须十分重视关键词的定义。

关键词就是文章中起到关键作用的重要词语,或是用一句话代表文章主题的词语,或是叙述、说明主题时构成框架的词语。弄清什么是关键词本身就需要对文章具有很强的阅读理解能力。例如,直接表现文章主题的词语、与主题有着密切关系的词语、文章中反复出现的词语等等,毫无疑问都是文章的关键词。若文章长的话,一篇文章中通常会出现数个关键词。而这些关键词通常具有作者自身赋予的独特含义,即便查找辞典也未必能够找到答案。所谓难解的文章、复杂的文章往往或多或少使用了这些关键词。因此,当关键词的意义不同于一般词语时,按常识来判断就无法正确理解文章的真实含义。

例题7　筆者は「貧困」をどのように定義しているか、次のような形でシンプルにまとめなさい。
「貧困は……である」

中国南部の少数民族ヤオ(瑶)族の族支、巴馬瑶族の人たちの暮らす村々は、百歳を超えて元気な人たちの多い地域として知られるが、調査の対象となった百五歳の男性は、長生きの原因は「悩みがないこと」だろうと言っている。県の「老齢委員会」は長寿の原

因を、「① 温暖な気候と汚染のない空気、② 植物が自然のもので、低脂肪、高栄養価であること、③ 長年の畑仕事で体がきたえられ、飲酒、喫煙率が少ない」ことを挙げている。〔中略〕長寿が幸福とは限らないが、九十歳代くらいまでは元気で「悩みがない」ということは、よい人生だろうと想像する方が素直だろう。この巴馬瑶族の地域の一人あたり平均年収は四八〇〇円(一九九五年)で、一日あたり〇・一三ドルくらいである。

　アメリカの原住民のいくつかの社会の中にも、それぞれにちがったかたちの、静かで美しく、豊かな日々があった。彼らが住み、あるいは自由に移動していた自然の空間から切り離され、共同体を解体させたときに、彼らは新しく不幸となり、貧困になった。経済学の測定する「所得」の量は、このとき以前よりは多くなっていたはずである。貧困は、金銭をもたないことにあるのではない。金銭を必要とする生活の形式の中で、金銭をもたないことにある。貨幣からの疎外の以前に、貨幣への疎外がある。この二重の疎外が、貧困の概念である。

　　按一般常识而言,所谓"貧困"指的是"金銭をもっていないこと"。然而从第一自然段所列举的少数民族——巴马瑶族的具体事例看,这一"常識"带有很大的片面性。个人年收入平均4 800日元(按1995年当时的汇率不足500元)的偏僻山区,老人却享受着无忧无愁的幸福人生。而第二自然段作者明确地写道:貧困不在于没有钱。这完全推翻了我们的常识。

　　那何谓贫困呢？作者指的是"金銭を必要とする生活の形式の中で、金銭をもたないこと"。巴马瑶族的生活恐怕是一种自给自足的生活,即不是处于"金銭を必要とする生活の形式"下的生活。既然不需要金钱,那就谈不上贫困。作者又指出先有"貨幣への疎外",后有"貨幣からの疎外"。"疎外"意为"被疏远、被远离",而"貨幣からの疎外"就意味着没有钱。但在之前,先是"貨幣への疎外",即远离自然空间或共同体,生活在不需要货币的世界里。作者指这种情况

第八讲

为"貨幣への疎外"。

　　通过以上的讲解，大家或许已经明白了。"貧困は、金銭をもたないことにあるのではない"这一作者的主张是一种典型的"逆説"，即"一見すると誤りだが、よく考えると正しい説"（参照"第六讲接续词语题解读法"）。若选择"貧困＝金銭をもたないこと"则是按我们自己的想法阅读文章，这样势必产生误读或误解。因为我们生活在"金銭を必要とする生活の形式"之中，难以想像不需要钱的生活。因此，我们在阅读理解文章时，必须排除成见和片面性，注重作者文章中的关键词的定义，这样，才能正确地解读文章。

　　正确的答案是：

　　貧困とは、金銭を必要とする生活の形式の中で、金銭をもたないことである。

第九讲 理由解读法

日常会话中，我们常常高谈阔论而淡化其根据，但在文章中若要提出自己的意见或主张时，就必须要有其充分的理由。没有充分理由的文章，内容往往是站不住脚的。当我们阅读文章时，会产生"我反对作者的这个意见"、"我不能接受这个观点"等等。这时，我们要多问一个为什么？作者是根据什么理由提出或坚持这个观点的。理由十分清楚的文章，就会使人明白其主张是根据什么得出的。重视、搞清了理由，我们对文章的理解不仅能从感觉上把握，而且也能从逻辑上把握，从而正确理解文章的内容含义。

例題8 下線部「<u>原理的には誤っている</u>」のはなぜか、七〇字以内で説明しなさい。

　貨幣を媒介としてしか豊かさを手に入れることのできない生活の形式の中に人びとが投げ込まれる時、つまり人びとの生がその中に根を下ろしてきた自然を解体し、共同体を解体し、あるいは自然から引き離され、共同体から引き離される時、貨幣が人びとと自然の果実や他者の仕事の成果とを媒介する唯一の方法となり、「所得」が人びとの豊かさと貧困、幸福と不幸の尺度として立ち現れる。（中略）
　人はこのことを一般論としてはただちに認めるだけでなく、「あたりまえ」のことだとさえいうかもしれない。けれども「南の貧困」や南の「開発」を語る多くの言説は、実際上、この「あたりまえのこと」を理論の基礎として立脚していないので、認識として的を失

するだけでなく、政策としても方向を過つものとなる。
　一日一ドル以下しか所得のない人が世界中に一二億人もいて、七五セント以下の「極貧相」さえ六億三〇〇〇万人もいるというような言説は、善い意図からされることが多いし、当面はよりよい政策の方に力を与えることもできるが、原理的には誤っているし、長期的には不幸を増大するような、開発主義的な政策を基礎づけてしまうことになるだろう。

　首先,让我们来看看"原理的には誤っている"的主语是什么？从上下文来看，发现有个"一日一ドル以下しか……というような言説は"的主语，也就是说，作者认为那种收入少、没有钱的人贫穷的言论是错误的。
　那么，为什么说这种言论是错误的？仔细阅读前面的段落就会找到其理由。请大家注意"「南の貧困」や南の「開発」を語る多くの言語は、実際上、この「あたりまえのこと」を理論の基礎として立脚していないので、認識として的を失するだけでなく、政策としても方向を過つものとなる"这一部分。"「南の貧困」や南の「開発」を語る多くの言語"实际上是一种"没有钱的人贫穷"的主张，这种主张或言论不是立足于"あたりまえのこと"之上的，因此，① 作为一种认识，失去了目标，即理论上的错误；② 作为一种政策，迷失了方向，即实际政策上的错误。具体地说，①的内容等同于"原理的には誤っている"；而②相当于其后面的"長期的には不幸を増大するような、開発主義的な政策を基礎づけてしまうことになる"内容。换言之，"原理的には誤っている"也是因为"この「あたりまえのこと」に立脚していないので"的缘故。
　接下来的问题是"この「あたりまえのこと」"代指是什么？应该认为是其前面的自然段，即"貨幣を媒介としてしか豊かさを手に入れることのできない生活の形式の中に人びとが投げ込まれる時、つまり人びとの生がその中に根を下ろしてきた自然を解体し、共同体を解体し、あるいは自然から引き離され、共同体から引き離さ

れる時、貨幣が人びとと自然の果実や他者の仕事の成果とを媒介する唯一の方法となり、「所得」が人びとの豊かさと貧困、幸福と不幸の尺度として立ち現れる。"简言之,这里的"この「あたりまえのこと」"指的是,贫穷的出现是由于货币投放在了人们所必需的生活中。因此,那种认为没有钱的人是贫穷的观点,"原理的には誤っている"。因为它不是以"「あたりまえのこと」"为依据的。正确的答案是:

南の貧困や開発を語る言説は、「貨幣の必要な生活の中へ投げ込まれることや、初めて貧困が生まれる」というあたりまえのことを踏まえていないから。

顺便提一下,有关这道题,学生往往会选择下划线"原理的には誤っている"后面的部分,即"長期的には不幸を増大するような、開発主義的な政策を基礎づけてしまうことになる"。当然,这也有其一定的道理,"不幸を増大する政策を基礎づけてしまう"是因为"原理的には誤っている"的缘故。但这不符合文章的逻辑,不能单凭自己的先入之见随意改变文章的逻辑关系。换言之,"長期的には不幸を増大するような、開発主義的な政策を基礎づけてしまうことになる"的原因不是①理论上的错误,而是②实际政策上的错误。

第九讲

第十讲　指示词语解读法

当文章的内容复杂难以理解时,找出指示词语所代指的人或事物,就能正确地理解内容。所谓指示词语指的是"それ"、"その～"、"これ"、"この～"、"こうした～"、"このように"等词语。因此,当你阅读文章遇到困难时,就应该有意识地寻找指示词语并弄清它们所代指的具体内容。

"それ"、"その～"、"これ"、"この～"、"こうした～"、"このように"等所代指的内容一般情况下就在它的跟前,多数指的是同一句子中的前面的词语、前一个句子或其一部分。但也有例外,例如:

1. 代指再前面的句子或其一部分。当存在指示词语句子的前面句子是对再前面的句子进行补充说明时,有时它可能跳过前面的句子代指再前面的句子或其一部分。

2. 代指后面的句子。如"私は<u>このように</u>考えています。退職したら海外でのんびり暮らそう、と"这一句子中,"<u>このように</u>"代指的就是"退職したら海外でのんびり暮らそう、と"。

3. 代指前面的整个自然段。当指示词语出现在自然段的开头时,往往代指的不仅仅是前面的句子(即自然段最后的句子),而是包括整个自然段。

例題9　下線部「そういう方向」とはどういう方向か、説明しなさい。

近代科学の知と近代文明は、人間の文化的所産のなかでただ一つ永続的かつ無限に発展するものと見なされてきた。現在未解決

の諸問題もやがて将来には必ず科学によって解決されるものと考えられた。近代生理学や近代医学などは、まさにそのような能動的で楽天的な科学的知の所産であり、それらによって痛みや苦しみをなくし、病を絶滅させることができると確信された。さすがに誰も死を免れるようになれるとは考えなかったにしても、病気を医学的に克服して、死を遠ざけ生をより享受できるようになると考えたのである。

ところが現実は、そういう方向にばかりは進まなかった。というよりも、現実や自然から人間は手きびしいしっぺい返しを受けることになった。私たちは誰でも、多かれ少なかれ、環境汚染から被害を受けるようになったし、私たちの環境は文明の進むにつれてかつてとは違ったかたちで危険にみちたものになった。痛みや苦しみを被る機会も多くなったし、死の恐怖もいっそう大きなものになってきている。

下划线部分"そういう方向"代指的是前面自然段的开始部分。但不要机械地认为是代指前面整个自然段。虽然有代指前面整个自然段的可能性,但更多的是代指前面的句子(或前面自然段最后的句子),即存在这两种可能性。

那答案应该是哪个呢？那让我们先按一般情况来考虑,看看是不是代指前面的一个句子。这样的话,"そういう方向"即为"病気を医学的に克服して、死を遠ざけ生をより享受できるようになる"这一方向。

从内容上看,前面的句子"それら(＝近代生理学や近代医学)によって痛みや苦しみをなくし、病を絶滅させることができる"也是同样的内容,似乎包括在"そういう方向"之中。

再往前看,我们得知这两个句子原来是前面"近代科学の知と近代文明は、人間の文化的所産のなかでただ一つ永続的かつ無限に発展するものと見なされてきた。現在未解決の諸問題もやがて将来には必ず科学によって解決されるものと考えられた。"部分的具

体例子。即作为期待永远且无限地发展，解决未决的各种问题的"近代科学の知"和"近代文明"的具体事例，在这里列举了"近代生理学や近代医学"。

因此，"そういう方向"代指的并非后半的具体事例，而是前半抽象论（即自然段的主题句子）。换言之，自然段开头的指示词语代指前面的整个自然段时，将自然段的大意看作为指示词语的内容就行。顺便提一下，有时指示词语代指的不仅仅是前面自然段的一部分，还可以是整个自然段。此时要视具体情况而定。

"そういう方向"代指的内容为："近代科学の知と近代文明は、人間の文化的所産のなかでただ一つ永続的かつ無限に発展するものと見なされてきた。現在未解決の諸問題もやがて将来には必ず科学によって解決される"。

为了确认指示词语究竟代指什么，可以将指示内容代入指示词语中检验文脉是否通顺。例如，将上例中的答案代入"そういう方向"的话，就会得知它所代指的不是前面的具体事例，而是前面整个自然段（的大意）。"そういう方向"后面的文章涉及近代文明、近代科学所引发的各种问题，不仅包括医学生理学，而且还包括环境问题等。因此，即便将"そういう方向"的代指内容仅仅限定在医学生理学上的话，就会失去平衡。

第十一讲 归纳解读法

若能将一篇文章正确地加以概括或归纳的话，说明你已经完全读懂了这篇文章。通常日语考试中"この文章を〇〇字以内で要約しなさい"的问题，就是测试考生这方面的能力。

那归纳究竟是什么呢？大多数人都不会再去认真地思考。然而不弄明白这个问题，就谈不上归纳。其实，归纳像是一幅示意图，将文章的逻辑展开作一概括性的总结。用建筑物来打比方的话，归纳就是一张简略的建筑平面图。当然，建筑平面图不是建筑物本身，房间的数量和大小、相互之间的位置关系等有关建筑物整体的结构虽然都是实际建筑物的忠实再现，但是房间的墙壁是什么颜色、卫生间的洁具用哪家产品等具体的装潢都不能从建筑平面图上体现出来。因为实际的建筑物是立体的，而建筑平面图却是平面的。

文章的归纳实际上也如同建筑平面图，出现在归纳中的文字都是文章的要点。换言之，提炼文章的要点后形成的就是归纳。除了这些文章的要点以外，归纳中都可以省略，如补充说明、具体事例，甚至文体、文章的赏析等等。

或许大家认为所谓归纳就是将文章缩短而已，其实不然，仅仅缩短了的文章并不等于归纳。去掉细枝末节、保留主干（主题），其结果文章变短，这才称得上归纳。因此，去掉主题、保留补充说明、具体事例的文章即便再短，也不能算是合格的归纳。

下面让我们一起来学习归纳的方法。实际上归纳的顺序十分简单，一册数百页小说的缩写可能有些难度，但一篇数页或十数页报刊文章、论文要将它归纳成数十或上百字的提要，应该不是难事。

首先，归纳各自然段的内容。各自然段中一定有一个或数个主

题(作者想表达的内容),表现自然段主题的句子是主题句,除此之外的是补充主题句的说明句。归纳就是去掉说明句,保留主题句。但在实际的文章中并不那样简单,因为作者想表达的主题往往散见于各自然段内,而且和其他的各个部分组合在一起,必须由阅读者自己组织一个主题句。有关这一点,大家可参考前面的各种解读法。例如,当某自然段中存在两个以上相同内容的表达时,因为所表达的意思相同,所以只要保留其中一个表达简洁的内容,其他的都可以去掉。还有,当自然段中存在A↔B对立内容的话,若字数允许在归纳中应写入两者的内容,若有字数限制选择两者中作者更为强调的内容。

其次,将各自然段的归纳(主题句)按顺序进行组合。如前所述,归纳像是一幅示意图,将文章的逻辑展开作一概括性的总结。因此,没有必要将其前后顺序颠倒,只要按文章的前后顺序作一归纳。当然,因为各主题句都来自各自然段,若不加以整理往往接续很生硬,所以根据需要在主题句之间适当补充接续词语,使各自然段的逻辑关系更为清楚。

最后,是如何在规定的字数内完成归纳。归纳的字数根据要求不同,短的可以是数十字到上百字,长的、如一册数百页小说的缩写则需要上千字甚至数千字。但有一点是肯定的,若将各自然段的归纳原封不动地全部组合在一起的话,那总字数必然超出规定字数。这时,不同自然段中的相同内容就得合而为一,各自然段中的说明句(具体例子等)就得删除。特别是考试中,请大家务必注意归纳的字数要求。

另外,我们还可以将前面学习过的"ボトムアップ"和"トップダウン"的方法运用到归纳中来。"ボトムアップ"方法,即先抓住各自然段的要点,然后在这基础上形成整篇文章的归纳;而"トップダウン"方法与之相反,即大致把握整篇文章的重点后形成归纳。例如,考试由于受时间上的限制,"トップダウン"的方法可以帮助你有效地利用时间,在通读整篇文章后找出关键词,抓住重点进行归纳。就一般而言,一篇数页或十数页的文章中,关键词的数量也不过三四

个。再者,现实生活中,不少文章通读以后基本上都能抓住其中的关键词。当然,追求精确且时间上又允许的话,使用"ボトムアップ"方法先将各自然段的主题一个不漏地找出来,然后进行累加、组合形成归纳。因此,在组织归纳时,无论"トップダウン"还是"ボトムアップ",我们并非只能选择其中的一种方法。因为在具体解题过程中,我们会下意识地使用这两种方法阅读理解文章。但重要的是我们可以根据时间或正确性的不同要求,有意识、有侧重点地运用这两种方法,使之达到相辅相成的效果。

例题10 次の文章を読んで、全体を二〇〇字以内で要約しなさい。

　グーテンベルクは千年紀の最良の発明をもたらしただけでなく、発明なるものがいかにして花を開くかをうかがい知る絶好の機会をわれわれにあたえてくれた、ということはすでに述べた。その結果として見えてきたことの一つは、進歩のための要因として発明があるという、われわれの通常の見方は、しばしば的はずれだという点だ。発明をするということ自体は、容易な作業だといえるかもしれない。現実に進歩の障害となるのは、社会がその発明を利用する能力を欠いていることだろう。可動活字による印刷も着想することはそれほど困難ではなかったかもしれない。というのは、畢昇もコステルもクレタの無名の人間も、それぞれ独自に同じアイデアを思いついているからだ。ところが残念なことに、クレタのグーテンベルクは、ミノア文明時代のクレタがそれほど印刷術を必要としていなかったために、挫折をあじわう羽目になった。ほかにも時期尚早の例として有名なものをあげれば、コロンブスの新大陸発見以前にメキシコで発明された車輪(メキシコのインディオは牽引用の家畜を飼っていなかったため、車輪は玩具にしかならなかった)、紀元前二万五〇〇〇年にクロマニョンが発明した陶器(採集狩猟をつづけながら遊動する人間が、なにを陶器に入れて野営地から野営地へと運ぶというのだ?)などがある。

〔中略〕
　印刷術の歴史が教えるところによれば、偉大な発明につながる技術進歩は、まったく無縁の分野から生まれることが多い。たとえば、もし古代クレタの女王が、ミノア流マンハッタン計画として改良式印刷術による大規模な識字運動を開始したとしても、チーズやブドウやオリーブの圧搾機（プレス）を研究せよと強調することなど思いつかなかっただろう。ところが、そうした圧搾機がプロトタイプを提供してくれたおかげで、グーテンベルクは印刷術にもっとも独創的な貢献を果たすことができたのだ。同様に、一九三〇年代のアメリカで、強力な爆弾を製造しようとした軍の開発計画担当者たちは、超ウラン元素などという不可解な物質の研究のために資金を提供すべきだという提案を聞いたとしても、一笑に付したであろう。
　発明家とは、社会のかかえている問題を認識し解決する能力をもった英雄だ、とわれわれは想像している。ところが実際には、偉大な発明者は、何も考えずにひたすら物をいじりまわすのが好きな人間で、自分の考案した作品がどんな役に立つのか（役に立つとして）、あとから見つけ出さねばならなかった。〔中略〕グーテンベルク自身についていえば、そもそもの動機についてはわれわれはなにも知らないが、彼が金細工師のギルドに所属する熟練した金属細工師であり、明らかに金属をいじるのが得意な天才だ、ということは知っている。
　がらくたいじりが動機となった発明の最良の例は、トマス・エジソンの蓄音機だ。これはアメリカ最高の発明家の手になる最高の発明だと広く考えられている。一八七七年にエジソンが最初の蓄音機を製作した理由は、アメリカじゅうの人びとが自宅でベートーベンの交響曲を聴きたいとますます大声で叫ぶようになったので、その要望にこたえようとした、というのではない。エジソンは音を保存できる装置がつくられないかという難題そのものに心をひかれたのだ。装置をつくりおわっても、彼はその使い道がわ

からなかったので、可能性のある用途を一〇とおりリストアップしてみた。リストの上位を占めるのは、死にかけている人間の最後の言葉を記録することや、時計の時刻のアナウンス、スペリングの教育だった。企業家たちがエジソンの発明を組み込んだ音楽演奏装置を提案すると、彼は自分のアイデアが見くびられたと考えて反対した。

　発明家は社会がかかえる問題を解決しようとする人間だ、という広くいきわたっている誤解に関連して、われわれはよく、必要は発明の母だ、という。ところが実際には、発明は必要の母なのだ——それまでわれわれが感じることのなかった必要性を生み出すことによって（正直に答えてほしい。CDウォークマンができるまえに、あなたは本気でその必要を感じていたか）。社会のなかに定着している利害関係は、予測される必要性にたいして示された解決策を歓迎するどころか、通常は発明を妨害する。グーテンベルクの時代、書物を大量生産する新方式が生まれてほしい、と願った人はいなかった。当時は写字生がたくさんいて、かれらは失業を望まなかったので、地域によっては印刷術が禁止になったりした。内燃機関第一号が製作された一八六六年以後、数十年のあいだ、自動車は不要物として日陰暮らしをしていた。というのは、人びとは馬車や鉄道で満足していたし、どちらも供給不足ということはなかったからだ。トランジスタはアメリカで発明されたが、アメリカのエレクトロニクス産業は、真空管製品に投資した多額の資本を護ろうとして、トランジスタを無視した。トランジスタをコンシューマー・エレクトロニクス製品に応用したのは、第二次大戦後の焼け跡日本のソニーだった。〔中略〕

　天才の発明者が、社会の要請を見ぬき、独力でそれを解決し、その結果、世界を変えたのだという物語は、忘れてしまわなければならない。そんな天才が出現したことはこれまで一度もなかった。つねに存在していたのは、思いがけぬ偶然の貢献や部分的進歩に貢献した創造的知性の持ち主たちの長い列であり、かれらは他の

人間と入れ替わることもできたのだ。もしグーテンベルクが初期の印刷で使用された改良型の合金やインクを考案しなかったとすれば、金属や油をいじりまわしていた同時代の別人がこうしたものを考案していたことだろう。千年紀の最良の発明をしたグーテンベルクにたいしては、その功績をある程度まではぜひ認めるべきだが、あまり過大に評価してはならないのだ。

下面我们先按各自然段进行归纳。首先是第一自然段,其后半部分"可動活字による印刷も……"以后的文字都是具体例子,① 可动活字印刷、② 在墨西哥发现的车轮、③ 克罗马农人发明的陶器。这些例子表明虽然新发明诞生了,但因为当时没有需求,所以就没得到应用,也没有升华为一种技术。因此,第一自然段的主题句应该在前半部分,为了便于说明,在各句子前加上(a)、(b)、(c)、(d)的符号。

(a) グーテンベルクは千年紀の最良の発明をもたらしただけでなく、発明なるものがいかにして花を開くかをうかがい知る絶好の機会をわれわれにあたえてくれた、ということはすでに述べた。(b) その結果として見えてきたことの一つは、進歩のための要因として発明があるという、われわれの通常の見方は、しばしば的はずれだという点だ。(c) 発明をするということ自体は、容易な作業だといえるかもしれない。(d) 現実に進歩の障害となるのは、社会がその発明を利用する能力を欠いていることだろう。

其中,(a)句叙述的是谷登堡给予"発明なるものがいかにして花を開くかをうかがい知る絶好の機会",但没有说明"絶好の機会"的具体内容。因此,这句子不能成为主题句,似乎以后的句子更好。再看(b)句,在这里清楚地写道:谷登堡告诉我们的是"進歩のための要因として発明があるという、われわれの通常の見方は、しばしば的はずれだ"。但我们通常的看法属"的はずれ",这里也没有写明哪种看法对。换言之,(b)句只是作了否定,也没有提出解决的方法。

接着看(c)句和(d)句,在如何看待发明这点上,有着明确的文字表达,"発明をするということ自体は、容易な作業だといえるかもしれない。現実に進歩の障害となるのは、社会がその発明を利用する能力を欠いていることだろう"。而这与后面的三个例子(可动活字印刷、车轮、陶器)在内容上十分对应,即难点不是发明本身,而是社会利用这种发明。因此,第一自然段的主题句只要引用(c)句和(d)句即可,或将其整理成简洁的话语便行。

¶1 進歩の障害となるのは、発明それ自体の難しさよりも、社会がその発明を利用する能力を欠いていることである。
　　第二～第六自然段的归纳可参照以上方法进行,现将各段归纳举例如下:
¶2 偉大な発明につながる技術進歩は、まったく無縁の分野から生まれることが多い。
¶3 発明家とは、社会の抱えている問題を認識し解決する能力をもった英雄だとわれわれは考えているが、本当は偉大な発明者は、何も考えずにひたすら物をいじりまわすのが好きな人間であり、自分の作品がどんな役に立つのかは、あとから見つけ出さねばならなかった。
¶4 (爱迪生的留声机例子＝即¶3对应的具体例子)→不列入归纳中
¶5 われわれはよく「必要は発明の母だ」と言うが、現在には、発明はそれまでわれわれが感じることのなかった必要性を生み出すもの(「必要は発明の母」)である。むしろ、社会のなかに定着している利害関係は、予測される必要性に対して示された解決策を歓迎するどころか、通常は発明を妨害する。
¶6 過去の様々な発明は、どれも、一人の天才が独力で生み出したものではなく、数多くの創造的知性の持ち主たちによる偶然の貢献の積み重ねによって成し遂げられたものである。

最后，让我们将各自然段的归纳组合起来，对整篇文章进行二百字以内的归纳。在不改变文章内容的前提下，为了在所规定的字数以内完成归纳，可以改变表达方式，力求做到简明扼要。本篇文章除了第四自然段整段为具体事例外，其他各自然段都有各自的要点，简单且理想的做法是将各自然段的要点相加形成文章的归纳。但这样的话可能就会超过所规定的字数，因此，有必要去掉各自然段归纳中的部分内容。那究竟去掉哪些东西呢？原则上就是去掉具体例子和补充说明等部分。首先是第三自然段的前半部分"発明家とは、社会の抱えている問題を認識し解決する能力をもった英雄だとわれわれは考えているが"，实际上是为衬托其后作者的主张而导入的所谓的常识性观点（但作者认为这是错误的）。所运用的逻辑展开的方法实为"让步"，这一部分可以省略。同样意思的内容，第六自然段中也出现，即"過去の様々な発明は、どれも、一人の天才が独力で生み出したものではなく"，根据需要可以保留这部分内容。另外，第五自然段后半部分"むしろ、社会のなかに定着している利害関係は、予測される必要性に対して示された解決策を歓迎するどころか、通常は発明を妨害する"，目的是强调由于发明产生以往所不存在的新的必要性。这部分文字最好保留，但无奈字数的限制只得割爱。这样，经过整理加工后的全文归纳如下文所示，基本上就是将各段落的要点归纳起来而已。

　　（¶1）進歩の鍵は、発明それ自体よりも、その発明を社会が利用できるか否かという点にある。（¶2　¶3）偉大な発明は、まったく無縁の分野で何の役に立つのか分からないまま無目的に物をいじりまわすことから生まれるものであり、（¶5）その結果、人びとが感じていなかった新たな必要性を生み出すものだからである。（¶6）過去の様々な発明は、天才が独力で生み出したものではなく、多数の創造的知性の持ち主による偶然の貢献の積み重ねによるものである。（一九六字）

下 篇

课文

第一课

本文Ⅰ　次の文章を読んで、後の問いに答えなさい。

　ここで知的生産とよんでいるのは、人間の知的活動が、なにかあたらしい情報の生産にむけられているような場合である、と考えていいであろう。この場合、情報というのは、なんでもいい。a 知恵、思想、かんがえ、報道、叙述、そのほか、十分ひろく解釈しておいていい。A(　　)、かんたんにいえば、知的生産というのは、頭をはたらかせて、なにかあたらしいことがら——情報——を、ひとにわかるかたちで提出することなのだ、くらいにかんがえておけばよいだろう。この場合、知的生産という概念は、一方では知的活動以外のものによる生産の概念に対立し、他方では知的消費という概念に対立するものとなる。

　人間の生産活動には、いろいろの種類のものがある。たとえば、肉体労働によって物質やエネルギーを生産する。B(　　)、知的活動というものは、もしなにかを生産しているとすれば、それはいつも情報を生産しているのである。その情報が、物質やエネルギーの生産に役立つものであるにせよ、C(　　)第一次的に知的活動の結果として生産されるのは、情報である。

　D(　　)一方では、① 情報はいつでも知的活動の結果として生産されるとはかぎらない。情報生産のなかにも、さまざまなものがあって、なかには　②a　とはいえないような情報生産もある。たとえば、ピアノやバイオリンの演奏とか、b 舞踊の上演とか、おいしい料理をつくるとか、こういうものはいずれも情報生産にはちがいないが、知的情報生産とは区別したほうがいいだろう。い

うならば、③感覚的あるいは肉体的情報生産とでもいうべきであろうか。

つぎに、②b にc対立する ②c とはどういうことか。人間の知的活動には、いろいろのものがあって、知的活動をしたからといって、かならずしも情報生産をするとはかぎらない。なかには、まったく消費的なd性質のものもすくなくない。E(　)、マージャンやe将棋をたのしむのは、一種の知的消費である。それらのものは、高度の知的活動をともなうけれども、それはそれでしまいのもので、なにもあたらしい情報を生産するものではない。また、趣味としての読書というのも、知的消費の一種であって、そのかぎりではマージャンや将棋とおなじ性質のものである。読書については、(中略)今日おこなわれている読書論のほとんどすべてが、読書の「たのしみ」を中心にして展開しているのは、注目してよいことだとおもう。今日、読書はおもに知的消費としてとらえられているのである。

设 问

【問1】　a〜eの日本語の漢字の読み方をひらがなで書きなさい。
　　　　a　　　　b　　　　c　　　　d　　　　e

【問2】　A〜Eの(　)に最も適当なものをabcdから一つ選んでその記号を書きなさい。
　　　A(　)　a　ようやく　　　b　このように
　　　　　　　c　つまり　　　　d　そして
　　　B(　)　a　だから　　　　b　ところが
　　　　　　　c　それで　　　　d　すると
　　　C(　)　a　とにかく　　　b　つまり
　　　　　　　c　とりわけ　　　d　ともかく
　　　D(　)　a　ところが　　　b　それで

```
         c  すると           d  だから
E (   )  a  すなわち         b  たとえば
         c  または           d  あるいは
```

【問3】 知的生産という概念と対立するものはどれか。
　　a　知的消費　　　　　　　b　労働力
　　c　生産活動　　　　　　　d　情報収集

【問4】 「① 情報はいつでも知的活動の結果として生産されるとはかぎらない」のはなぜか。
　　a　読書などの行為も知的活動に入るから
　　b　肉体労働によっても生産が可能だから
　　c　感覚的な情報生産も存在するから
　　d　伝達情報が発達して、だれでも発信できるから

【問5】 ②a ～ ②c に入る言葉の組み合わせとして、適当なものはどれか。

```
A  a  知的活動    b  知的生産    c  知的活動
B  a  知的生産    b  知的生産    c  知的消費
C  a  知的活動    b  知的活動    c  知的消費
D  a  知的消費    b  知的消費    c  知的活動
```

【問6】 「③ 感覚的あるいは肉体的情報生産」でないものはどれか。
　　a　ピアノの演奏　　　　　b　料理を作ること
　　c　絵の鑑賞　　　　　　　d　小説の執筆

【問7】 知的生産というのは何か。三十字以内で説明しなさい。

词 汇

知的(ちてき)	(形动)	有知识的,智慧的。○～水準/知识水平。
むける	(他一)	向,对,指向。○顔を右に～/脸面向右边。
知恵(ちえ)	(名)	智慧,聪明。
叙述(じょじゅつ)	(名・他サ)	叙述。
頭を働かせる(あたま・はたら)	(词组)	动脑筋,想办法。
ことがら	(名)	事情,事态。
肉体労働(にくたいろうどう)	(名)	体力劳动。
エネルギー	(名)	能,能量;精力,气力。
さまざま	(形动)	各种各样,形形色色。
ピアノ	(名)	钢琴。
バイオリン	(名)	小提琴。
演奏(えんそう)	(名・他サ)	演奏。
舞踊(ぶよう)	(名)	跳舞,舞蹈。
いうならば	(词组)	说来,说起来。
マージャン	(名)	麻将。
将棋(しょうぎ)	(名)	将棋,象棋。
それはそれで	(词组)	那就行(但……)。○～いい/那就行,那就好,那挺好。
しまい	(名)	结束,停止。
とらえる	(他一)	抓住,理解。

句　型

一方では～、他方では～　一方面……，而另一方面……。
① この映画は一方では今年最高との高い評価を受けていながら、他方ではひどい出来だと言われている／对于这部电影，一方面有人评价它是今年最好的电影，而另一方面又有人说它拍得很糟糕。
② 彼女は一方ではボランティア活動は大事だと言っているが、他方では何かと理由をつけて参加するのを避けている／她一方面说志愿者活动很重要，而另一方面又总找一些借口回避参加。
③ 科学は、一方ではロケットを、他方では核をつくり出した／科学一方面发明了火箭，而另一方面却造出了核武器。

　　后半部分多带有表示转折的表达方式，例如"が"、"のに"、"ながら"、"ものの"等。另外，还有"一方では～、（また）一方では～"的形式。

～にせよ　即使……，……也好……也好……。
① 直接の責任は部下にあるにせよ、彼の監督不行き届きも糾弾されるだろう／即使直接责任在部下，他的管理不善也应受到谴责。
② 来るにせよ来ないにせよ、連絡ぐらいはしてほしい／无论是来还是不来，希望和我联系一下。
③ いずれにせよ、もう一度検査をしなければならない／不管怎么样，一定要再检查一遍。

　　"～にしても"的郑重的书面语形式，也可用"～にしろ"的形式。

～とはかぎらない　不见得，未必。
① 日本語を教えているというのは日本人とはかぎらない／教日语的不见得都是日本人。
② 有名な作家の小説ならどれでもおもしろいとはかぎらない／有

名的作家不见得每部小说都有意思。
③ 頭のいい人は出世するとはかぎらない/聪明的人未必都会成功。

～にちがいない　一定,想必,肯定。
① あんな素晴らしい車に乗っているのだから、田村さんは金持ちにちがいない/田村开那么一辆好车,肯定很有钱。
② 日本語を勉強する人は多かれ少なかれ日本が好きに違いない/学日语的人想必多少喜欢点日本。
③ 学生のゆううつそうな様子からすると、試験は難しかったにちがいない/从学生们那闷闷不乐的表情来看,考试一定很难。

　　与"だろう"相比,说话人的确信或深信程度更强。常用于书面语,用在口语时,有一种夸张的感觉。一般使用"きっと～と思います"的形式。

～からといって　不能因为……就……。
① 手紙がしばらく来ないからといって、病気だとは限らないよ/不能因为有段时间没来信了,就认定是生病了。
② いくらおふくろだからといって、ぼくの日記を読むなんて許せない/不能因为是我母亲就能看我的日记啊,这太过分了。
③ 子供だからといって、わがままに育てていいわけじゃない/不能因为是孩子就可以放任不管。

本文Ⅱ　次の文章を読んで、後の問いに答えなさい。
　たとえばある薬がある病気にa 効く、というような一番簡単そうに見えるb 事柄でも、考えてみるとなかなかむずかしい問題である。ある人が、ある薬を飲んだときに、病気が治ったら、その薬は効いた、とそう簡単にいってしまうことはできない。A(　　)飲まなくても治ったかもしれないからである。（中略）

B(　　)、① 一人の熱のある病人が、ある薬を飲んだら熱が下がった、次の日飲まなかったら熱が出た、また次の日飲んだら下がった、というふうに、何回もくり返してみて、その度毎に熱が下がったら、その薬が効いたといっていいだろうといわれるかもしれない。C(　　)厳密にいえば、病人の身体は、一日毎に変化しているので、同じ条件で何回もくり返したのではない。それで② 再現可能の原則は、c 近似にしか成り立っていないのである。

　しかしこういう場合に、科学はそれを取り扱う方法をもっている。それは統計という方法である。できるだけ ③a を同じくして、あるいは同じような条件のものを選んで、それでも決められない条件の方は、そのままにしておいて、そのかわり ③b について、測定をしてみる。D(　　)その結果を、全体的に眺めて、全体としての ③c を見るというやり方である。これが統計的方法といわれているものである。一人の病人が、何回もくり返して薬を飲んでみる場合、その結果は、統計的に調べるより仕方がない。一回毎に少しずつ条件がちがっているのであるから。

　E(　　)、統計によって得られる結果は、資料の数が多いほど確からしさがd 増すのであって、数例の結果などから出した統計的な結論は、ほとんど意味がない。しかし一人の病人に、数千回くり返して、薬を飲ませてみることはできない。

　それではこの問題を、実際にはどういうふうに取り扱っているかというと、それは同じような病気にかかっているe 大勢の人に飲ませてみるのである。大勢の人に飲ませてみて、百人のうち九十九人までの人が治ったとすれば、これは確かに効いたといわざるを得ないし、また現に薬が効くというのは、④ そういうことなのである。これは一人の人間が何度もくり返すかわりに、大勢の人間を一度に使ったので、やはり統計的な取り扱い方である。少しずつちがった条件にあるたくさんの例について行なった実験の結果を、少しずつちがう条件にある一人の人についてくり返した場

合と、同等に扱っているわけであるが、これは一つの仮定なのである。これは仮定ではあるが、この仮定がなければ、統計の学問は成り立たないのであって、事実その仮定の上に組み立てた統計学が実際に役に立っているのである。実際に全く同じ条件ということはないのであるから、広い意味でいえば、科学は統計の学問ともいえるのである。

设問

【問1】 a～eの日本語の漢字の読み方をひらがなで書きなさい。
　　　　a　　　b　　　c　　　d　　　e

【問2】 A～Eの（　）に最も適当なものをabcdから一つ選んでその記号を書きなさい。

A（　）　a　それで　　　　b　というのは
　　　　c　ところが　　　d　したがって

B（　）　a　しかし　　　　b　それでは
　　　　c　じつは　　　　d　それから

C（　）　a　だから　　　　b　ところが
　　　　c　しかし　　　　d　それでは

D（　）　a　すると　　　　b　そこで
　　　　c　そして　　　　d　こうして

E（　）　a　ところが　　　b　それでは
　　　　c　だから　　　　d　ところで

【問3】「① 一人の熱のある病人」の例で、薬が効いたといい切れないのはなぜか。
　a　一人だけの例では環境に左右されるので、条件を限定できないから
　b　もし効果が長く続く薬だったら、飲まない場合を設定するのが困難だから

c 熱のある状態と下がった状態を厳密に区別することはできないから

d 体質も病状も一定で、条件が同じでなければ効果が分からないから

【問4】 科学の「② 再現可能」とは、どんな意味か。
a すぐくり返して実行すれば、だれでも同様の理論が導けるということ
b 起こったことについて正確に記したら、見えないものでもよいということ
c 同じ条件で同様に行ったら、再び同じ結果が出るだろうということ
d 自然界のある事象が、どのような手段を用いても同じように出現すること

【問5】 ③a ～ ③c に入る言葉の組み合わせとして、適当なものはどれか。

A a 対象　　　b 複数の場合　　c 規則
B a 対象　　　b 一つの定理　　c まとまり
C a 条件　　　b 多数の資料　　c 傾向
D a 対象　　　b 限られた設定　c 変化

【問6】 「④ そういうこと」とは何か。
a 確かに薬が効いたといわざるを得ない場面
b 同じ病気の人百人が薬を飲んで、九十九人が治ったという結果
c 統計の方法を、実際にどういうふうに取り扱うかという問題
d 一人の人間が何度もくり返して同じことをするという

第一課

実験

【問7】 薬の実験で、「一人の人間に何回も飲ませる」のと同等だと仮定したことは何か。
a 少しずつちがった条件にある大勢の人に一回飲ませる
b ほとんど同じ症状のある大勢の人に多量に飲ませる
c 全く同じ条件にそろえた大勢の人にくり返し飲ませる
d できるだけ大勢の人に時間をおいて少しずつ飲ませる

【問8】 この文章から、科学が取り扱うべき問題でないものは次のどれか。
a 彗星の軌道　　　　　　　　b 生物の老化
c 商品の生産量と価格　　　　d 人生論

词　汇

効く（き）	（自五）	有效,奏效。
治る（なお）	（自五）	治愈,痊愈。
熱が下がる（ねつ・さ）	（词组）	退烧。
くり返す（かえ）	（他五）	反复,重复。
病人（びょうにん）	（名）	病人,患者。
近似（きんじ）	（名・自サ）	近似,类似。
成り立つ（な・た）	（自五）	成立,形成。
取り扱う（と・あつか）	（他五）	办理,处理,对待,操作。
そのかわり	（接续）	不过,但。
眺める（なが）	（他一）	注视,观察。
確か（たし）	（形动）	确实,确凿;可靠,牢靠。
増す（ま）	（自他五）	增大,增多;增加,增添。
病気にかかる（びょうき）	（词组）	生病,患病。
大勢（おおぜい）	（名）	许多人,众人。
現に（げん）	（副）	实际上。

組み立てる(く・た)　　　(他一)　　　组织,构成,组装,装配。

句　型

~というふうに　像……样地。
① 日本語には「つゆ・夕立・にわか雨」というふうに雨の表現が多い/日语中有许多表现雨的词汇,如"梅雨"、"(夏季傍晚的)雷阵雨"、"骤雨"之类。
② 今月は京都、来月は奈良というふうに、毎月どこか近くに旅行することにした/我打算这个月去京都,下个月去奈良,每个月都去附近走走。
③ 好きな時間に会社に行き、好きな時間に帰るというふうにはいかないものだろうか/想去公司就去,想回家就回,这样该多好。

~より仕方がない　只好,只有。
① お金がないのなら、旅行はあきらめるより仕方がないね/如果没钱的话,旅游就只好不去了。
② 自分の失敗は自分で責任を持って始末するより仕方がない/自己的失败,只好由自己来承担。
③ あさってからスキーに行きたいのなら、さっさとレポートを書いてしまうより仕方がないでしょう/你想后天去滑雪的话,只有尽快把学习报告写出来。

　　表示即使不愿意,也只得这么做。也可以用"~ほか仕方がない"、"~以外仕方がない"等形式。

~ほど　越……越……。
① 年をとるほど体が弱くなる/年纪越大,体质越弱。
② 上等のワインは、古くなるほどうまくなる/上等的葡萄酒,时间越长味道越醇。
③ 健康に自信がある人ほど、病気になかなか気づかないことが多

い/越是对健康自信的人，越是不易发现自己的病。

(疑问词)～かというと　要说……，要问……。
① 私は彼がきらいだ。どうしてかというと、いつも人の悪口ばかり言っているからだ/我很讨厌他。要说为什么，就是因为他老说别人的坏话。
② 私は一度も海外に行ったことがない。なぜかというと、飛行機に乗るのが怖いからだ/我一次都没出过国，要问为什么，就是因为我害怕坐飞机。
③ 機械の苦手な私がどうやってパソコンに慣れたかというと、友達とパソコンでゲームをしているうちに、だんだん怖くなくなってきたのだ/我不擅长机器类，那又是怎样习惯使用电脑的呢？这是因为和我朋友一起玩电脑游戏过程中渐渐熟悉了电脑。

　　在后半部分陈述理由时，多伴有"～からだ"、"～ためだ"、"～のだ"等表达方式。也可使用"～かといえば"的形式。"どうしてかというと"、"なぜかというと"等为习惯用法。

～とすれば　如果……，假如……。
① それが本当だとすれば、彼は真犯人ということになる/假如这是真的话，他就是真正的罪犯。
② これだけ待っても来ないとすれば、もともと来る気がなかったんじゃないだろうか/这么等都不来，莫非他本来就没来的意思。
③ われわれの計画が敵に知られていたとすれば、仲間のだれかがもらしたことになる/如果我们的计划被敌人知道了，那就是自己人泄密的。

～かわりに　代替，相反。
① 私のかわりに山田さんが会議に出る予定です/预定由山田替我出席会议。

② 手紙を書くかわりにEメールで知らせた/我用伊妹儿代替信件通知了。
③ 今度転勤してきたこの町は静かで落ち着いているかわりに交通の便がやや悪い/这次工作调动来到的这个城市，虽然环境安静、怡人，但出行有些不方便。

～わけだ　当然……，自然……，也就是说……。
① そんなことを言ったら、彼は怒るわけだよ/你要是说那样的话，他当然要发火了。
② 日本人の敬語は心理的な距離感に左右されているわけで、常に敬意を表しているとは限らないわけです/日本人使用敬语受心理距离的影响，因此敬语不总是只限于表示尊敬。
③ よく似ているわけだよ。なんとあの二人は双子だそうだ/太像了，听说他俩是双胞胎。

　　一般而言，"～わけだ"表示已知、既定的情况，而"～はずだ"则表示未知、未定的情况。例如，"彼女は5年も中国にいたのだから、中国語が上手なわけだ/はずだ。""～わけだ"表示亲耳听她说过汉语，对其流利的汉语了解得十分清楚；而"～はずだ"则只是根据逻辑推理，认为她汉语理应不错（具体事实自当别论）。

第二课

本文Ⅰ　次の文章を読んで、後の問いに答えなさい。

　ミスというものは、小さなものであっても、状況によっては、もたらす影響や結果が非常に大きなものになる危険性をはらんでいる。従って、A(　　)小さなミスでも、① その原因と背景をきちんと調べて対策を立てるのは、とても重要だし、日常的にそういう反応をする企業風土を作ると、必ず大きな失敗(事故や営業損失)を未然に防ぐことに役立つことになる。大竹氏は、次のように言い切っている。

　＜会社の業績が悪化したり、a 不祥事を引き起こしたことで、経営者が責任をとって、辞任する例は少なくありませんが、その原因は何だったのかを分析し、今後に役立てることはb 稀です。誰かが責任をとれば、それ以外のことは② 不問に付されてしまいます。個人が責任をとることと、失敗の原因を追究して教訓化することとは別物なのに、それが混同されているのです。

　日本と言う国も同じように、これまでの歴史が教訓化されることなく、B(　　)前の戦争が正しかったか間違いだったかという論争のレベルを超えていません。歴史から学ばなければ、成り行きまかせにならざるを得ないのは、個人も国も同じことです。＞

　太平洋戦争や戦後の政治的事件やc 行政の失敗や災害、事故について、私もかなり調べたり分析したりしてきたが、その経験に照らしてみると、大竹氏のd 指摘はまったくそのとおりだと思う。

　事件や事故という形で表面化した ③a を調査する取り組み方には、大きく分けて二つの方向がある。一つは、C(　　)「責任者

は誰だ」とか「誰がやったのだ」という発想で、③b に直接かかわった者を処罰したり、監督する地位にある者が辞任したりすることで、一件落着ということになる。もう一つは、③c を引き起こした原因を、背景要因まで含めて、多数の要因のつながり（連鎖）としてとらえ、それらの諸要因の一つ一つに対して、対策を考えるという取り組み方だ。

　失敗を繰り返さないようにするD(　　)、起こってしまった失敗を防げなかったのはなぜかという視点からの分析が必要である。そのためには、失敗の原因を「諸要因の連鎖」としてとらえるのが有効である。④ 鎖を形成する小さな輪（＝要因）のどれか一つでも取り除けば、鎖は切れて、最後の破局まで到達しない。つまり、どの一つも重要な要因になっているわけで、鎖の最後の輪（例えば直接ミスをした人）だけが失敗の原因ではないのだということが明らかになってくる。

　E(　　)、責任者追求型の取り組みでは、人々の感情的な満足は得られても、きめ細かな対策を導き出すのは困難である。辞めた責任者のe 後釜に座った人は、「人心を一新して」とか「気持ちを新たにして再発防止に努める」とか言っても、それは掛け声だけであって、事故原因を洗い出していなければ、有効な対策を打ち出しようがない。日本という国は、残念ながら、このタイプの対応をする傾向が極めて強い。そのことを大竹氏は的確に見抜いて嘆いているのだ。

設　問

【問1】　a～eの日本語の漢字の読み方をひらがなで書きなさい。
　　　a　　　　b　　　　c　　　　d　　　　e

【問2】　A～Eの(　　)に最も適当なものをabcdから一つ選んでその記号を書きなさい。

A ( )　a　もしも　　　　　b　かりに
　　　　c　たとえ　　　　　d　それほど
B ( )　a　もう　　　　　　b　また
　　　　c　いまだに　　　　d　すでに
C ( )　a　そして　　　　　b　まず
　　　　c　つぎに　　　　　d　とりあえず
D ( )　a　のは　　　　　　b　には
　　　　c　では　　　　　　d　とは
E ( )　a　したがって　　　b　これに対し
　　　　c　さらに　　　　　d　このように

【問3】「① その原因」の「その」は何を指しているか。
　a　状況　　　b　影響　　　c　危険性　　　d　ミス

【問4】「② 不問に付されてしまいます」とは、どんな意味か。
　a　不祥事を起こすこと
　b　責任者が辞任すること
　c　追究されないこと
　d　原因を分析すること

【問5】　③a　、③b　、③c　には同じ言葉が入る。次のどれか。
　a　背景　　　b　失敗　　　c　現象　　　d　事実

【問6】「④ 鎖を形成する小さな輪」の鎖の輪とは何か。
　a　失敗にいたるまでの一つ一つの要因
　b　繰り返し発生したミスの内容
　c　事故を防げなかった人たちの行動
　d　現象についての詳しい分析

【問7】 失敗を繰り返さないために、どんな取り組みが有効だと言っているか。三十字以内で説明しなさい。

词　汇

ミス	（名・自サ）	失败,失误,错误。
もたらす	（他五）	带来,招致。
はらむ	（自他五）	怀胎,怀孕;隐藏,隐含。
対策を立てる(たいさく・た)	（词组）	制定对策。
風土(ふうど)	（名）	风土,风俗。
未然に防ぐ(みぜん・ふせ)	（词组）	防患于未然。
言い切る(い・き)	（他五）	断定,说定。
悪化(あっか)	（名・自サ）	恶化,变坏。
不祥事(ふしょうじ)	（名）	不好的事,丑闻。
引き起こす(ひ・お)	（他五）	引起,惹起。
責任をとる(せきにん)	（词组）	引咎。
稀(まれ)	（形动）	稀少,稀有。
不問に付す(ふもん・ふ)	（词组）	不予追究。
別物(べつもの)	（名）	不同的东西,特别的东西。○～扱い/特殊处理。
いまだに	（副）	至今还是,至今仍然。
成り行きまかせ(な・ゆ)	（词组）	任凭,放任(演变、发展)。
照らす(て)	（他五）	对照,参照。
取り組み(と・く)	（名）	解决,对付。
発想(はっそう)	（名・他サ）	主意,想法;构思,表达。

第二课

一件落着(いっけんらくちゃく)	(词组)	解决一件事,了结一件事。
鎖(くさり)	(名)	锁链,链子;关系,纽带。
輪(わ)	(名)	环,圆圈;主要原因。
取り除く(と・のぞ)	(他五)	除掉,去掉。
破局(はきょく)	(名)	失败的结局,悲惨的结局。
きめ細か(こま)	(形动)	仔细的,心细的,周到的,详尽的。
導き出す(みちび・だ)	(他五)	导出,推导出,演绎出。
後釜(あとかま)	(名)	后任,后继人。
人心(じんしん)	(名)	人心,民心。
掛け声(かけごえ)	(名)	招呼声,号子。
洗い出す(あら・だ)	(他五)	找出,查出。
見抜く(みぬ)	(他五)	看穿,看透。
嘆く(なげ)	(自他五)	叹息,感叹。

句 型

たとえ〜でも(ても)　即使……也……,即便……也……,哪怕……也……。

① たとえ冗談でも、言っていいことと悪いことがある/即使是开玩笑,也有该说的和不该说的。

② たとえそれがほんとうだとしてもやはり君が悪い/即使这是真的,也是你的不好。

③ たとえ大金をつまれたとしてもそんな仕事はやりたくない/即使能赚到大钱,我也不想做这种事情。

　　后续除"ても"之外,还有"とも"、"〜たところで"等表示让步的表达方式。

ことなく　不……。

① われわれは、いつまでもかわることなく友達だ/我们是永不变心的好朋友。
② 原則を変えることなく、現実に柔軟に対応することが大切だ/重要的是不改变原则灵活地应对现实。
③ ひどい雪だったが、列車は遅れることなく京都についた/虽然雪下得很大,但列车还是正点到达了京都。

　　此句型意思与"～ないで"、"～ずに"相近,但书面语语感更强。另外,从上述例句来看,分别含有"かわる"、"変える"、"遅れる"的可能性,但实际上并非如此的意思。

～ざるを得ない　不得不……。
① 先生に言われたことだから、やらざるをえない/因为是老师吩咐的,所以不得不干。
② 君がしないから、僕がやらざるを得ないだろう/你不做,那只好我来做了。
③ あんなことを信じてしまうとは、我ながらうかつだったと言わざるを得ない/居然会相信这种事,连我自己都不得不承认太粗心大意了。

　　书面语,表示迫于某种压力或某种情况而违心地做某事。

～ないようにする　要做到不……,设法做到不……。
① 40歳を過ぎてからは酒を飲み過ぎないようにしている/我四十岁过后,尽量不过度饮酒。
② 彼女の機嫌を損ねることは言わないようにした/我努力做到了不去惹她不高兴。
③ 試験日には、目覚まし時計を2台セットして寝坊をしないようにしよう/考试那天,为了不睡过头,我用上了两只闹钟。

～ようがない　没办法……。

① こんなにひどく壊れていては、直しようがない／坏得这么厉害，已经没办法修了。
② あの二人の関係はもう修復しようがない／那两个人的关系已经无法挽回了。
③ ここまで来てしまったからには、もう戻りようがない／既然事到如今，就已无法挽回了。

本文Ⅱ 次の文章を読んで、後の問いに答えなさい。

　ラジオもテレビも、さまざまな情報をほとんど休みなく発信し、A(　　)、それを人びとが休息する家庭のなかにまで届けてくれます。ニュースについていえば、いわゆる速報性を特徴としていて、事件が起こると同時にその進行とa 並行して、刻々に状況を知らせてくれます。また、この二つのメディアには遍在性とでもいうべき性質があって、情報は場所と時間を選ばず人びとのもとに向こうからやってきます。① これによって、二十世紀の人間は人類史上初めて、おびただしい事件の経過そのものに、たえまなく、どこでもいつでも立ち会わされることになりました。

　B(　　)ラジオとテレビの決定的な特質は、それがかつての印刷メディアとは違って、② 文字による言葉の伝達力に頼らないということです。活字による情報は、人びとの教育程度によって受容が決定的に差別され、結果としてメディアの階層分化をつくりだしていました。文字を知らない人が排除されるのはもちろんのこと、文字や文体について教養の差があれば、それは受けとる情報の量や質にも差ができることを意味していました。これにたいして、語り言葉と影響とb 映像に頼る電波メディアは、③ 情報の無階層化を革命的に進めました。早い話が、ラジオやテレビのニュース番組には、かつての大衆紙と高級紙のあいだにもあった、受容者の社会階層による区別がなくなったのです。

　C(　　)、情報の本質からみてより決定的であったことは、これによって情報の持つ体系的な性格、いわば④ 一望できる構造がc

著しく突き崩されたということでしょう。書物の場合であれ新聞や雑誌の場合であれ、文字情報は、たとえば目次の組立て、章と節の区分、見出しの大小などによって、その構造を目に見える体系として示すことができます。受け手は情報の全体を空間的に展望し、そのなかにある理論的なd 秩序、価値的な階層関係をひと目で読み取ることができるのです。

　D(　　)、刻々に伝えられては流れ去る電波情報は、その時どきの部分の印象の強さにくらべて、内容の全体像を伝える力は弱くなります。いいかえれば、事件が持っている時間的なパースペクティヴ、さらにいえば歴史的な経過の構造が、文字情報の場合にくらべてはなはだしく弱くなります。ラジオを聞きテレビを見ている人間にとっては、⑤ 半月前の大地震よりも、今日起こった小さな火事のほうが強烈な刺激をあたえます。このことはニュース情報にかぎらず、ドラマやショーのような、本来は構造的な性格の濃いフィクションの場合にもあてはまります。劇場のドラマにくらべて、テレビやラジオのそれは刻々のe 趣向が面白く、E(　　)、全体の首尾構造が弱いのが普通です。一篇の作品のなかではつねに見せ場をつくり、連続ドラマの毎回ごとに山場を設けるのが、放送ドラマの特色だといえるでしょう。

設　問

【問1】　a〜eの日本語の漢字の読み方をひらがなで書きなさい。
　　　　a　　　　b　　　　c　　　　d　　　　e

【問2】　A〜Eの(　　)に最も適当なものをabcdから一つ選んでその記号を書きなさい。
　　　A(　)　a　しかし　　　　b　しかも
　　　　　　c　だけど　　　　d　だから
　　　B(　)　a　ところで　　　b　さらに
　　　　　　c　そこで　　　　d　もっとも

第二課

C（　）　a　しかし　　　　　　　b　しかも
　　　　　c　だから　　　　　　　d　さらに
D（　）　a　そのうえ　　　　　　b　その結果
　　　　　c　これに対して　　　　d　このように
E（　）　a　そのため　　　　　　b　それが故に
　　　　　c　その代り　　　　　　d　そのほか

【問3】「① これによって」は何を指しているか。
　　a　ラジオやテレビが休みなく情報を発信していること
　　b　各家庭のなかまで、あらゆる情報を届けてくれること
　　c　刻々と変わる事件の進みを、そのつど知らせてくれること
　　d　速報性とともに、いつでもどこでも情報が届くこと

【問4】「② 文字による言葉の伝達力に頼らない」というのはどんな意味か。
　　a　書かれた文字だけで情報を伝えるのではない
　　b　文字を使ったメッセージが発信されない
　　c　言葉以外の手段でコミュニケーションをする
　　d　電波を通して広く多くの人に知らせる

【問5】「③ 情報の無階層化」とは何か。
　　a　情報の送り手に、組織内の地位の差がなくなったこと
　　b　情報の送り手に、地域による質に違いがなくなったこと
　　c　情報の受け手に、社会的な身分の差がなくなったこと
　　d　情報の受け手に、民族的な差別意識がなくなったこと

【問6】「④ 一望できる構造」とは何か。
　　a　情報のそれぞれの因果関係が図式的につかめること
　　b　全体の構造がどうなっているかすぐに見当がつくこと
　　c　一見すれば、どんなジャンルの情報が想像できること

d 情報を受けると、空間的な広がりが感じられること

【問7】「⑤ 半月前の大地震よりも、今日起こった小さな火事のほうが強烈」なのはなぜか。
a その瞬間に受け取る情報の印象が強く感じられるから
b 継続的に事件や事故を追うには時間が短いから
c 映像や音響の方が、書き言葉よりも迫力があるから
d 受け手の身近に起こったことを伝えるのに効果的だから

词　汇

休みなく(やす)	(副)	不休息地,不停地。
発信(はっしん)	(名・自他サ)	发信,发报。
速報(そくほう)	(名・他サ)	速报,快报,简短的新闻报道。
並行(へいこう)	(名・自サ)	并行,并进。
刻々(こっこく)	(副)	时时刻刻,每时每刻。
メディア	(名)	媒体,媒介。
遍在(へんざい)	(名)	普遍存在,普及。
向う(むこ)	(名)	对面,正面,前方。
おびただしい	(形)	大量的,无数的。
そのもの	(名)	(该事物)本身。
たえまなく	(副)	不断地,不停地,没完没了地。
立ち会う(た・あ)	(自五)	互争胜负。
受容(じゅよう)	(名・他サ)	接受,容纳。
電波(でんぱ)	(名)	电波。
早い話が(はや・はなし)	(词组)	简单地说,直截了当地说。
いわば	(副)	简单地说,比如说。
一望(いちぼう)	(名・他サ)	一览无遗。
いちじるしい	(形)	明显的,显著的。

突き崩す(つ・くず)	(他五)	推倒,推垮;击溃,攻破。
見出し(みだ)	(名)	标题,索引。
受け手(う・て)	(名)	接受人,读者(或听众)。
ひと目(め)	(名)	一眼,一眼看到。
読み取る(よ・と)	(他五)	读通,领会,理解。
時どき(とき)	(名・副)	一时,有时。
いいかえる	(他一)	换句话说,换言之。
パースペクティヴ	(名)	整体形象,整个过程。
はなはだしい	(形)	非常,异常,太。
ドラマ	(名)	剧,戏剧。
ショー	(名)	展示,表演,演出。
フィクション	(名)	(小说等的)虚构,虚构的故事。
あてはまる	(自五)	适合,适应。
首尾(しゅび)	(名)	首尾,前后,始终。○～一貫/始终如一。
見せ場(み・ば)	(名)	最精彩的场面。
連続ドラマ(れんぞく)	(名)	连续剧。
山場(やまば)	(名)	高潮,顶点,最高峰。

句 型

～ということだ　据说,听说。

① 山田さんは、近く会社をやめて留学するということだ/听说山田最近要辞职去留学。

② この店は当分休業するということで、私のアルバイトも今日で終わりになった/听说这家店要暂时停业,我打工也到今天为止。

③ 「吉田さん、まだ姿が見えませんね。」「いや、さっきまでいたんですが、もう帰りました。今夜から出張するということです」/"还没见吉田来啊。""刚才还在这儿,已经回家了。据说他今晚要出差。"

～はもちろん(のこと)　不用说,当然,自不待言。
① 彼女は、英語はもちろん、ドイツ語も中国語もできる/她英语不在话下,就连德语、汉语都会。
② 彼は、スポーツ万能で、テニスはもちろん、ゴルフもサッカーもうまい/他体育样样拿手,网球不用说,高尔夫球、足球也都很棒。
③ 来週のパーティーは、いろいろな国の料理はもちろん、カラオケもディスコもある/下周的晚会,各国的菜肴不用说,还有卡拉OK和迪斯科。

～であれ～であれ　无论……还是……,不论……还是……。
① 晴であれ雨であれ、実施計画は変更しない/无论是晴天还是雨天,实施计划都不改变。
② 貧乏であれ金持ちであれ、彼に対する気持ちは変わらない/无论他是贫穷还是有钱,我对他的感情都不会改变。
③ 試験の時期が春であれ秋であれ、準備の大変さは同じである/考试时间无论是在春天还是在秋天,准备工作都一样艰巨。

　　一种比较正规的口语及书面语,可以与"～であろうと～であろうと"互换使用。

～にかぎらず～も　不仅……也……。
① 東京や大阪に限らず、大都市はどこも部屋代が高い/不仅是东京和大阪,大都市的房租都很高。
② 女性に限らず男性も化粧する人がふえている/不仅是女性,男性化妆的人也在逐渐增多。
③ 外国人に限らず、日本人にとっても敬語は難しい/不仅是对于外国人,对于日本人来说,敬语也是很难的。

第三课

本文Ⅰ　次の文章を読んで、後の問いに答えなさい。

　人間が心に思うことを他人に伝え、知らしめるのには、いろいろな方法があります。例えば悲しみを訴えるのには、悲しい顔つきをしても伝えられる。物が食いたいときは手まねで食う様子をして見せても分かる。そのほか、泣くとか、うなるとか、叫ぶとか、にらむとか、a 嘆息するとか、殴るとかいう手段もありまして、急な、激しい感情を一息に伝えるのには、そういう（　①　）な方法のほうが適する場合もありますが、しかしやや細かい思想を明瞭に伝えようとすれば、言語によるよりほかはありません。言語がないとA（　　）不自由かということは、日本語の通じない外国へ旅行してみると分かります。

　B（　　）また、言語は他人を相手にするときばかりでなく、（　②　）にも必要であります。我々は頭の中で「これをこうして」とか「あれをああして」とかいうふうにb 独り言を言い、自分で自分に言い聞かせながら考える。そうしないと、自分の思っていることがはっきりせず、まとまりがつきにくい。皆さんが算数や幾何の問題を考えるのにも、必ず頭の中で言語を使う。我々はまた、孤独をc 紛らすために自分で自分に話し掛ける習慣があります。強いて物を考えようとしないC（　　）、独りでぽつねんとしているとき、③ 自分の中にあるもう一人の自分が、ふとささやき掛けてくることがあります。それから、他人に話すのでも、自分の言おうとすることを一遍心で言ってみて、しかる後口に出すこともあります。普通、我々が英語を話すときは、まず日本語で思い浮かべ、

それを頭の中で英語に訳してからしゃべりますが、母国語で話すときでも、難しい事柄を述べるのには、しばしばそういうふうにする必要を感じます。されば言語は思想をd 伝達する期間であると同時に、④ 思想に一つの形態を与える、まとまりをつける、という働きを持っております。

そういうわけで、言語は非常に便利なものでありますが、しかし人間が心に思っていることなら何でも言語に表せる、言語をもって表白できない思想や感情はない、というふうに考えたら間違いであります。今も言うように、泣いたり、笑ったり、叫んだりするほうが、かえってそのときの気持ちにぴったり当てはまる場合がある。（　⑤　）ほうが、くどくど言葉を費やすよりもe 千万無量の思いを伝える。もっと簡単な例を挙げますと、鯛を食べたことがない人に鯛の味を分からせるように説明しろと言ったらば、皆さんはどんな言葉を選びますか。恐らくどんな言葉をもっても言い表す方法がないでありましょう。さように、たった一つの物でさえ伝えることができないのでありますから、言語と言うものは案外不自由なものであります。

设問

【問1】 a～eの日本語の漢字の読み方をひらがなで書きなさい。
　　　　a　　　　b　　　　c　　　　d　　　　e

【問2】 A～Cの（　）に最も適当なものをabcdから一つ選んでその記号を書きなさい。
　　　　A（　）　a　こんなに　　　b　そんなに
　　　　　　　　c　どんなに　　　d　あんなに
　　　　B（　）　a　ところで　　　b　ところが
　　　　　　　　c　しかし　　　　d　なお
　　　　C（　）　a　では　　　　　b　でも
　　　　　　　　c　ので　　　　　d　のに

【問3】（ ① ）に何を入れればいいのか。
　　a　近代的　　　　　　　　b　現代的
　　c　原始的　　　　　　　　d　古代的

【問4】（ ② ）に何を入れればいいのか。
　　a　みんなで話をするとき　　b　さびしくて独り言を言うとき
　　c　静かに本を読むとき　　　d　独りで物を考えるとき

【問5】「③ 自分の中にあるもう一人の自分が、ふとささやき掛けてくる」とはどういうことか。
　　a　自分の中に誰かの意思が入り込んできて、それと対話するということ
　　b　自分の中で役割を決めて、一人二役を演じるということ
　　c　自分が気がつかない性格が、自然と現れて話し出すということ
　　d　自然と、頭の中で言葉を使って自分自身で対話するということ

【問6】なぜ言語は「④ 思想に一つの形態を与える、まとまりをつける」ことができるのか。
　　a　言語を使うことによって、思想や考え方が頭の中でまとめられるから
　　b　どの言語であっても、ある決まった形態をもっているから
　　c　言語は、それ自身まとまりをもった体系を形作っているから
　　d　言語を使用することで、誰でも一人前の社会人になれるから

【問7】（ ⑤ ）に何を入れればいいのか。

a 黙ってさめざめと涙を流している
b 怒ってぶつぶつ文句を言っている
c 楽しくてべらべらしゃべっている
d 不安な気持ちをとつとつと訴えている

【問8】 言語に対する筆者の考え方を、五十字以内で説明しなさい。

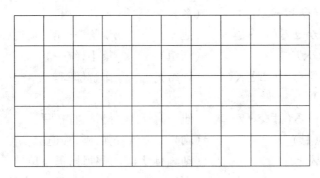

词 汇

～しめる	（助动）	（接用言未然形后）使,让,叫。相当于口语中的"～させる"。○人をして言わ～/让人说话。
訴える(うったえる)	（他一）	起诉,申诉;诉说。
顔つき(かお)	（名）	容貌,长相;表情。
食う(く)	（自他五）	吃。"食べる"的粗俗说法。
手まね(て)	（名）	手势,用手的动作模仿事物。
うなる	（自五）	呻吟。
叫ぶ(さけ)	（自五）	叫喊,呼喊。
にらむ	（他五）	怒视,瞪眼。
嘆息(たんそく)	（名・自サ）	叹息,叹气。
殴る(なぐ)	（他五）	殴打,揍。

急(きゅう)	(形动)	急剧,突然。
一息(ひといき)	(名)	一口气,一鼓作气,一下子。
適する(てき)	(名・自サ)	适合,使用。
やや	(副)	稍微,多少,有点儿。
細かい(こま)	(形)	细小的,细微的。
明瞭(めいりょう)	(名・形动)	明确的,清楚的。
相手にする(あいて)	(词组)	以……为对手。
独り言(ひと・ごと)	(名)	自言自语。
言い聞かせる(い・き)	(他一)	说给……听,劝说,劝告。
まとまりがつく	(词组)	集中,统一。
孤独を紛らす(こどく・まぎ)	(词组)	排解郁闷。
話し掛ける(はな・か)	(他一)	搭话,打招呼。
強いて(し)	(副)	强,硬,强迫。
ぽつねんと	(副・自サ)	孤独地,孤单单地。
ふと	(副)	没想到,意外,突然。
ささやく	(他五)	低声私语,耳语。
一遍(いっぺん)	(名・副)	一遍,一次,一回。
しかる後(のち)	(接续)	之后,然后。
口に出す(くち・だ)	(词组)	说出,诉说。
思い浮かべる(おも・う)	(他一)	回想,联想。
しばしば	(副)	屡次,再三。
されば	(接续)	因此,既然如此。
ぴったり	(副)	正好,恰好。
くどくど	(副)	啰唆(得令人讨厌)。
費やす(つい)	(他五)	消耗,花费。
千万無量(せんまんむりょう)	(名・形动)	无限,无数。
鯛(たい)	(名)	鲷,加级鱼。
さよう	(副・形动)	那样。

案外(あんがい)　　　　　　(副・形动)　意外,出乎意外。

句　型

~のに(は)　　为了……,用于……。
① 今日はスポーツをするのにいい日だ/今天的天气适合体育运动。
② 暖房は冬を快適に過ごすのに不可欠です/暖气是舒适过冬所必不可少的。
③ 彼を説得するのには時間が必要だ/说服他需要时间。

　　表示目的,可以与"~するために"互换使用,但后续词多为"必要だ"、"不可欠だ"等,不如"~するために"随意。✕ 留学するのに英語を習っている。〇 留学するために英語を習っている。

~う・ようとする　　想要……,打算……。
① 彼女は25歳になる前に何とか結婚しようとしている/她想在25岁前把自己嫁掉。
② 本人にやろうとする意欲がなければ、いくら言っても無駄です/本人若是不想做,那你再说也都是没用的。
③ 彼女はこの見合い話をおそらく承知しようとはしないだろう/恐怕她不会答应去相亲的吧。

　　表示对某事的尝试。否定句中可加入"は"、"も"、"さえ"等助词,否定语感强烈。否定形式不能用于第一人称。✕ わたしはきらいな人参は食べようとしません。

~よりほか(は)ない　　只好,只得,只有。
① 花粉症になってしまったので、花屋をやめるよりほかない/我得了花粉症,只好辞去花店的工作。
② 熱はあるのだから、入浴は我慢するよりほかない/发烧只好不洗澡了。

第三课

③ この病気を治す方法は手術しかないそうです。すぐに入院するほかありません/据说要治好这个病只有手术。无奈只得马上住院。

~にくい　难以……,不容易……。
① あの人の話は発音が不明瞭で分かりにくい/那人发音不清楚,不容易听懂。
② 言いにくいこともEメールなら言えそうだ/难以说出口的话用伊妹儿似乎就可以说了。
③ あんな偉い先生のところにはなかなか相談に行きにくい/那老师地位很高,很难去请教他。

本文Ⅱ　次の文章を読んで、後の問いに答えなさい。

① 人が失敗をした時、同情を引くものであってはなりませんが、大した怪我もせずころんだような場合、私たちはA(　　)笑ってしまいます。ころんだ人が校長先生でもあったりしたら、生徒たちは大いに笑ってしまいます。

このような場合、校長先生が「何故人の不幸を笑うのか」とa 大声で怒り出し、生徒たちは急いで逃げて遠くで笑っているか、B(　　)ころんだ先生が「スカタンなことして──」と笑いながら立ち上がって、見ている生徒たちといっしょに笑うか(要するに怒らない)のはいずれかが考えられます。

「何故笑うか!」と怒るのは、笑われたら恥ずかしい、C(　　)生徒たちに威厳を保たなければならないと思っているので、威厳をつくろうためにも怒らざるを得ないわけです。つまり、生徒たちの笑いを「攻撃」として受けとめるから怒ってしまうということになります。

時の権力や権威のあるものを民衆が風刺するというのは、民衆が権力や権威に対して攻撃の矢を放つということを意味しています。② 町人が侍を風刺するというのは、b 弱者が強者を刺す武器

として笑いの矢を放つわけです。

　笑いを人間と人間とのコミュニケーションとしてとらえてみますと、大きくは攻撃的な笑いと協調的な笑いとに分けることができると思います。侍が特に意識したのは、攻撃としての笑いで、笑いというとすぐにそういうものとして受け取ってしまいがちになります。したがって「笑った」「笑わない」の言い合いで喧嘩になってしまうわけです。

　何故そうなってしまうのか。身分や階級が支配する③タテ社会では、いつもタテの軸を意識して暮らすことになるので、そういうところでは、笑いはまずは攻撃として受け止められることになるのだと思われます。

　協調の笑いというのは、人と人とが笑いあって仲良くなっていく笑いのことを言います。笑わせ合い、笑い合い、その場の笑いを共有し合うことで仲良くなるわけです。単純にはスマイルというのがあります。相手がニコッとc微笑んでくれれば、安心感を得て気持ちがよく、こちらも笑顔で挨拶を交わす。これも協調の笑いです。

　侍社会の笑いが、攻撃の笑いを特徴とするものであるとすると、商人社会のそれは、協調の笑いであると言えます。商人にあっては、D(　　)人間関係が大切です。自ら生み出す笑いの効用をd心得ています。笑いのあるところに人が集まるし、とげとげしい雰囲気も笑いが起れば、場は和らぐのです。

　私たちが毎日の生活の中で笑っているというのは、協調としての笑いがE(　　)です。冗談を言い合い、からかい合い、e悪口を言い合っているようで実はふざけ合い…という具合に、笑い合って仲良く暮らすというのが基本です。

设　問

【問1】　a～eの日本語の漢字の読み方をひらがなで書きなさい。
　　　　a　　　　　b　　　　　c　　　　　d　　　　　e

【問2】 A～Dの(　)に最も適当なものをabcdから一つ選んでその記号を書きなさい。

A (　) 　a うっかり　　　　b とうとう
　　　　 c ついに　　　　　d つい
B (　) 　a 逆に　　　　　　b それとも
　　　　 c もちろん　　　　d ともかく
C (　) 　a それに　　　　　b とりわけ
　　　　 c または　　　　　d あるいは
D (　) 　a いちばん　　　　b とくに
　　　　 c 何より　　　　　d とくべつ
E (　) 　a ほんとう　　　　b だいたい
　　　　 c ほとんど　　　　d 全部

【問3】 「① 人が失敗をした時、同情を引くものであってはなりません」とはどういう意味か。
a 人が失敗した時、その失敗で他人の同情を招いてはならない
b 人が失敗した時、他の人は同情してあげなければならない
c 人が失敗した時、他の人は同情を寄せてはならない
d 人が失敗した時、他の人は同情を求めてはならない

【問4】 「② 町人」とはどういう意味か。
a 江戸時代の一般の民衆　　　b 江戸時代の百姓
c 江戸時代の商人・職人　　　d 江戸時代の士農工商

【問5】 「③ タテ社会」とはどういう意味か。
a 時間意識の強い社会　　　　b 身分差のある社会
c 経済的差異のある社会　　　d 地域的差異のある社会

【問6】 私たちの毎日の生活の中で笑っている笑いは次のどれか。
   a 攻撃的な笑い　　　　　　　b 協調的な笑い
   c 人をばかにする笑い　　　　d 意味のない笑い

词　汇

大した(たい)	(连体)	(后接否定词)没什么了不起,不值一提。
怪我(けが)	(名・自サ)	受伤,负伤。
すかたん	(名)	落空,踩空。
立ち上がる(たち・あ)	(自五)	站起来,起立。
威厳をつくろう(いげん)	(词组)	装出威严的样子。
保つ(たも)	(他五)	保住,保存。
攻撃(こうげき)	(名・他サ)	进攻,攻击。
受け止める(う・と)	(他一)	接住,接受。
風刺(ふうし)	(名・他サ)	讽刺,讥讽,嘲讽。
矢を放つ(や・はな)	(词组)	放箭。
町人(ちょうにん)	(名)	町人,江户时代居住在城市中的手艺人和商人。
侍(さむらい)	(名)	武士。
刺す(さ)	(他五)	扎,刺。
コミュニケーション	(名)	交流,沟通。
タテ社会(しゃかい)	(名)	纵向社会,重视身份和上下级关系的社会。
軸(じく)	(名)	轴,中心。
仲良く(なかよ)	(副)	关系密切,关系融洽。
スマイル	(名)	微笑。
にこっと	(副)	莞尔,嫣然一笑。
笑顔(えがお)	(名)	笑脸。
生み出す(う・だ)	(他五)	产生,生产。

心得る(こころえ)	(他一)	明白,理解。
とげとげしい	(形)	带刺的,不和蔼的。
和らぐ(やわ)	(自五)	(气氛)缓和。
冗談(じょうだん)	(名)	玩笑,笑话。
言い合う(い・あ)	(他五)	各说各的,互相说。
からかう	(他五)	戏弄,调戏,开玩笑。
ふざける	(自一)	开玩笑,嘲笑,嬉闹。

句　型

～てはならない　不要,不能。

① 一度や二度の失敗であきらめてはならない/不要因为一、两次的失败而放弃。
② 警察が来るまで、誰も入ってはならない/在警察来之前谁也不能进去。
③ ここで見たり聞いたりしたことは決して話してはならないと言われた/要求我们绝对不能说出在这里看到的和听到的。

　　多用于书面语形式,口语中一般使用"～ちゃだめだ"、"～ちゃいけません"的形式。

～ということになる　也就是说,就是。

① 4年間も留学するの？じゃあ、あの会社には就職しないということになるの/你要去留学四年？也就是说你不去那家公司工作了？
② りえさんはわたしの母の妹の子供だから、わたしとりえさんはいとこ同士ということになる/理惠是我母亲妹妹的孩子,也就是说我和理惠是表兄妹关系。
③ これまで10年前と4年前に開いているので、これで日本での開催は3回目ということになる/在过去十年前和四年前分别在日本举行过,这次再举行就是第三次在日本举行了。

～がち　往往会……,容易……。
① 彼女に電話すると、どうしても長話になりがちです/一给她打电话,往往聊得没完没了。
② 甘いものはついつい食べ過ぎてしまいがちなので、ダイエット中は気をつけましょう/甜食稍不注意就容易吃多,所以在减肥期间一定要节制。
③ 人間はとかく他人を外見で判断しがちです/人总是容易从外表看待他人。

　　表示负面评价,多与"どうしても"、"つい"、"うっかり"及"～てしまう"等词语一起使用。

～とすると　如果……,假如……。
① 医学部に入るとすると、一体どのぐらいお金が必要なのだろうか/如果要报考医学系,到底需要多少费用啊。
② もし今後雨が降らないとすると、水不足になるのは避けられないだろう/如果以后不下雨,就不可避免会产生用水不足的问题。
③ 仮に被告が言っていることが事実だとすると、彼女はウソの証言をしていることになる/假如被告所说的是事实,那么她就作伪证了。

　　常与"かりに"、"もし"等词语一起使用。

～にあっては　提到……(这个人)
① 高橋さんにあっては、どんな強敵でも勝てそうにありませんね/高桥这个人,任何强敌都无法战胜他。
② あの男にあっては、嘘もまことと言いくるめられる/那个人能把假的说成真的。
③ あなたにあってはかなわないな。お望みどおりにいたしましょう/我是服了你了。没法子,就按你的意思去做吧。

第三课

第四课

本文 I 次の文章を読んで、後の問いに答えなさい。

　先日のケリー先生の日本学ゼミで、日本のこどものお弁当を題材に①<u>日本文化を論じた論文</u>を取り上げていました。日本のこどもが学校や幼稚園に持っていくお弁当のことです。A(　　)、こどもの学校での昼食のとり方というのが、アメリカと日本では非常に違うので、a<u>給食</u>がないところでは、みんなが一斉にお弁当を持っていくというのが、アメリカ人にとっては少し驚きのようです。アメリカでは、お弁当を持っていってもよいし、学校の売店で買ってもよいし、お弁当を持っていった上でなにか買ってもかまいません。

　B(　　)、なによりもアメリカ人にとって驚きであり、この論文のメイン・テーマとなっていることは、日本のこどものお弁当がすばらしく手の込んだ芸術品の様相を呈しており、それが母親のb<u>腕の見せどころ</u>だ、という事実なのです。アメリカのこどものお弁当といえば、ポテト・チップの袋が一つ、チョコ・バーが一本、サンドイッチが一つにりんごぐらいなもので、母親がことさらに手をかけることはまずありません。私がよくお世話になる先生のお宅などでは、両親ともに大学教授で忙しいこともあり、朝はこどもが自分で冷蔵庫から適当に食べ物をかき集めて持っていきます。

　②<u>こういう伝統</u>からすると、黄色い卵に緑のほうれん草、赤いさくらんぼなどで見た目も美しく飾り、おまけにりんごでうさぎを作るなどということは思いも及びません。そこからこの著者は、日本社会における「母親」というc<u>役割</u>の重要性、お弁当の優秀

さで母親の優秀さが計られること、母子の緊密な関係、そして、誰も同じように素晴らしいお弁当を持たねばならないという集団主義、C(　　)、日本文化における女のあり方などについて議論を広げていきます。

　お弁当というものを、③ そういう風には考えたことがなかったので、たいへんおもしろく感じました。D(　　)、本当にこれは母親や女に関する日米の文化的差異からくるのでしょうか？ 私は、まずd 根本は食文化の違いだと思います。日本には、こどものお弁当に限らず、各種e 駅弁から始まって、高級料亭のお弁当まで、「お弁当」という芸術的食物を作る文化があるでしょう。アメリカにはE(　　)それが存在しないので、美しいこどものお弁当が生まれる余地がないのです。

　そうだとすると、母親や女について考える前に、まず、なぜ日本にはかくも美しい「お弁当文化」があるのか、ということを問題にせねばならないようですね。

设　问

【問1】　a〜eの日本語の漢字の読み方をひらがなで書きなさい。
　　　　a　　　　b　　　　c　　　　d　　　　e

【問2】　A〜Eの(　　)に最も適当なものをabcdから一つ選んでその記号を書きなさい。
　　　　A(　)　a　まず　　　　　　b　また
　　　　　　　c　すぐに　　　　　d　さいしょ
　　　　B(　)　a　そこで　　　　　b　そして
　　　　　　　c　それで　　　　　d　しかし
　　　　C(　)　a　ただ　　　　　　b　だが
　　　　　　　c　また　　　　　　d　それで
　　　　D(　)　a　だから　　　　　b　しかも
　　　　　　　c　そして　　　　　d　しかし

第四课

E（　）　a　そもそも　　　　b　それから
　　　　　c　それより　　　　d　それに

【問3】「① 日本文化を論じた論文」のメイン・テーマは何か。
a　食がないところでは、みんなが一斉にお弁当を持っていくということ
b　日本のこどものお弁当が芸術品のようで、母親の重要な仕事だということ
c　日本には「お弁当」という芸術的食物を作る文化があるということ
d　日本とアメリカとでは、学校の昼食のとり方が非常に違うということ

【問4】「② こういう伝統」とは、どんな伝統か。
a　みんながお弁当を持っていくわけではないという伝統
b　こどもがお弁当を自分で作るという伝統
c　芸術品のようお弁当を作るという伝統
d　母親がお弁当に手をかけることはないという伝統

【問5】「③ そういう風には考えたことがなかった」とあるが、この論文ではお弁当からどんなことを論じているか。論じていないものはどれか。
a　日本社会での母子の緊密な関係
b　日本社会での「母親」という役割の重要性
c　同じようなお弁当を持っているという集団主義
d　日本の芸術的な「お弁当文化」

【問6】この文章から考えられる日本とアメリカの子供のお弁当の組み合わせとして、正しいものはどれか。

	日　本	アメリカ
a	パンダの顔のおにぎり 卵焼き・ハンバーグ・いちご	サンドイッチ チョコバー・オレンジ
b	あんパン・ジュース りんご	サンドイッチ・鶏のからあげ うさぎの形のりんご
c	おにぎり たくあん	ハンバーガー・チョコバー 野菜サラダ
d	卵焼き・鶏のからあげ さくらんぼ	サンドイッチ・ポテトチップ たこの形のウインナーソーセージ

【問7】 筆者は日本とアメリカの子供のお弁当の違いはどこにあると思っているか。十五字以内で説明しなさい。

词　汇

ゼミ	（名）	（"ゼミナール"的略语）研讨会，讨论会。
お弁当(べんとう)	（名）	便当，盒饭。
とり方(かた)	（名）	用餐的方法。
給食(きゅうしょく)	（名）	（学校等提供的）午餐，中饭。
売店(ばいてん)	（名）	小卖店。
なによりも	（词组）	首先，最好，的确。
メイン・テーマ	（名）	主要题目。

込む(こ)	(自五)	费事,费工夫;精巧,精致。○手の込んだ細工/精巧的工艺品。
様相(ようそう)	(名)	样子,状态,情况。
呈する(てい)	(他サ)	呈现,显现。
腕(うで)	(名)	本领,技能,才干。
見せどころ(み)	(名)	最拿手的地方。○腕の～/拿手好戏。
ポテト・チップ	(名)	炸薯条。
チョコ・バー	(名)	巧克力棒。
サンドイッチ	(名)	三明治。
ことさら	(副)	特意,特别。
手をかける(て)	(词组)	费心,照料。
かき集める(あつ)	(他一)	搜罗,搜集,凑集,拼集。
ほうれん草(そう)	(名)	菠菜。
さくらんぼ	(名)	樱桃。
見た目(み・め)	(词组)	看上去,看来;外观。
おまけに	(接続)	加之,而且,况且。
思いも及ばない(おも・およ)	(词组)	没想到,出乎意外。
計る(はか)	(他五)	估量,估计。
あり方(かた)	(名)	应有的状态,理想的状态。
根本(こんぽん)	(名)	根本,根底,根源。
駅弁(えきべん)	(名)	站台盒饭。
料亭(りょうてい)	(名)	日本式高级酒家。
そもそも	(副)	一开始,最初。
かくも	(副)	这样。

句　型

～たうえで　在……之后,再……。

① まず旅行の行き先を決めた上で意見を出し合いましょう/我们先把旅游的目的地定好之后再一起商量吧。
② 一応ご両親にお話なさった上で、ゆっくり考えていただいて結構です/你可以跟你父母商量以后再慢慢考虑。
③ では、担当のものと相談したうえで、改めてご返事させていただきます/那么,我和具体负责的人商量之后再给您答复。

~といえば~ぐらい　说到……,也就是……;要说……,无非……。
① 私の得意なことといえば、ビールのはやのみぐらいのことだ/要说我拿手之处无非就是啤酒喝得快。
② 町の名所といえば、小さい古墳が残っているぐらいなものだ/说到镇上的名胜,也就是还保留着小小的古坟。
③ うちの子供のとりえといえば、動物をかわいがるぐらいのことだ/要说我家孩子的长处,无非就是疼爱动物。

　　对所提出的话题予以不太高的评价,多用于谦虚地叙述与自己有关的人或事或物。

~からすると　从……看来。
① あの言い方からすると、私はあの人に嫌われているようだ/从他的口气来看,他好像不喜欢我。
② あの口ぶりからすると、彼はもうその話を知っているようだな/从他的口气来看,他好像已经知道了这件事了。
③ あの人の性格からすると、そんなことで納得するはずがないよ/从他的性格来看,他不会就这样答应的。

~ねばならない　必须……,应该……,要……。
① 平和の実現のために努力せねばならない/要为实现和平而努力。
② 一致協力して問題解決に当たらねばならない/必须同心协力努

力解决问题。
③ 非は向こうにある。私が頭を下げねばならないような筋合いはない/错在对方,我没有低头检讨的道理。

　　"～なければならない"的书面语。

～だとすると　　那样的话,那样一来。
① 「近くに大きなホテルができるのは確実です。」「だとすると、この町の雇用率が上がるかもしれません。」/"这附近肯定要建大宾馆。""那样的话,说不定这个城镇的就业率会上升呢。"
② 「飛行機が10時間も遅れてるんだそうです。」「だとすると、彼の帰りは明日になるな。」/"听说飞机晚点10个小时。""那样一来,他就得明天才能到家了。"
③ 「この写真は、真夏に京都で撮ったものです。」「だとすれば、彼は去年の7月に日本にいたことになりますね。」/"这张照片是夏天在京都照的。""这么说,他去年7月在日本。"

　　还有"～だとすれば"、"そうだとすれば"、"そうだとすると"等形式。

本文Ⅱ　次の文章を読んで、後の問いに答えなさい。
　　半年前、こんなことがありました。若い男性から① 電話がかかってきました。その人は英語のテープや本を作っている会社の人で、私に「今度すばらしい英語の教材ができたので、紹介したい。」と言いました。私は中学生の時から英語がa 苦手だったので、電話でその男の人の話をいろいろ聞いてしまいました。そして、その次の日曜日に、その英語の教材を実際に② 見せてもらう③ 約束をさせられてしまいました。
　　約束の日に私は近くの喫茶店で、その男の人と待ち合わせをしました。その人はテーブルの上に、英会話のテープや本、それから海外旅行のパンフレットなどを並べて私に説明を始めました。

「あなたもA(　　)海外旅行に行くことがあるでしょう。日本人は英語が下手だとよく言われていますが、この教材で勉強すれば、1か月で日常会話がぺらぺらに話せるようになりますよ。」と言いました。そして私に、そこにあるテープの一つを④聞かせました。そんなふうにして、一時間以上も説明を⑤聞かせられました。説明を聞いて、英語の苦手な私はB(　　)その教材がほしくなってきました。最後にその人は教材の値段を言いました。テープが10本と本が3冊で、8万円でした。私は高すぎると思いました。でも、その男の人は、すぐに異常な熱心さで「(　ア　)はこの教材の定価は10万円なのです。今週中に予約した人だけには、特別にb割引して8万円で売っているんです。買うなら、今C(　　)チャンスですよ。それに、この教材は、ほかでは買えませんよ。」と言いました。

　私はやはり8万円は高いような気がしました。でも、もし今予約しなければ、もっと高い値段で買わなくてはならないのです。私がc迷っていると、男の人は、「また明日お電話しますから、考えておいてください。今日は私の説明を⑥聞いてくれた証拠に、すみませんが、ここにサインをしてください。」と言って、かばんの中から1枚の紙を出しました。d契約書のようにも見えましたが、私は内容をよく読まないで、その紙にサインをしてしまいました。

　次の日、また同じ男の人から電話がかかって来ました。「どうですか。もう買うことに決めましたか。」と言うので、私は、「まだ迷っているんです。」と答えました。すると、その男の人は、「D(　　)、きのう⑦サインしていただいたのは契約書です。今週中に8万円用意していただけませんか。イそうしないと、契約違反になります。もしお金を払わなければ、警察にe訴えますよ。」と⑧言いました。私は本当にびっくりしてしまいました。悪いのは、(　ウ　)私に契約書に⑨サインさせた男の人のほうだと思いました。E(　　)私はいろいろその男の人に言いましたが、結局、教材を⑩買わせられてしまいました。

第四课

あの時買ったテープと本をときどき使っていますが、私が今までに買った教材とあまり変わらないので、私の英語はぜんぜん上手になりません。8万円も払って、私はやっと「サインをする時は、内容をよく読んでからしなくてはいけない。」という基本的なことを学んだのです。

设 问

【問1】 a～eの日本語の漢字の読み方をひらがなで書きなさい。
　　　 a　　　　b　　　　c　　　　d　　　　e

【問2】 A～Eの(　)に最も適当なものをabcdから一つ選んでその記号を書きなさい。
　　　 A(　) a いつか　　　　b そのうち
　　　 　　　c この間　　　　d いつの間に
　　　 B(　) a いっそう　　　b ますます
　　　 　　　c どんどん　　　d だんだん
　　　 C(　) a が　　　　　　b は
　　　 　　　c を　　　　　　d の
　　　 D(　) a 実際　　　　　b 本当は
　　　 　　　c 実は　　　　　d 結局は
　　　 E(　) a しかし　　　　b それで
　　　 　　　c だが　　　　　d そして

【問3】 次の質問に答えるのに最も適当なものをabcdの中から一つ選んでその記号を書きなさい。
　　　 a 「私」　b 男の人　　c 警察　　d 他の人
　　　 ①(　)「電話がかかってきました」とあるが、電話をかけたのは誰か。
　　　 ②(　)「見せてもらう」とあるが、誰が見せるのか。
　　　 ③(　)「約束をさせられてしまった」とあるが、約束をさせ

たのは誰か。
④ (　) 「聞かせた」とあるが、聞いたのは誰か。
⑤ (　) 「聞かさせられた」とあるが、誰が聞かせたのか。
⑥ (　) 「聞いてくれた」とあるが、誰が聞いたのか。
⑦ (　) 「サインしていただいた」とあるが、サインしたのは誰か。
⑧ (　) 「言いました」とあるが、言われたのは誰か。
⑨ (　) 「サインさせた」とあるが、サインしたのは誰か。
⑩ (　) 「買わせられてしまった」とあるが、誰が買われたのか。

【問4】（ア）（ウ）に入る言葉として、適当なものはどれか。
（ア）
a 実際　　b 秘密な話　　c 本当　　d 事実
（ウ）
a うそをついて　　　　　b 警察に訴えると言って
c 本当のことを言って　　d 良い本を見せて

【問5】「イそうしないと」とあるが、ここではどんなことか。
a 教材を予約しないと
b 8万円のお金を持たないと
c 今週中にお金を払わないと
d 契約書にサインしないと

【問6】この文章の内容と合っているのはどれか。
a 「私」ははじめは英語が苦手だったが、今は得意になった
b 「私」は男の人の話を聞いてこの教材を使えば英語が上手になるかもしれないと思った
c 「私」ははじめはその教材にぜんぜん興味がなかった
d 「私」はその英語の教材の内容をよく読まないで買ってし

第四课

まったのが失敗だった

词汇

テープ	(名)	磁带。
苦手(にがて)	(名・形动)	不擅长,不善于。
実際(じっさい)	(副)	实际上。
約束(やくそく)	(名・他サ)	约定,商定;见面,约会。
喫茶店(きっさてん)	(名)	咖啡馆。
待ち合わせる(ま・あ)	(自他一)	等候,会面。
パンフレット	(名)	小册子。
並べる(なら)	(他一)	排列,摆放,陈列。
ぺらぺら	(副・形动)	喋喋不休,滔滔不绝;(说外语)流利。
値段(ねだん)	(名)	价格。
熱心(ねっしん)	(名・形动)	热心,热情。
予約(よやく)	(名・他サ)	预约,预定。
割引(わりびき)	(名)	打折。
気がする(き)	(词组)	感到,总觉得。
証拠(しょうこ)	(名)	证据,证明。
サイン	(名・自サ)	签名,签字。
契約書(けいやくしょ)	(名)	契约,合同。
訴える(うったえる)	(他一)	起诉,申诉。
びっくり	(名自サ)	吃惊,受惊。
嘘をつく(うそ)	(词组)	撒谎,说假话。
ぜんぜん	(副)	(后接否定词)完全(不),全然(不)。

句 型

～さ(せら)れる　被……,不得不……。

① 昨日、お母さんに3時間も勉強させられた/昨天妈妈强迫我足足

学习了三个小时。
② アルバイトをしている店で、店長にことばの使い方を覚えさせられました／在打工的店里，店长规定我们记住商业用语。
③ 先輩に無理やりに酒を飲まされた／学长们灌了我许多酒。

　　表示说话人(或自己一方的人)被他人强迫做某事，含有"受害"、"不情愿"的意思。五段动词的使役被动态，如"行かせられる"、"読ませられる"多说成"行かされる"、"読まされる"。

～なくてはならない　必须……,应该……。
① 子供が大学を卒業するまでは、がんばらなくてはならない／小孩到大学毕业之前，都必须努力。
② 大人になったら、何か仕事をしなくてはならない／成年后，就必须有一份工作。
③ 身元保証人は社会人でなくてはならない／身份保证人必须是已参加工作的人。

　　可与"～なければいけない"、"～なくてはいけない"互换使用,多用于表示社会义务、常识等。

～ように見える　看似……,看上去像……。
① この宝石は猫の目のように見えるところから、キャッツアイという名前がついている／这种宝石看上去很像猫的眼睛,所以取名猫眼。
② 便利なように見えたので買ってみたが、使ってみるとたいしたことはなかった／看上去好像蛮方便,买回来一用并不方便。
③ 彼は賛成しているように見えるが、本当のところは分からない／看上去他像是赞成似的,但其真实意图我并不清楚。

～ていただけませんか　请您……。
① タクシーがまだ来ませんので、あと5分ぐらい待っていただけ

ませんか/出租车还没来,请再等五分钟,好吗?
② 先生、論文ができたんですが、ちょっと見ていただけませんか/老师,我论文写好了,您能帮我看看吗?
③ こちらにいらしていただけない?/请你到这边来,好吗?

　　一种客气的说法,经常用于设想对方不一定能答应自己请求的场合。也可用于身份、地位与自己相等或低的人,且女性使用时带有一种亲昵的语气。

～なくてはいけない　必须……,应该……。
① 履歴書は自筆のものでなくてはいけない/履历表必须是本人亲笔填写的。
② 門限がありますから、11時までに帰らなくてはいけません/因为有固定的关门时间,所以在11点钟赶回去。
③ 難しい手術ですから、腕のいい医者でなくてはいけません/这个手术很复杂,所以必须让医术精湛的医生来做。

　　可与"～なければならない"、"～なくてはならない"互换使用,多用于表示因个人或个别事情产生的义务等。用于对他人的忠告时,含有轻微的命令语气。

第五课

本文Ⅰ 次の文章を読んで、後の問いに答えなさい。

　父は、寺子屋式マンツーマンでわたしを教育してくれました。自由人で「何もかもみんなと同じようにする学校教育は嫌いだ」という考えでしたから、わたしは小学校までで、中学校は行っていません。

　「a 夕焼けはなぜ赤い」。小学校三年のとき、理科の試験でそんな問題が出たことがあります。父に聞いていた通り「空が恥ずかしがってるから」とA(　　)、バツがついて返ってきました。「どうしてうそを教えたの」と聞くと、① 父は急に不機嫌になって「② どちらもうそじゃない。考えて出す答えはいくつもあっていい。君、○×で決めてしまうのが人生じゃないんですぞ」と言いました。

　戦争中、学校に出す日記で「銃後を守る、うれしい汗」と書いたら、父が言いました。「何だ、この③ 大うその日記は」。「学校では都合が悪いんだもん」と言うと「君、それは処世術だね。じゃあ、日記を二冊つけなさい。一冊はb 正直に書く。一冊は提出用。後で読み比べてごらん、人間ってどのくらいうそをつけるかわかる」。それで、「c 二重帳簿」をつけるB(　　)。

　父と学んでいて楽しかったのは国語でした。源氏物語をあれこれ考えながら話しことばに訳したり、旅行に行って父のあぐらの上に座って、床の間のかけ軸を思いつきで読んだり。理数科がダメで「なんで九九がわからんか」とC(　　)父もさじを投げました。でも「ダメなところばかりを考えると、悲劇のヒロインになる。悲劇は君には似合いませんぞ。好きなものを一生懸命やればいい。

好きなものは信じられないくらいやれる。掛け算が苦手だって、（　④　）」と言ったのを覚えています。

そんな寺子屋も、十七、八歳で終わりました。父はd 皮肉をこめて言いました。「どうも、近ごろ、君には⑤ ほかの教師がいるらしいな。音楽は、神津善行とかいう青年が現れてから、ほかの人の言うことは耳に入らない。寺子屋は卒業して、社会の風に吹かれて慣れなさい」。D(　　)、孫に対して「幼稚園、休んでしまえ」と連れ出して車で東京中の煙突を見せに回っていました。

父に教わったことの中で一番大切だったのは、夕焼けの問題のときの「答えはひとつじゃない、それが人生」という発想だったかもしれません。今日はダメだったE(　　)、あすはちょっと違うシナリオを書いてみようかな、という余裕が持てました。それがなかったら、役者の仕事と、妻や母であることとのe 両立も難しかったと思います。

设问

【問1】a～eの日本語の漢字の読み方をひらがなで書きなさい。
　　　　a　　　　b　　　　c　　　　d　　　　e

【問2】A～Dの(　　)に最も適当なものをabcdから一つ選んでその記号を書きなさい。
　　A(　)　a　書くと　　　　　b　書けば
　　　　　c　書くなら　　　　　d　書いたら
　　B(　)　a　ためになります　b　ことになります
　　　　　c　ことになりました　d　ことになっています
　　C(　)　a　確かな　　　　　b　さすがの
　　　　　c　ほんの　　　　　　d　ほんとうの
　　D(　)　a　それから　　　　b　それでは
　　　　　c　それでも　　　　　d　そうすると
　　E(　)　a　けど　　　　　　b　ので

　　　　　c　から　　　　　　d　のに

【問3】　なぜ「① 父は急に不機嫌になっ」たのか。
　a　筆者が、テストで「空が恥ずかしがっているから」と書いたから
　b　筆者がテストで悪い点を取って帰ってきたから
　c　先生が筆者のテストにバツをつけたから
　d　筆者が「どうしてうそを教えたの」と父親に言ったから

【問4】　「② どちらもうそじゃない」とあるが、「どちらも」とは何と何か。
　a　夕焼けがなぜ赤いかについての先生の解答と、筆者が書いた答え
　b　空が恥ずかしがっているという答えと、筆者が書いた答え
　c　夕焼けが赤いことについての一般的な答えと、先生の解答
　d　夕焼けが赤い理由と、空が恥ずかしがっているという間違った考え

【問5】　「③ 大うその日記」とはどういう日記か。
　a　学校では都合が悪い日記
　b　空想だけが書かれた日記
　c　戦争に負けたことを書いた日記
　d　戦争に合わせた内容の日記

【問6】　（　④　）に入る文として、適当なものはどれか。
　a　割り算ができないよりはずっとましだ
　b　足し算ができればすぐに掛け算もできるようになる
　c　足し算をいくつもいくつも重ねれば答えが出る
　d　一生懸命練習すれば必ずできるようになる

第五课

【問7】 「⑤ ほかの教師 」とはだれのことか。
　　　　a　寺子屋の先生　　　　　　b　音楽の先生
　　　　c　筆者の父親　　　　　　　d　筆者の恋人

【問8】 筆者が父親から教わったいちばん大切なものは何か。二十五字以内で説明しなさい。

词　汇

寺子屋（てらこや）	（名）	私塾。
マンツーマン	（名）	一对一,个别(辅导等)。
夕焼け（ゆうや）	（名）	晚霞,火烧云。
バツ	（名）	打叉,X。
急に（きゅうに）	（副）	突然。
不機嫌（ふきげん）	（名・形动）	不高兴,不愉快,不开心。
銃後（じゅうご）	（名）	后方,战时不参加战斗的国民。
なんだ	（感）	什么呀(表示责备等)。
大うそ（おお）	（名）	十足的谎言。
都合が悪い（つごう・わる）	（词组）	不方便,不凑巧。
処世術（しょせいじゅつ）	（名）	处事方法
二重帳簿（にじゅうちょうぼ）	（名）	二本账。
つける	（他一）	写下,记下。
源氏物語（げんじものがたり）	（书名）	《源氏物语》,日本平安中期(11世纪初)的长篇小说,紫式部著。

あぐら	(名)	盘腿坐。
床の間(とこのま)	(名)	和式客厅中,为挂画轴或陈设瓷瓶等而略高于地板的地方。
掛け軸(か・じく)	(名)	挂轴。
思いつき(おも)	(名)	一时想起的事,隅然的想法。
九九(くく)	(名)	九九表,九九歌。
さじを投げる(な)	(词组)	束手无策,无药可救。
悲劇(ひげき)	(名)	悲剧。
ヒロイン	(名)	女主人公,女英雄,女杰。
似合う(にあ)	(自五)	相称,般配。
掛け算(か・ざん)	(名)	乘法。
苦手(にがて)	(名・形动)	不擅长,不善于。
足し算(た・ざん)	(名)	加法。
皮肉(ひにく)	(名・形动)	挖苦,讽刺,嘲讽。
耳に入る(みみ・はい)	(词组)	听进去,听明白。
風(かぜ)	(名)	世风,风习,风尚。
連れ出す(つ・だ)	(自五)	带出,邀出。
煙突(えんとつ)	(名)	烟筒,烟囱。
教わる(おそ)	(他五)	受教,跟……学习。
シナリオ	(名)	剧本,脚本。
両立(りょうりつ)	(名・自サ)	两立,并存。
挫折(ざせつ)	(名・自サ)	挫折,失败。

句 型

～た通り　正如,按照。
① 思ったとおり、この学校の日本語コースはすばらしい/正如想像的那样,这所学校的日语学科很棒。
② 友だちが教えてくれた通り、美術館は駅のすぐそばにあった/正

如朋友告诉我的一样，美术馆就在车站的旁边。
③ 医者が言った通りにしたが、なかなか治らなかった/按照医生的嘱咐去做了，可就是治不好。

～もの/もん　因为，由于。
① わたし、姉ですもの。弟の心配をするのは当たり前でしょう/我因为是姐姐，担心弟弟的事是应该的呀。
② 「もう少しいたら。」「いっぱいやることがあるんだもの。帰らなくちゃ」/"再待一会儿吧。""还有许多事要做呢，得赶紧回去。"
③ 「また、出かけるの。」「うん。だって、吉田さんも行くんだもの。」/"又要出去啊?""嗯，再说，因为吉田也要去的。"

　　年轻女子和儿童使用较多，"もの"更口语化的形式是"もん"。也常与"だって"一起使用，带有撒娇的语感。

って　（表示主题）……是……。
① ゲートボールって、どんなスポーツですか/门球是一种什么体育活动啊?
② 山田課長って、ほんとうに優しい人ですね/山田科长可真是个和蔼可亲的人呐。
③ 都会で一人暮らすって、たいへんです/孤独一人生活在大城市，这很不容易啊。

　　一种较为随便的口语表达方式。

さすがの～も　就连……也……。
① さすがの私もこの事件にはびっくりさせられた/就连我也为这一事件深感惊讶。
② さすがの世界チャンピオンもけがには勝てなかった/就连世界冠军也没能战胜疾病。
③ さすがの山田さんも、初めてテレビに出たときは緊張したそう

です/据说就连山田第一次上电视时也非常紧张。

～ばかり～と　总是……,老是……。
① インスタント食品ばかり食べていると、体によくない/总是吃速食食品对身体不好。
② パソコンばかり使っていると、漢字が書けなくなる/总是使用电脑的话,会变得不会写汉字。
③ 食品を輸入ばかりに頼ると、国内の生産力が弱くなる/老是依靠进口食品的话,国内的生产力就会降低。

　　表示某事做得过头导致不好的结果,带有责备或忠告的意思。不能与"だけ"、"のみ"互换使用。

どうも～らしい　似乎,好像。
① 朝から頭が痛くてせきが出る。どうも風邪を引いたらしい/从早上就开始头疼、打喷嚏,似乎是感冒了。
② 車が急に止まる音がして、その後救急車がやってきた。どうも交通事故らしい/传来汽车突然刹车的声音,随后救护车也来了,似乎是出交通事故了。
③ 父はさっきからずっと黙っている。どうもわたしの留学に反対らしい/父亲从刚才开始就一直沉默着,似乎是反对我留学。

～とかいう～　……啦。
①「お帰りなさい。さっき村田さんとかいう人から電話があったよ」/"您回来了。刚才有个叫村田的人打电话来了。"
② ジョンさんは『源氏物語』とかいう日本の古い小説を研究するために日本に留学しているそうだ/听说约翰是为了研究日本古典小说《源氏物语》来日本留学的。
③ うちの娘はレゲエとかいう音楽に夢中になっている/我的女儿十分热衷雷盖(reggae)的音乐。

第五课

本文Ⅱ　次の文章を読んで、後の問いに答えなさい。

　　ある週末、K氏はS山へのバス旅行に出かけるため、用意をa <u>整え</u>ていた。服のポケットの中では、携帯ラジオが天気予報を告げていた。＜明日は夕方から夜にかけてやや天気がb <u>崩れる</u>かもしれません。……＞

　　c <u>口笛</u>を吹きながら、K氏はハンカチを出し、いつものように腕時計を軽くぬぐった。それは単なる癖ではなく、彼の愛情の表現と言ってもよかった。

　　K氏はこれを買ってから、五年ほどになる。入社して初めてのボーナスをもらった日だった。A（　　）、デパートの時計売り場を通りかかったとき、ガラスのケースの中に並べられていた、たくさんの時計の一つがきらりと光った。ちょうど、女の子にウインクされたような気がした。

　　「よし、買うことにしよう。」彼はこうつぶやいた。それ以来、時計はずっと、K氏と共にいる。K氏は体の一部でB（　　）あるかのようにその時計を扱った。彼はまだ若く、自分では健康診断など受ける気にはならなかったが、時計のほうは定期的に検査に出した。その数日は彼にとって、たまらなく寂しい日だった。

　　しかし、そのおかげで、時計が狂ったりすることはまったくなかった。進みもせず、遅れもせず正確な時刻を、忠実に知らせ続けてきたのである。

　　① その時、K氏は時報の音を聞いた。彼は首をかしげた。

　　「おかしいぞ。（　②　）」

　　彼にとって、時計のほうを疑うのは、考えられないことだったのだ。C（　　）、ダイヤルをまわし、ほかの局を調べ、ラジオの時報が正しいのを知って、あわてた。もはや、切符を買っておいたバスの、発車時刻をかなり過ぎている。彼は時計にd <u>文句</u>を言った。

　　「おい、何ということをしてくれたのだ。D（　　）大切に扱ってやっているのに。」

　　しかし、どうしようもなかった。K氏は旅行を中止し、急いでい

つもの時計店へ行った。「修理を頼むよ。遅れ始めた。せっかくの週末が、ふいになってしまった。」
「しかし、この間手入れをしたばかりですが……」
と、時計店の主人は受け取り、機械をのぞき込んでいたが、不思議そうな声で答えた。
「へんですね。どこにも故障なんかないようです。」
「そんなはずはない。」
その時、突然、ポケットに入れたままになっていたラジオから、ニュースが流れ出した。＜観光シーズです。S山へ行く○○観光のバスが……＞
それを聞きながら、K氏は主張した。
「③ おかげで、このバスに乗りそこなったのだ。E（　）、この時計はどうかしている。」
だが、ニュースはその先をこう告げていた。＜……事故のため、谷へe 転落して……＞

设问

【問1】　a〜eの日本語の漢字の読み方をひらがなで書きなさい。
　　　　a　　　　b　　　　c　　　　d　　　　e

【問2】　A〜Eの（　）に最も適当なものをabcdから一つ選んでその記号を書きなさい。
　　A（　）　a　わざわざ　　　b　しばしば
　　　　　　 c　たまたま　　　d　よくよく
　　B（　）　a　では　　　　　b　でも
　　　　　　 c　さえ　　　　　d　こそ
　　C（　）　a　そして　　　　b　そのうえ
　　　　　　 c　それで　　　　d　だが
　　D（　）　a　これだけ　　　b　それだけ
　　　　　　 c　あれだけ　　　d　どれだけ

第五课

E（　）a　かならず　　　　b　たしかに
　　　　c　おそらく　　　　　d　あるいは

【問3】K氏はなぜその時計を買ったのか。
a　旅行に必要だったから
b　その時計が「私を買って」とささやいたように思ったから
c　店の女の子にウインクされたから
d　ボーナスで時計を買うつもりだったから

【問4】「① その時」とはどんな時か。
a　ラジオが天気予報を告げていたとき
b　時計を検査に出したとき
c　時計をぬぐったとき
d　時計が正確な時刻を知らせたとき

【問5】（ ② ）に入れるのは次のどれか。
a　ラジオが鳴るとは
b　時計が遅れるとは
c　時計が進むとは
d　時報が狂うとは

【問6】K氏が旅行を中止したのはなぜか。
a　愛用の時計が故障してがっかりしたから
b　天気が悪くなりそうだから
c　バスに遅れてしまったから
d　時計をできるだけ早く修理しようと思ったから

【問7】「③ おかげで」はK氏のどんな気持ちを表わしているか。
a　時計に怒っている
b　時計店の主人に怒っている

    c 時計に感謝している
    d 時計店の主人に感謝している

【問8】 この文の内容と合っているのは次のどれか。
    a この時計は故障してもう使えない
    b K氏はいまでも時計を恨んでいる
    c 時計は故障していない
    d ラジオの時報が狂った

词 汇

整える(ととの)	(他一)	准备好,做好安排。
やや	(副)	有点儿,稍微。○～小さい/稍微小一些。
崩れる(くず)	(自一)	天气变坏。
口笛(くちぶえ)	(名)	口哨。
ぬぐう	(他五)	擦拭,擦去。
単なる(たん)	(连体)	仅,只,只是。
癖(くせ)	(名)	习惯,习性。
ボーナス	(名)	奖金,在日本指一年中夏季和年终发放的津贴。
たまたま	(副)	偶然,碰巧。
通りかかる(とお)	(自五)	正要经过,恰巧路过。
ケース	(名)	玻璃柜台。
きらりと	(副)	一闪,一晃。○目が～光る/用眼瞥了一下。
ウインク	(名)	挤眼儿,送秋波。
つぶやく	(自五)	嘟囔,嘟哝。
気になる(き)	(词组)	想要,有意。○しようという～/有心大干。
たまらない	(连语)	受不了,难熬。

狂う(くる)	(自五)	(机械等)发生故障,出毛病。
進み(すす)	(名)	(钟表)快。
時報(じほう)	(名)	报时。
首をかしげる(くび)	(词组)	怀疑,奇怪。
せっかく	(副)	好不容易,煞费苦心。○～の努力がむだになる/辛勤的努力付之东流。
もはや	(副)	(事到如今)已经。○～間に合わない/事到如今已经来不及了。
文句を言う(もんく・い)	(词组)	发牢骚,讲怪话。
ふいになる	(词组)	落空,告吹。○努力が～/努力白费了。
手入れ(てい)	(名・他サ)	修理,加工。
そこなう	(接尾)	(接动词连用形后)没做成,错过,险些。○聞き～/没有听到。○死に～/险些死掉。
先(さき)	(名)	此后,以后。○～の楽しみ/今后的快乐。
転落(てんらく)	(名・自サ)	跌落,滚落。

句　型

～ように　像……那样,如同……。

① ご存知のように、日本は人口密度の高い国です/众所周知,日本是个人口密度很高的国家。

② あなたがおっしゃっていたように、彼は本当に素敵な方ですね/如您所言,他是位非常优秀的先生。

③ ことわざにもあるように、外国に行ったらその国の習慣に従って暮らすのが一番である/谚语中也说过,到国外入乡随俗是最

重要的。

　　这里的"ように"可以与"とおり"互换使用。

～かのように　　就好像……似地,好像……一样。
① 母は歴史上の事件を今その場にいるかのように話す/母亲把历史事件讲得十分生动,就像身临其境似的。
② 彼はなにも知らなかったかのように振る舞っていた/他就好像什么都不知道似地泰然自若。
③ 父はあらかじめ知っていたかのように、平然としていた/父亲就像事先知道一样非常冷静。

～たりする　　表示举例。
① 夕べ、友達と話したりして、楽しかった/昨晚与朋友交谈得十分开心。
② その人のいないところで悪口を言ったりしてはいけない/别背着人家说坏话。
③ 教室では、タバコを吸ってはいけない/不要在教室里抽烟。

　　例②、例③也可以使用"～たらいけない"的形式,意思基本相同,但因为不是明说,而是举例,所以语气则比较婉转。

～なんか　　等等,之类。
① お酒はワインなんか好きで、よく飲んでいます/酒我喜欢葡萄酒什么的,而且经常喝。
② これなんかどうですか。似合うと思いますよ/你看这件怎么样? 我觉得挺适合你的。
③ 山本さんや鈴木さんなんかはこの案に反対のようです/好像山本和铃木他们反对这个提案。

　　"なんか"是"など"的通俗说法,用于口语。

～まま　依旧,照旧,老样子,一如原样,原封不动。
① 10年ぶりに会ったが、彼は昔のままだ/时隔10年见面,他一点没变。
② 彼女には、去年1万円借りたままだ/去年向她借了1万日元,至今没还。
③ 彼は、先週からずっと会社を休んだままだ/他从上周开始休息,一直没上班。

第六课

本文Ⅰ 次の文章を読んで、後の問いに答えなさい。

　子どもたちがA（　　）眠った土曜日の午後11時。
　家事を終えたわたしは電話の前に座り、しばらく時計とにらめっこ。1週間の中で最も緊張する時間が流れます。やがて、コール音。a<u>深呼吸</u>をして受話器をB（　　）、聞きなれた声が耳の奥に響きます。
「こんばんは、僕です。子どもたちは寝ましたか？」
　電話の相手はさっきまでここにいた夫。ちょっとていねいな話し方は、隣の部屋のベランダからです。仕事の都合で携帯電話を買ったC（　　）、予想していたほど電話はかからず、
「つまらないから君も電話かけてくれよ」
「あら、あなたがかければいいじゃない」
　というのが始まりでした。それ以来5か月、週1回の近距離電話が習慣となりました。始めは子どものままごとみたいだとばかにしていたのに、いつもと違う夫との会話にいつの間にか引き込まれ、今ではこの時間をドキドキして待つようになりました。
「芽、出たね。この間まいた種の。あの花、何ていう名前だったっけ…」
「今日のb<u>夕陽</u>、見た？　すごかったわね、あの色。明日も晴れね、D（　　）」
「昨日、本屋でおもしろい本、見つけたよ。読み終わったら回すから、感想聞かせろよ」
　特別な意味はないけれど、日常ではなぜかできない会話を5分

ぐらい続けて、
「じゃあ、おやすみ…。また明日」
ということばで電話は切れます。
　ちょっと体の向きを変えれば、ガラス戸越しに電話中の夫の姿が見えるはず。距離はたった10メートル。糸電話でも十分だし、受話器を持たずに話したほうがよほど合理的なことはわかっているのですが…。結婚して13年。c 共働きの忙しさE（　　）、いつごろからかお互い自分中心にしかものが考えられなくなりました。そしてちょっとした心のズレをどこかで感じながら、それを当たり前のこととあきらめて生活していたように思います。けれど、電話というのは不思議なものです。
　「外、寒いでしょ。風邪ひいちゃダメよ」
なんて、顔を見ていたらなかなか言えないことが自然に言えるのです。
　週末のこの5分間は、もちろん子どもたちにはd 内緒の時間。翌日からはすっかり父親に戻った彼と、また育児と仕事に追われる生活が始まります。でも、そんな日常のすべてを忘れて、二人がお互いのことだけを考えて語り合えるこの近距離電話はなぜかいつもe 新鮮で、わたしにとってかけがえのないものとなっています。
　ガラス戸越しの5分間。来週はわたしがコールする番です。

设　問

【問1】　a～eの日本語の漢字の読み方をひらがなで書きなさい。
　　　　a　　　　b　　　　c　　　　d　　　　e

【問2】　A～Eの（　　）に最も適当なものをabcdから一つ選んでその記号を書きなさい。
　　　　A（　）　a　ついに　　　　b　しばらく
　　　　　　　　c　やっと　　　　d　かろうじて
　　　　B（　）　a　とっても　　　b　とると

		c とるなら	d とっては
C ( )	a	ものの	b ものを
		c のに	d ものなら
D ( )	a	かならず	b ぜひ
		c まさか	d きっと
E ( )	a	もあって	b もあったら
		c もあれば	d もある

【問3】 本文の内容と合っているものには○を、違っているものには×を(　)の中に入れなさい。

① (　) 女の人は土曜日の夜は緊張しないでリラックスする。

② (　) 男の人がベランダに出て電話をしたのは寝ている子どもを起こさないためだ。

③ (　) この近距離電話は、以前はつまらないものだと思っていたが、このごろは楽しみに変わった。

④ (　) 夫婦二人は忙しいので、少し気持ちがズレるのは仕方がないと思っていた。

⑤ (　) 顔を見て恥ずかしくて言えないようなことばでも、電話では言うことができる。

⑥ (　) 夫婦二人は仕事に時間をかけ過ぎて、子どもと交流する余裕がない。

【問4】 夫婦二人のいる場所はどこか。夫がいる所に★、妻がいるところに♥を書き入れなさい。

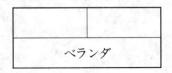

【問5】 夫婦二人はなぜわざわざ近距離電話で話すのか。三十字以内で説明しなさい。

词　汇

にらめっこ	（名・サ自）	凝视,紧盯。
コール音(おん)	（名）	电话铃声。
ままごと	（名）	(儿童游戏)过家家。
ばかにする	（词组）	轻视,看不起。
引き込む(ひ・こ)	（自他五）	引入,拉进。
ドキドキ	（副・サ自）	(因兴奋或担心、恐惧)心跳得厉害。○胸が～する/心扑通扑通直跳。
夕陽(ゆうひ)	（名）	夕阳,落日。
回す(まわ)	（他五）	依次传递。
向きを変える(む・か)	（词组）	改变方向。
越し(ご)	（接尾）	(接名词后)表示隔着某一物体。○壁～/隔着墙。
たった	（副）	("ただ"的转音)○～これっぽち/就这么一点点。
共働き(ともばたらき)	（名）	双职工。
ちょっとした	（连体）	稍微,少许。○～かぜ/一点点感冒。相当。○どうだ、～もんだろう/怎么样,很不错吧。
ズレ	（名）	分歧,偏差。○意見の～/意

		见不一致。
内緒(ないしょ)	(名)	不公开,秘密。
すっかり	(副)	完全。
仕事に追われる （しごと・お）	(词组)	忙于工作。
語り合う(かた・あ)	(他五)	交谈。
かけがえのない	(词组)	无可替代。○大学にとって ～人/就大学而言不可或 缺的重要人物。

句　型（或注释）

～たものの　虽然……但是……,虽说……可是……。
① 落とした財布は見つかったものの、お金はなくなっていた/虽然找到了丢失的钱包,但是里面的钱没有了。
② 父は、パソコンを買ったものの、ぜんぜん使っていない/父亲虽说买了电脑,可是放着不用。
③ 今度の日曜日に子供と動物園に行く約束をしたものの、仕事の都合で行けなくなってしまった/虽然说好这次周日带孩子去动物园,但由于工作的关系去不了了。

～ほど～ない　没有……那么……。
① 今年の夏は去年ほど暑くない/今年夏天没有去年那么热。
② 人が言うほどあいつは悪くないよ/他没有人们说的那么坏。
③ 試験は思っていたほど難しくなかった/考试没有我想像中的难。

　　有时含有"X 也是这样,Y 也是这样,不过两者相比较时……"的意思,说法较为婉转(例①)。另,程度完全不同的物和事之间的比较,不能使用此句型。例如,× かめはウサギほど早く走れません。

～っけ　（表示确认）是不是……来着。

① あの人、田中さんだ(った)っけ/那人是不是叫田中来着?
② この前の日曜日、寒かったっけ/上个星期天是不是很冷来着?
③ しまった！今日は宿題を提出する日じゃなかったっけ/坏了！今天是不是该交作业了。

　　一种比较随和的口语形式。除表示对记忆不清之事的确认外，也可用于自言自语的确认(例③)。其礼貌形式是"〜でしたっけ"、"〜ましたっけ"等，但没有"〜かったですっけ"的形式。

〜ば〜はずだ　只要……,应该……。
① 5時の電車に乗れば、コンサートに間に合うはずだ/只要乘上五点的电车,应该赶得上音乐会。
② この機械の使い方は説明書を読めば、わかるはずです/这台机器的使用方法只要看看使用说明书就行。
③ 一生懸命がんばれば、できるはずだ/只要努力,一定能行。

〜もあって　由于,因为。
① 経済的な問題もあって、進学をあきらめた/由于经济上的原因,我不再上高中(或大学)。
② いろいろな人と知り合える楽しさもあって、パック旅行を選んだ/我选择团队旅游是因为可以结交不少朋友,十分有趣。
③ 少子化の傾向もあって、一人の子供に対する期待は大きくなっている/少子化趋势使得人们对独生子女的期望值更高。

〜ちゃ(ちゃう)　"〜てしまう"的转音,用于比较随和的口语中,如"言っちゃう"、"来ちゃう"等。

〜にとって　对于……来说,对于……而言。
① あたなにとって、一番大切なものは何ですか/对于你来说,什么是最为重要的?

② 最近の学生にとって、パソコンは重要な持ち物の一つになっている/对于最近的学生来说,电脑是随身物品中重要的物品之一。
③ 東京に住む普通のサラリーマンにとって、家を建てるのは非常に難しい/对于家住在东京的普通工薪阶层而言,要建造自己的房子是很困难的。

　　后半部分的动词表示可能或评价,如"難しい"、"ありがたい"、"深刻だ"等,但不能用"賛成"、"反対"、"感謝する"等表明态度的词语。× その案はわたしにとって反対です。○ わたしはその案に反対です。

本文Ⅱ　次の文章を読んで、後の問いに答えなさい。
　　何年越しで犬を飼う夢を見続けていたであろうか。A(　　)ずいぶん昔から犬が欲しくてたまらなかった。
　　小さい頃は親から「あんたは小さいから、まだ犬の面倒がみれないから飼っちゃダメだ」と言われ、大きくなってからは「あんたは面倒をみる性格ではないから犬など飼ってはいけない」と言われた。何ということであろう。
　　私は毎日犬の雑誌を眺め、犬と暮らす夢を見ていた。ポチを飼っている正直じいさんがうらやましかった。
　　犬の雑誌を見ているB(　　)、犬の繁殖情況などにとても詳しかった。母に「○○県のナントカさんの家ではコリーの仔犬が何頭生まれたんだって」などと無益な報告をするたびに勉強しろ勉強をと(　ア　)。
　　中学生の頃まで、a 血統書付きの犬が欲しいと思っていたが、高校生になってからは、もう犬なら(　イ　)と思うようになっていた。
　　犬のような顔をしている近所のジジィですら可愛らしいと感じb 微笑むしまつ。重度の犬中毒患者である。
　　そんなある日、高校三年の秋の終わりに、友人の友人が「うちで

柴犬の雑種が二匹生まれたが、もらい手がないので明日保健所に持ってゆく」と語っているのを聞き、私は思わず「それならC（　　）一匹でも私がひきとる」と名乗ってしまった。

友人の友人は私があまりにも軽はずみな決意をしたことに驚き「本当に良いのか」と何度も聞き返していたが、（　ウ　）。

その日の学校帰り、そのまま自転車をこいで遠い町の友人の友人の家へ行き、そこで一匹の仔犬に出会った。

一匹の仔犬は賢そうな顔をしている。身もひきしまり、いい犬に育ちそうだ。しかし、もう一匹の仔犬はc 年寄り臭い顔をしており、あまり賢そうでもない。全くの駄犬である。

一緒についてきた友人も、友人の友人も皆賢そうな方をすすめた。D（　　）、もし明日までに誰かもらい手が現れた場合、残っているのがこちらのマヌケ面の方だとしたら、きっともらうのを（　エ　）。賢そうな方を残しておいた方が、また① 生き延びる可能性がある。

私はマヌケ面の方を選んだ。友人達は「マァ、好きすぎだから……」と力なく笑い、マヌケ面のためにタオルとエサを分けてくれた。

犬をd 抱いて帰った私は両親から、② それはもう叱られた。私は必死で抵抗し、もらってきたなどと言えば返してこいと言われると思い、線路のそばで拾ったと具体的なウソまでつき、「身よりのないこんな小さな犬を、放っておくなんて人間として（　オ　）」とか何とかいろいろなことを言い、サッサとダンボール箱の中に仔犬を入れてエサを与え始めた。

母はだんだん仔犬に興味をもち始め、犬の顔を見に来たが、ひと目見るなり「なんでこんなフケた顔の仔犬を拾って来たんだね。どうせならもっとイイ顔のにすりゃよかったのだ」とつぶやいていた。私はもう一匹の方にすりゃ良かったなと少しe 後悔したが黙って犬の頭をなでていた。

設　問

【問1】　a〜eの日本語の漢字の読み方をひらがなで書きなさい。
　　　　a　　　　　b　　　　　c　　　　　d　　　　　e

【問2】　A〜Dの（　　）に最も適当なものをabcdから一つ選んでその記号を書きなさい。
　　　A（　）　a　すなわち　　　　b　とにかく
　　　　　　　c　どうやら　　　　d　そもそも
　　　B（　）　a　おかげで　　　　b　からには
　　　　　　　c　せいで　　　　　d　としたら
　　　C（　）　a　せいぜい　　　　b　なんとか
　　　　　　　c　せっかく　　　　d　せめて
　　　D（　）　a　だから　　　　　b　いわば
　　　　　　　c　しかし　　　　　d　そこで

【問3】　文中のア〜オに入れるのに最も適当なものをabcdの中から一つを選びなさい。
　　　ア：a　無視されていた　　　b　延ばされていた
　　　　　c　軽蔑されていた　　　d　検討されていた
　　　イ：a　何とかかんとか　　　b　何から何まで
　　　　　c　何でもいい　　　　　d　何よりいい
　　　ウ：a　私は少しためらった
　　　　　b　私はやめようかと思った
　　　　　c　私は二、三日考えさせてもらった
　　　　　d　私の決意は変わらなかった
　　　エ：a　よろこぶであろう　　b　やめるであろう
　　　　　c　がっかりするであろう　d　はやめるであろう
　　　オ：a　しかたない　　　　　b　やむえない
　　　　　c　やるせない　　　　　d　やりかねない

【問4】「② それは」と同じ使い方のものはどれか。
a それはいつごろのことですか
b それはそれとして、お願いした手紙は出しましたか
c これは幸子ので、それは私のです
d お前のおじいさんはそれは立派な人だった

【問5】「① 生き延びる」とはどういう意味か。
a マヌケ面の犬が生き残る
b 犬が二匹とも生き残る
c マヌケ面の犬がもらい手がみつかる
d 犬が二匹とももらい手がみつかる

【問6】この文章の結果として推測できるものはどれか。
a マヌケ面の犬を送り返した
b 賢そうな方の犬と取り換えた
c マヌケ面の犬を飼いつづけたが、あまり好きでなくなった
d あいかわらずマヌケ面の犬を大事に育てた

词 汇

越し(ごし)	(接尾)	(接表示时间长度的词后)整整。○三年～/整整三年。
ポチ	(名)	花斑狗。
正直(しょうじき)	(名・形动)	正直,老实,诚实。
うらやましい	(形)	令人羡慕的,令人嫉妒的。
繁殖(はんしょく)	(名・自サ)	繁殖。
なんとか	(词组)	什么,表示不定。○～という人/某人。
コリー	(名)	苏格兰长毛狗。

仔犬(こいぬ)	(名)	小狗。
無益(むえき)	(名・形动)	无益,徒劳。
血統書(けっとうしょ)	(名)	血统证明。
付き(つ)	(接尾)	附有,带有。○バス・トイレ〜/带浴室和卫生间。
ジジィ	(名)	老头子,老家伙。
可愛らしい(かわい)	(形)	讨人喜欢的,招人喜爱的。
微笑む(ほほえ)	(自五)	微笑。
柴犬(しばいぬ)	(名)	日本小犬。
もらい手(て)	(名)	领养者。
保健所(ほけんじょ)	(名)	保健站,保健中心。
ひきとる	(他五)	领回,取回。
名乗る(なの)	(自他五)	自报姓名,自我介绍。
軽はずみ(かる)	(名・形动)	轻率,草率。
聞き返す(き・かえ)	(他五)	反问,重问。
帰り(かえ)	(名)	回来,归来。○外国〜/从国外归来。
こぐ	(他五)	蹬(车)。
賢い(かしこ)	(形)	聪明的,贤明的。
ひきしまる	(自五)	绷紧,紧张。
臭い(くさ)	(接尾)	……的样子。○しろうと〜/像个外行。
駄犬(だけん)	(名)	劣种狗。
まぬけ	(名・形动)	愚蠢,糊涂。
生き延びる(い・の)	(自五)	幸存,保命。
好きずき(す)	(名)	各有所好,各人有各人的爱好。
力ない(ちから)	(形)	没有气力的,没有精神的。
必死(ひっし)	(名・形动)	拼命,拼死。
身より(み)	(名)	亲属,亲人。
放る(ほう)	(他五)	不加理睬,置之不理。

やるせない	（形）	郁郁不乐的，无法开心的。
さっさと	（副）	迅速地，毫不犹豫地。
ダンボール	（名）	纸箱，纸板箱。
老ける(ふ)	（自一）	老，显老。
どうせなら	（词组）	索性，干脆。
なでる	（他一）	抚摸，抚弄。

句　型

～てたまらない　……死了，特别……，……得不得了。
① 今日は暑くてたまらない/今天热死了。
② 彼女に会いたくてたまらない/我想见她想得不得了。
③ うちの子供は試合に負けたのが悔しくてたまらないようです/我家孩子因为比赛输了，好像特别懊恼似的。

　　表示第三人称的行为时，要与"ようだ"、"そうだ"、"らしい"等词一起使用。

～すら　　连……都，甚至连……都。
① 彼は食事をする時間すら惜しんで、研究している/他把吃饭的时间都用在了研究上了。
② そんなことは子供ですら知っている/这般小事连小孩都懂。
③ この寒さで、あの元気な加藤さんですら風邪を引いている/天这么冷，连身体健壮的加藤都感冒了。

～しまつだ　竟然……。
① 親兄弟に借金してもまだ足りず、恩師にまで借りにいくしまつだ/问家里人借钱还不够，他竟然开口向老师借钱。
② 息子は大学の勉強は何の役にも立たないと言ってアルバイトに精を出し、この頃は中退して働きたいなどと言い出すしまつだ/儿子说在大学学习没有一点用处，每天拼命打工，最近竟然提

出想退学去工作。
③ 彼は引越しするかどうか散々迷ったあげく、占い師にまで相談するしまつだ/他为搬不搬家犹豫不定,最后竟然求救于风水师。

～としたら　要是,如果。
① もし1億円の宝くじが当たったとしたら、家を買おう/要是中了一亿日元的彩票,我要买房子。
② 仮にあなたが言っていることが本当だとしたら、彼は私に嘘をついていることになる/假设你说的是真的,那就是他对我说了谎。
③ 責任があるとしたら、私ではなく、あなたの方です/如果说到责任,不是在我,而是在你。

　　常常与"仮に"、"もし"等副词一起使用。后续表示评价或意志的表达方式时,使用"～とすると"、"～とすれば",则句子不自然。
× 宝くじが当たった(とすると/とすれば)、家を買おう。

～なり　刚……就立刻……,一……就……。
① 疲れていて布団に入るなり、寝てしまった/实在太累了,一钻进被窝就睡着了。
② 家に帰るなり自分の部屋に閉じこもって出てこない/他一回到家,就关在自己的房间里不出来。
③ 立ち上がるなり目まいがして倒れそうになった/刚一站起来就感到头晕,险些摔倒。

第七课

本文Ⅰ　次の文章を読んで、後の問いに答えなさい。

純子：叔父さん、ごぶさたしていてすみません。
叔父：本当に久しぶりだね。
純子：a 保証人になっていただいた時はお世話になりまして、本当にありがとうございました。
叔父：いやいや。仕事にはもう慣れた？
純子：それが、朝から晩までお金の計算ばかりで、思っていた仕事とは全然違うんです。① 重要な仕事もなかなかさせてもらえないし…。実は会社をやめようかと思っているんです。
叔父：ふうん…、そうか。たしか3年前に就職したには、最低10年はやめるつもりはないって言ってたのに、どうしたの。
純子：ええ、私も一人前にならないうちは、やめるまいと思っていたんですが…。でも転職するなら、早ければ早いほどいいと思うんです。
叔父：そうか。実は、うちの会社でも最近、入って半年ぐらいでやめていく新入社員が増えていて、② 頭が痛いんだ。
純子：半年ですか。A(　　)早いんですね。
叔父：うん。最近の人はb 希望通りの仕事をさせてもすぐにやめようとするんだなあ。
純子：B(　　)どんな理由でやめるんですか。
叔父：理由はいろいろあるんじゃないかなあ。職場での人間関係がうまく行かないとか、給料が少ないとか…。叔父さんたちが若いころはそういう問題があっても、我慢していたんだ

けどね。今の人は自分を会社に合わせて変えようとしないんだなあ。昔は一度就職C(　　)定年までずっと同じ会社にc 勤めるのが普通だったんだよ。

純子：そうですか…。

叔父：あのころは今みたいに条件がいい会社が多くなかったから、やめようにもやめられなかったしね。

純子：あのう、私は今の会社に不満があるD(　　)じゃないんです。自分の可能性をもっとd 試してみたいんです。

叔父：それで、今度どんな仕事に就こうと考えているんだい。

純子：まだはっきり決めていないんですけど…。私はどんな仕事に向いていると思いますか。

叔父：そうだなあ…。たしか、純子ちゃんは高校の時から英語が得意だったね。それを生かしてみたらどうだい。人と話すのは好きなの？

純子：はい、誰とでもすぐに友達になれるし、E(　　)私、世話好きなんです。

叔父：そうか。純子ちゃんは③ 仕事が早いほう？

純子：そうですね。仕事が遅くて同僚にe 迷惑をかけたことはないと思いますけど…。

叔父：たしか、学生のころはよく旅行していたよね。

純子：はい。今でも休暇を取って、よく行くんですよ。

叔父：なるほど…。じゃあ、こんな仕事はどうかなあ。

设 问

【問1】 a～eの日本語の漢字の読み方をひらがなで書きなさい。

　　　a　　　　b　　　　c　　　　d　　　　e

【問2】 A～Eの(　　)に最も適当なものをabcdから一つ選んでその記号を書きなさい。

　　　A(　) a だいぶ　　　b ずいぶん

第七课

		c	非常に	d	きわめて
B (	)	a	それでは	b	だから
		c	いったい	d	まさか
C (	)	a	すると	b	するので
		c	するなら	d	したら
D (	)	a	はず	b	わけ
		c	もの	d	こと
E (	)	a	そして	b	それに
		c	しかも	d	加えて

【問3】 「① 重要な仕事もなかなかさせてもらえない」とはどういう意味か。
a 自分に重要な仕事をさせない
b 自分に重要な仕事をさせて、他人にさせない
c 自分が他人に重要な仕事をさせるのが難しい
d 他人に重要な仕事をさせても受け取ってくれない

【問4】 「② 頭が痛い」とはどういう意味か。
a どうしていいかわからない
b 働く人手が足りない
c 不満などでいっぱいある
d 仕事がつらくて苦労する

【問5】 「③ 仕事が早いほう」とはどういう意味か。
a 就職する時間が早い
b 早く出勤して仕事する
c 仕事のスピードが早い
d 家を早く出る

【問6】 純子がどうして今の仕事をやめようと思っているか。

a 会社の給料が低い
b 人間関係がよくない
c 今の仕事がつまらない
d 得意な英語を使うことができない

【問7】叔父さんが純子さんにどんな仕事をすすめたか。十字以内で説明しなさい。

词汇

ごぶさた	（名・自サ）	久疏问候。
久しぶり(ひさ)	（名・形動）	好久,许久。
保証人(ほしょうにん)	（名）	保证人,担保人。
慣れる(な)	（自一）	习惯,适应;熟悉,熟练。
やめる	（他一）	停止,放弃;辞职。
就職(しゅうしょく)	（名・自サ）	就职,工作。
最低(さいてい)	（名・形動）	最低,最少。
一人前(いちにんまえ)	（名）	一份,一个人的份;长大成人。
転職(てんしょく)	（名・自サ）	调动工作,改行,跳槽。
うち	（名）	我或我们的(公司、学校等)。
頭が痛い(あたま・いた)	（词组）	头痛;烦恼,犯愁。
職場(しょくば)	（名）	职场,工作岗位。
うまく行く(い)	（词组）	顺利。
我慢(がまん)	（名・他サ）	忍耐,忍受。
定年(ていねん)	（名）	退休年龄。
勤める(つと)	（他一）	供职,工作。
不満(ふまん)	（名・形動）	不满意,不满足。

試す(ため)	(他五)	试,尝试。
仕事に就く(しごと・つ)	(词组)	有工作,任职。
向く(む)	(自五)	向,朝;适合,相称。
得意(とくい)	(名・形动)	擅长,拿手。
生かす(い)	(他五)	发挥,活用。
世話好き(せわずき)	(名・形动)	乐于助人(的人),爱管闲事(的人)。
迷惑をかける(めいわく)	(词组)	(给人)造成麻烦,(使人)为难。
休暇(きゅうか)	(名)	(节假日以外的)休假。
なるほど	(副)	的确,确实。
どうか	(副)	请,务必。

句型

~ようかと思う 想……,打算……。

① お正月には温泉に行こうかと思う/新年打算去洗温泉。
② 今夜は早く寝ようかと思っている/今晚想早点睡。
③ 今の仕事をやめようかと思っている/我在想辞去现在的工作。

　　表示说话人有些迷惑或犹豫。

~つもりはない 不打算……,不准备……,不想……。

① この授業を聴講してみたい。続けて出るつもりはない/我想旁听这门课试试,但并不打算一直听到底。
② 成功しないうちは故郷に帰るつもりはない/在成名之前,我不想回故乡。
③ この失敗であきらめるつもりはないけれど、やはりひどいショックなのには変わりがない/虽然并不打算因为这次失败就放弃,但这毕竟对我是一次打击。

~まい　不想……,不打算……。
① もう二度と飲みすぎるまいと思う/我心想再也不喝多了。
② あいつともう二度と会うまい/我再不想见到那家伙了。
③ 母を悲しませまいと思ってそのことは知らせずにおいた/我不想让母亲伤心,所以那件事就没有告诉她。

~通り　按,按照。
① 計画はなかなか予定通りには進まないものだ/计划很难按预定方案进行。
② すべて課長の指示通り手配いたしました/一切都按科长指示安排好了。
③ 世の中は自分の考え通りには動いてはくれないものだ/社会是不会按照自己的主观意志变化的。

　　前接"予定"、"計画"、"指示"、"命令"等名词或"思う"、"考える"等动词的连用形,表示"与之相同"、"按……那样"等意义。其他例子还有"型どおり"、"見本どおり"、"文字どおり"、"想像どおり"等。

~ようとしない　不想……,不打算……,都不……。
① うちの息子はいくら言っても勉強をしようとしない/不管你怎么说我儿子都不愿学习。
② 隣の奥さんは私に会っても挨拶ひとつしようとしない/邻居的太太,看见我连个招呼都不打。
③ 彼女はこの見合い話をおそらく承知しようとしないだろう/恐怕她不会同意这次相亲的吧。

~ようにも~ない　即使想……也不能……。
① 助けを呼ぼうにも声が出ない/我想呼救却喊不出声音来。
② 先に進もうにも足が疲れて一歩も踏み出せなかった/即使想往前走,可是腿却累得连一步都迈不出去。

③ 手術をしたときはすでに手遅れで、助けようにも助けようがなかったのです/手术时已耽误了,想救也没法救了。

本文Ⅱ　次の文章を読んで、後の問いに答えなさい。
部長室　ソファに並んで腰掛けている土屋と健一。
土　屋「こんなことは百も承知だろうし、私みたいなのがいうのはa 嫌味だが——」
健　一「——」
土　屋「b 下請けの下請けじゃないか」
健　一「——」
土　屋「たしかに、此処に入るより上役も少ない。① 気楽かもしれない。悪い人生じゃないのかもしれないが、小さな世界だ。② 俺なら、うちを選ぶね。一流の商事会社がどういうことが出来るか、あんたは考えてみたこともないんだろうが(言い続けるのを)」
健　一「そんなにいいなら」
土　屋「うん?」
健　一「何故あの晩、死のうとしたんです」
土　屋「——」
健　一「③ 少なくとも、一流会社が、うれしくってたまらないって姿じゃなかったスね」
土　屋「でかい仕事は、A(　　)c 重荷もある。ひでェ時もある。しかし、やりとげりゃあ、喜びもでかい」
健　一「——」
土　屋「何故チャンスなのに、逃げる?」
健　一「逃げやしません」
土　屋「いやあ、逃げてる。怖がってる。重役会議で質問をされるのが、怖いんだ」
健　一「B(　　)こと(ないス)」
土　屋「だったら、来週月曜日だ。十時からの会議の最後で、みん

　　　　なに逢わせる」
健　一「④ 勝手に、そんなこと」
土　屋「いいか、これは手続きなんだ。さっき彼らに逢わせたのも手続きだ。君の採用は決定している。俺が、そう決めたんだ。いま（　⑤　）。重役全部が多少とも失点をかかえている。それをカバーしたのが俺なんだ。あの晩が、どん底だった。それから逆転した。俺は賭けに勝ったんだ」
健　一「なんのことか」
土　屋「分らなくていい。君は自信を持てばいいんだ。いいかい。C(　　)俺は恩に着てるんだ。しかし、d 恩返しに採用しようっていうんじゃない。君のような人間が、必要なんだ」
健　一「特別、俺なんか」
土　屋「そうじゃない。いまのe 温和しくて頭がよくてエゴイストの新入社員の中に、君のような人間をほうり込めば、奴らに、なにが足りないか、よく分る」
健　一「かいかぶってるんじゃ——」
土　屋「そんな心配をするな、無駄なことを俺はやらない。君が心配することはない」

設問

【問1】　a～eの日本語の漢字の読み方をひらがなで書きなさい。
　　　　a　　　　b　　　　　c　　　　　d　　　　e

【問2】　A～Cの(　　)に最も適当なものをabcdから一つ選んでその記号を書きなさい。
　　　A（　）　a　これだけ　　　b　それだけ
　　　　　　　c　あれだけ　　　d　どれだけ
　　　B（　）　a　こんな　　　　b　そんな
　　　　　　　c　あんな　　　　d　どんな

C ( )　a　これでも　　　　b　これでも
　　　　c　これでも　　　　d　これでも

【問3】「① 気楽かもしれない」とあるが、何が気楽なのか。
　a　上司も社員も少ない会社で、リラックスして仕事ができること
　b　毎日決まった内容の仕事を、のんびりやればいいということ
　c　健一の希望する道に進む方が、結局は自分を楽にするということ
　d　土屋の申し出は、健一にとって最ものぞましいということ

【問4】「② 俺なら、うちを選ぶね」とあるが、「うち」とは何か。
　a　土屋がいいと思う会社
　b　土屋のいる一流企業
　c　健一が入ろうとしている会社
　d　健一が紹介した下請け工場

【問5】「③ 少なくとも、一流会社が、うれしくってたまらないって姿じゃなかったスね」とあるが、その時の土屋はどうだったか。
　a　会社の名前に誇りを持ち、はつらつとしていた
　b　仕事が充実していて、現状に満足していた
　c　自分のやり方に疑問を感じ、いらいらしていた
　d　自分に自信を失って、ひどく落ち込んでいた

【問6】「④ 勝手に、そんなこと」とは、どんな意味か。
　a　会社が、健一たちのことを考えずに、重役会議を開こうとすること
　b　会社が、土屋の考えと関係なく、会議に出席させようとす

ること
　c　土屋が、健一の意向にかまわず、面接をさせようとしていること
　d　土屋が、健一の意見を聞かずに、会議で提案させようとすること

【問7】　（　⑤　）に入る文として、適当なものはどれか。
　a　俺の長所を知っている重役は多くない
　b　俺の意見に喜んで同調する重役は少ない
　c　俺に賭けで勝てる重役は見当たらない
　d　俺にまともにぶつかって来る重役はいない

【問8】　土屋は、健一に対して何をのぞんでいるか。
　a　健一のような人に、自分の会社に入ってもらいたい
　b　健一のような人に、新入社員の教育をしてもらいたい
　c　健一と新入社員が競争して、仕事に励んでほしい
　d　健一が自分の片腕になって、支えていってほしい

词　汇

腰掛ける(こしか)	（自一）	坐下。
嫌味(いやみ)	（名・形動）	挖苦话，讥讽话。
百も承知(ひゃく・しょうち)	（词组）	十分清楚，了如指掌。
下請け(したう)	（名・他サ）	承包，转包，外包。
上役(うわやく)	（名）	上级，上司，领导。
気楽(きらく)	（名・形動）	舒畅，轻松。
商事会社(しょうじがいしゃ)	（名）	商事会社，商业公司。
あんた	（代）	（"あなた"的转音）你。通俗用语，多用于晚辈或

		下级。
でかい	(形)	大的,好大的,老大的。通俗用语。
重荷(おもに)	(名)	重担子,重任。
重役(じゅうやく)	(名)	要职,(企业的)董事。
失点(しってん)	(名)	缺点,过错。
カバー	(名・他サ)	套子,罩子;弥补,补偿。
どん底(ぞこ)	(名・他サ)	最低层,最坏的状态。
逆転(ぎゃくてん)	(名・自他サ)	倒转,逆转。○～勝ち/反败为胜。
賭け(か)	(名)	赌博,赌注。
恩に着る(おん・き)	(词组)	感恩,感激,领情。
恩返し(おんがえし)	(名・自サ)	报恩。
なんか	(副助)	("なにか"的转音)等等,之类。
温和しい(おとな)	(形)	温和的,温顺的。
エゴイスト	(名)	利己主义者,自私自利的人。
放り込む(ほう・こ)	(他五)	投入,扔进去。
かいかぶる	(他五)	估计过高,评价过高。

注　释

ス＝です。

ひでェ時＝ひどいとき。

やりとげりゃあ＝やりとげれば。

逃げやしません＝逃げはしません。

持ってば＝持っていれば。

第八课

本文Ⅰ　次の文章を読んで、後の問いに答えなさい。

「ねえ、ちゃんと言ってくれた？① <u>来月の下旬はお宅に行けない</u>って。」

　恵美と俊夫は結婚以来、毎月a <u>欠</u>かさず俊夫のb <u>実家</u>を訪ねていた。このところ二人とも仕事が忙しくなり、夫婦二人で過ごす時間が取れない状態が続いていたのだが、来月、休みをとって旅行をする計画を立てていたのだ。

「うん、② <u>言うには言ったけど</u>。」A（　　）俊夫が答えた。

「なに？」

「どうせなら、親父とお袋も一緒に行こうかって話になったんだ。」

「　③a　」

「うん。」

「なんで、④ <u>そういう話になっちゃうのかな</u>。　③b　」

「そうなんだけどさ。いや、俺も忘れてたんだけど、今年親父がc <u>還暦</u>なんだよ。」

「　③c　」

「そうだけど、こういうことはd <u>数え年</u>でやるものB（　　）」

「　③d　お祝いはまたあらためてやればいいじゃない。みんなで食事なんかすれば。」恵美は思わずe <u>早口</u>になる。

「いや…ずいぶん長い間、家族一緒に旅行していないからさ。たまにはいいかなって。」

「え―、そんなこと言ったって…」弱ったな、というような恵美の顔を見て、俊夫が静かに言った。
「⑤ 親父もお袋も恵美のことが可愛いんだよ。一緒に楽しみたいんじゃないかな。」
急に何か思いついたように恵美が言った。
「ね、じゃ、こういうのはどう？ 今年、もう一回家族旅行をするの。来月の旅行とは別に。」
「無理だよ。来月は休みが明けたら新しいプロジェクトが始まるんだ。俺、企画を任されているから、C(　　)じゃないけど年内に長い休みなんてとれないよ。」
「あーあ、やっぱり二人だけで旅行って、できないのね。」恵美は深いため息をついた。

設問

【問1】 a～eの日本語の漢字の読み方をひらがなで書きなさい。
　　　　a　　　　b　　　　c　　　　d　　　　e

【問2】 A～Cの(　　)に最も適当なものをabcdから一つ選んでその記号を書きなさい。
　　A (　)　a ぼそぼそ　　　　b ほろほろ
　　　　　　c ひそひそ　　　　d めそめそ
　　B (　)　a だよ　　　　　　b だって
　　　　　　c だね　　　　　　d だな
　　C (　)　a 非常に　　　　　b たいへん
　　　　　　c かなり　　　　　d とても

【問3】 「① 来月の下旬はお宅に行けない」とあるが、なぜか。
　　a　二人ともそれぞれの仕事が忙しいから
　　b　たまには家でゆっくりしよう思ったから
　　c　休みをとって二人で旅行する予定だから

d 結婚式に出席することになっているから

【問4】「② 言うには言ったけど」というのは、どんな意味か。
a 来月家に行けないとは言ったが、両親に納得してもらえなかったということ
b 来月家に行けないとは言ったが、俊夫一人だけでも来いと言われたということ
c 来月家には行けないと言ったが、理由を問い詰められて困ったということ
d 来月家には行けないと言ったが、妻の希望とは違う提案をされたということ

【問5】下の□の文を読んで、文中 ③a ～ ③d に入る文の組み合わせとして、適当なものはどれか。

> (ア) 還暦? お義父さま、確か59歳じゃない?
> (イ) やっと休みがとれて二人でゆっくりしようって言ってたじゃない。
> (ウ) 行こうって、旅行に?
> (エ) お義父さまの還暦祝いと、私達の旅行と、何で一緒になっちゃうのよ。

a (ア)(エ)(ウ)(イ)　　　b (イ)(ウ)(ア)(エ)
c (ウ)(イ)(ア)(エ)　　　d (エ)(イ)(ア)(ウ)

【問6】「④ そういう話」とは、どんなことか。
a 恵美と俊夫が仕事が忙しくて、実家に帰れないということ
b 恵美と俊夫の旅行に、俊夫の両親も一緒に行くということ
c 恵美と俊夫の家に、俊夫の両親が訪ねてくるということ
d 恵美と俊夫は、実家を敬遠して行きたがらないということ

【問7】 「⑤ 親父もお袋も恵美のことが可愛い」というのは、どんな意味か。

a 俊夫の両親は、息子の妻が本当の娘のように思えるということ

b 俊夫の両親は、恵美の容姿が愛らしいと思っているということ

c 俊夫の両親は、恵美のやさしさを有難く思っているということ

d 俊夫の両親は、何でも言うことをきく嫁だとみているということ

【問8】 この後、二人はどうするか。二十五字以内で説明しなさい。

词汇

下旬(げじゅん)	(名)	下旬。
欠かす(か)	(他五)	(多用否定形式)缺,缺少。
実家(じっか)	(名)	父母家,老家,娘家,婆家。
ぼそぼそ	(副)	叽叽咕咕。
親父(おやじ)	(名)	老爷子,老头儿。男性提到自己父亲时的称呼。
お袋(ふくろ)	(名)	母亲,老妈。男性提到自己母亲时的称呼。
なんで	(副)	为什么,何故。
還暦(かんれき)	(名)	花甲,六十周岁。

数え年(かぞ・どし)	(名)	虚岁。
思わず(おも)	(副)	不由得,不禁。
早口(はやくち)	(名)	说话快。嘴快,快语。
弱る(よわ)	(自五)	为难。○それは弱った/那可叫人为难了。
思いつく(おも)	(他五)	突然想出,想起;回想到,回忆。
明ける(あ)	(自一)	期满,到期。
プロジェクト	(名)	项目,规划,计划。○ビッグ〜/大项目,重大项目。
任す(まか)	(他五)	委托,托付。
ため息をつく(いき)	(词组)	叹气。

句型

〜には〜が　做是做了,但是……
① 行くには行くが、彼に会えるかどうかは分からない/我去是去的,但是不知能不能见到他。
② 日本の風呂は熱いには熱いが入ってしまうと気持ちがいい/日本的澡堂的水很热,但身体泡在水里很舒服。
③ いちおう説明するにはしたのですが、まだみんな十分に理解できていないようでした/虽然我大致解释了,但好像大家还没有充分理解。

どうせ〜なら　反正的话……,总归的话……。
① どうせやるならもっと大きいことをやれ/反正要干的话,就大干一场。
② どうせ参加しないのなら、早めに知らせておいたほうがいい/反正不参加的话,还是早点告诉人家的好。
③ 急いでもどうせ間に合わないのだったら、ゆっくり行こう/反正急着去也是赶不上的,那就慢慢走吧。

第八课

～のこと　（表示与相关……的事情）
① わたしのこと、好き？／喜欢我吗？
② あなたのことは一生忘れない／我一辈子也忘不了你。
③ 彼女のことはもうあきらめなさい／你就对她死了心吧。

　　　多用于指称表示感觉、感情、思考等动词的对象。

～とは別に　分开，另。
① 料金とは別に600円の送料が必要です／除费用外，还需要600日元邮资。
② みんなに配ったのとは別に、君には特別なプレゼントを用意しておいた／除分给大家的以外，还给你准备了特别的礼物。
③ 映画館はすごく込んでいたので、友達とは別に座ることにした／电影院里特别拥挤，和朋友分开坐了。

本文Ⅱ　次の文章を読んで、後の問いに答えなさい。

「ただいま」
　a 玄関のドアがばたん、と閉まる音がした。足音がまっすぐリビングの方に近づいてくる。
「お帰りなさい。」佐知子は息子の良太に向かって言った。
「ああ、腹へった。」
「（　①　）」
　食卓につくと、上にたっぷりルウのかかったカレーを、良太はものも言わずに食べ始めた。良太のスプーンは、皿と口との間をb 勢いよく往復している。
「ねえ、この前、1時間目の授業に遅刻したんだって？」
　良太は② 一瞬手を止めて母親の顔を見た。
「誰にきいたの。」
「お買い物に行ったらね、みっちゃんとリナちゃんに会ったの。こんにちはって挨拶したら、良太君、1時間目の音楽の時間に遅れた

んだよって言ってたの。」

「A(　　)、女子はすぐしゃべるんだから。」良太は鼻にしわを寄せた。

「B(　　)、お母さん③ おかしいなって思ったの。だって、良太はいつも早く家を出るじゃない？5年生になるまで遅刻も欠席もしていないから…」

「うん。家は早く出てるよ。」

「うん。」

「 ④a 」

「うんうん。」

「 ④b 」

「何を？」

「いいから、先に約束して。」良太はc 真顔になってまっすぐ佐知子の目を見つめた。

「わかった。誰にも言わない。」

「 ④c 」

「小山君？ああ、あの子、足が少し悪いC(　　)。」

「 ④d だから僕、ときどき荷物を持ってあげたりするんだ。」

「そう。えらいね。良太のと二人分持つんだ。良太は5組だから、校舎の反対側だね。」

「うん。僕の足なら1組から5組までだったら走って充分間に合うんだけど、音楽や体育のときは場所が違うからちょっときついね。」ああ、⑤ そういうことか、と佐知子にもd 合点がいった。「いいところあるわね、良太。」

「絶対余計なことを言うなよ。特に高津にはな。」高津先生は良太のクラスの担任で、他の生徒よりも元気の良すぎる良太を叱ることが多かった。

「なんで？いいことしてるんじゃない。」

第八課

「だめだよ。これは⑥男の義理人情だ。」思いもよらない言葉が11歳の息子の口から出たので、佐知子は吹き出してしまった。
「ギリニンジョウねえ。」⑦佐知子は笑いながら、この子はこんな小さな肩に、いろいろなことをe背負って生きているんだなあと思った。
　良太はカレーを黙々と食べ続けていた。

设問

【問1】　a～eの日本語の漢字の読み方をひらがなで書きなさい。
　　　　a　　　　b　　　　c　　　　d　　　　e

【問2】　A～Cの（　）に最も適当なものをabcdから一つ選んでその記号を書きなさい。
　　A（　）a　とっても　　　　b　やっぱり
　　　　　　c　まったく　　　　d　ほんとうに
　　B（　）a　では　　　　　　b　でも
　　　　　　c　ところが　　　　d　ところで
　　C（　）a　んだって　　　　b　んだっけ
　　　　　　c　って　　　　　　d　ってば

【問3】　「（　①　）」に入る文として、適当なものはどれか。
　　a　玄関のかぎはかけたの
　　b　靴下をすぐ洗濯しなさい
　　c　カレーの材料を買ってきて
　　d　すぐにご飯にするからね

【問4】　良太が「②一瞬手を止め」たのはなぜか。
　　a　夢中でカレーを食べていたので、母親の話を聞いていなかったから
　　b　自分は母親に一言も話していないのに、母親が知っていた

から
c 自分が秘密にしていたことがばれてしまって、怒られると思ったらから
d 食事をしているときは、叱られたり注意されたりするのは嫌だから

【問5】 佐知子が「③ おかしいなって思った」のはなぜか。
a 良太は毎日、早く家を出て学校に行くから
b 良太は、学校に遅刻するのがきらいだと知っているから
c クラスの女の子が好きなのに、鼻にしわを寄せたから
d 母親が息子の学校生活について知らないことが多いから

【問6】 下の □ の文を読んで、文中 ④a ～ ④d に入る文の組み合わせとして、適当なものはどれか。

> (ア) 1組にさ、小山君っているじゃない。
> (イ) 校門まではクラスで一番早く着く。
> (ウ) そう。そうでね、三階の端の教室まで行くのに時間がかかるんだよ。
> (エ) でも、お母さん、他の誰にも言わないでくれよ。

a (ア)(イ)(ウ)(エ)　　　b (イ)(エ)(ア)(ウ)
c (ウ)(ア)(エ)(イ)　　　d (エ)(イ)(ウ)(ア)

【問7】 「⑤ そういうこと」とは何か。
a いつもは間に合うが、音楽や体育は準備が遅くなるので遅刻したということ
b 友人と自分の二人分の荷物を持つと、早く走れないので遅刻したということ
c 足の悪い友人を助けて1組に行った後音楽や体育に出るの

第八课

で遅刻したということ
d 担任の先生に見つからないように友達と遊んでいるので、遅刻したということ

【問8】 良太は「⑥ 男の義理人情」という言葉の意味をどう考えているのか。
a 男は、人に親切にしても黙っているべきだ
b 男は、以前良くしてもらった人のことを忘れない
c 男は、他人に誤解されることを恐れずに行動する
d 男は、重すぎる荷物も背負わなければならない

【問9】 「⑦ 佐知子は笑いながら」とあるが、何がおかしかったのか。
a 授業の前に、校舎の端から端まで走っている良太の姿を想像したから
b 小さい肩なのに、二人分の荷物を持ってあげているのがかわいかったから
c 良太はいつも元気で怖いものはないのに、高津先生だけは苦手だから
d 良太が自分の良い行いを、大人の使うような難しい言葉で表現したから

词 汇

玄関(げんかん)	(名)	大门,正门。
ばたん	(副)	(物体相碰或倒下、掉落时发出的声响)咚,砰,嗵,乓,啪。
足音(あしおと)	(名)	脚步声。
リビング	(名)	("リビングルーム"的略语)起居室。

へる	(自五)	肚子饿。
食卓(しょくたく)	(名)	饭桌,餐桌。
たっぷり	(副)	足够,足足。
ルウ	(名)	咖喱饭的酱。
ものを言う(い)	(词组)	说话;起作用。
勢いよく(いきお)	(副)	有气势,有劲头,有活力。
しわを寄せる(よ)	(词组)	皱眉头,生气。
真顔(まがお)	(名)	严肃的面孔,郑重其事。
見つめる(み)	(他一)	凝视,注视。
きつい	(形)	(时间或空间上的)紧,紧紧的。
合点がいく(がってん)	(词组)	同意,认可,理解。
叱る(しか)	(他五)	责备,批评;责骂,训斥。
義理人情(ぎりにんじょう)	(名)	情义,情理。
思いもよらない(おも)	(词组)	无法想像,出乎意料。
吹き出す(ふ・だ)	(自五)	刮起(风)来;笑出(声)来。
背負う(せお)	(他五)	背负,承当。
黙々(もくもく)と	(形动)	默默,不声不响地。

句 型

~んだって　听说,据说。

① 「あの人は先生なんだって?」「うん、英語の先生だよ」/"听说他还是老师呢,是吗?""是啊,是教英语的老师。"
② 「山田さん、お酒、嫌いなんだって?」「ああ、そう言ってたよ」/"据说山田不喜欢喝酒,是吗?""对了,他好像那么说过。"
③ 「あの店のケーキ、おいしいんだって?」「いや、それほどでもないよ」/"大家都说那家店里的蛋糕好吃,是吗?""不,也并不那么好吃。"

第九课

本文Ⅰ 次の文章を読んで、後の問いに答えなさい。

　大学の授業でコミュニケーションに関するゲームをやると、いろいろなことがわかっておもしろい。一つ紹介しよう。
　まず、一人の人に下のような図形を見せる。その人は、この図形がどんな形か、a 身振りやb 板書などを使わずに、言葉だけでほかの人たちに説明する。伝えられた人たちは、その情報を頼りに各自、図形を描く。所要時間3分。見本とほぼ同じものが描ければオーケイというA(　　)、このゲームの成功率はだいたい10％ぐらいで、① 非常に低い。それほど複雑な図形でもないのに、なぜこんなにうまくいかないのか。
　ほとんどの場合、説明者は、最初にこう言ってしまう。
　「先ず、丸を描いてください。」

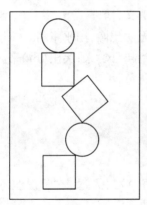

　これを聞いた人たちは、めいめいいろいろな丸を描く。大きな丸を紙一杯に描く人もいれば、左上のほうに寄せて小さく描く人もいる。心理テストにでもB(　　)おもしろそうだ。描いている人たちは皆、自信がなさそうに、少し首をかしげながらやっている。それもそのC(　　)。いきなり、ただ「丸を描け」と言われても、全体像が見えないのだから、(　ア　)はc 戸惑うばかりだ。(　イ　)のプレゼンテーション・マインドが欠けていて、(　ウ　)本位の話し方ができていないといえる。

それを、こんなふうに言ったらどうだろうか。

「まず、この用紙は縦に使ってください。これから皆さんに5つの図形を描いてもらいます。図形は上から、丸、正方形、正方形、丸、正方形のd順序です。それぞれがすぐそばの図形と接しています。重なり合っている図形はありません。丸の大きさは直径5センチくらいです。正方形も同じ大きさです。では、いちばん上の丸から描いていきましょう。」

いきなり丸を描けという代わりに、全体的なこと、用紙の使い方とかトータルな図形の数を先に説明する。そう、わかりやすく話すための第1のポイントは「（　エ　）」である。

また、このゲームの場合、「直径5センチくらい」と具体的に説明することで、グッと正解に近づくことができる。2番めのポイントは「具体的に話すこと」である。この第2のポイント、e何事も具体的に話す習慣をつけると、コミュニケーション上手な人に一歩近づける。

人は皆、おもに言葉という記号を用いて伝達し合う。この本の読者ならば、日本語という共通の記号を理解しているから、本が読めるし、話も通じるのだ。「犬」と聞けば、あるいは読めば、日本語の約束を知っている人なら誰でも「ワンワン鳴く動物」を思い浮かべる。ここまでは皆いっしょだ。

オ

自分の意図をできるだけブレの少ない形で伝えたいと思うなら、やはり具体的に話すことが重要になる。

設　問

【問1】　a〜eの日本語の漢字の読み方をひらがなで書きなさい。
　　　　a　　　　b　　　　c　　　　d　　　　e

【問2】　A〜Cの（　　　）に最も適当なものをabcdから一つ選んでそ

の記号を書きなさい。

A (　)　a　はずだが　　　　b　わけだが
　　　　c　ことだが　　　　d　ものだが
B (　)　a　使うので　　　　b　使うなら
　　　　c　使うと　　　　　d　使ったら
C (　)　a　はず　　　　　　b　わけ
　　　　c　こと　　　　　　d　もの

【問3】　この文章の内容はどのような順序で書かれているか。

【問4】　「① 非常に低い」のはなぜか。
　a　それほど複雑な図形ではないから
　b　図形を描くのが難しいから
　c　聞き手の理解度が低いから
　d　説明のしかたが良くないから

【問5】　文中の(　ア　)(　イ　)(　ウ　)に入る言葉の組み合せ
　　　　として、適当なものはどれか。
　a　ア：聞き手　　　　イ：話し手　　　　ウ：聞き手

b　ア：聞き手　　　　イ：話し手　　　　ウ：話し手
　　c　ア：話し手　　　　イ：聞き手　　　　ウ：聞き手
　　d　ア：話し手　　　　イ：聞き手　　　　ウ：話し手

【問6】　文中の（　エ　）に入る言葉として、適当なものはどれか。
　　a　丁寧な言葉を使って話すこと
　　b　短い文を使って話すこと
　　c　細かい部分から詳しく話すこと
　　d　全体から話すこと

【問7】　　オ　　の部分には、どのような内容の文章がくるか。
　　a　「犬」を思い浮かべるのはだれでも同じだ
　　b　どのような「犬」を思い浮かべるかは人に
　　　　よって違う
　　c　「犬」ではないものを思い浮かべる場合がある
　　d　「犬」という言葉が理解できない可能性がある

　　　　　　　　　　　　　　　　　　　　ということを説明するための例

【問8】　この文章は何について書かれたものか。二十字以内で説明しなさい。

词汇

コミュニケーション	（名）	交流，沟通。
ゲーム	（名）	游戏。
図形（ずけい）	（名）	图形，图样。
身振り（みぶ）	（名）	姿势。
板書（ばんしょ）	（名・他サ）	板书。

第九课

情報（じょうほう）	（名）	信息，消息。
頼り（たよ）	（名）	依靠，依仗。○～とする人／可以依靠的人。
各自（かくじ）	（名）	各自，各人。
見本（みほん）	（名）	样子，样品。
オーケイ	（感・名・自サ）	好，行，可以；同意，合格。
成功率（せいこうりつ）	（名）	成功概率。
うまくいかない	（词组）	不顺利，不理想。
丸（まる）	（名）	圆形，球形。
めいめい	（名）	各自，每个人。○～の考え／每个人的想法。
首をかしげる（くび）	（词组）	疑惑，怀疑。
いきなり	（副）	突然，冷不防。
全体像（ぜんたいぞう）	（名）	整体形象，整体面貌。
戸惑う（とまど）	（自五）	疑惑，困惑。
プレゼンテーション・マインド	（名）	说明（或解释）的精神（愿望）。
欠ける（か）	（自一）	缺乏，不足。
本位（ほんい）	（名）	本位，以……为主。○自分～／以自己为主。
重なる（かさ）	（自五）	重叠，重合。
トータル	（形动）	总的，整体的。
ポイント	（名）	点，要点。
グッと	（副）	更加，越发，大大地。
近づく（ちか）	（自五）	接近，靠近。
思い浮かべる（おも・う）	（他一）	浮现，联想。
できるだけ	（词组）	尽可能，尽量。
ズレ	（名）	偏差，不一致。

句　型

〜というわけだ　就是说……。
① イギリスとは時差が8時間あるから、日本が11時ならイギリスは3時だというわけだ／和英国有八小时的时差，也就是说日本的11点是英国的3点。
② 彼女の父親はわたしの母の弟だ。つまり彼女とわたしはいとこ同士だというわけだ／她父亲是我母亲的弟弟，也就是说她和我是表兄妹关系。
③ 「今の生活に満足しています」「それでは楽しい日々を送っているというわけですね」／"我对现在的生活很满足。""那就是说你每天的日子都很快乐。"

〜でも（表示举例）
① 「先生のお宅へ行くとき、何か持っていきましょうか」「そうですね。ワインでも買って行きましょう」／"去老师家，带点什么去啊？""是啊，买瓶葡萄酒带去吧。"
② 宿題のレポートは、図書館ででも調べてみることにした／小论文的作业，我去图书馆找找资料。
③ こんな忙しいときに客でも来たら大変なことになる／这么忙的时候，要是再来客人那就糟了。

　　整体上表示委婉的句子中常常使用"〜でも"。

〜ばかりだ　越发……，一直……。
① 手術が終わってからも、父の病気は悪くなるばかりでした／动了手术以后，父亲的病情越发严重了。
② コンピュータが導入されてからも、仕事は増えるばかりでちっとも楽にならない／使用计算机以后，工作越来越多，一点都不轻松。
③ 英語も数学も学校を出てからは、忘れていくばかりだ／从学校

毕业后，我英语和数学都快忘光了。

表示一直朝着坏的方向发展。

本文Ⅱ　次の文章を読んで、後の問いに答えなさい。

　ひところ都心での「昼飯戦争」が話題になったが、a 行列を作らないとなかなか食べられないという大都会のきびしい昼飯事情はあまりかわらない。そんなわけだから、昼時の食堂での相席はごくあたりまえになっている。「相席おねがいしまーす」と、まるでなんでもないことのようにいわれる。

　けれども、いったい見も知らぬ人とA（　　）向かいあってすわっているだけでも気詰まりなのに、①そんな状態でものを食べるのは落ち着かないことはなはだしい。どうしても大急ぎでかきこんで席を立つということになる。b 飽食の時代などとよくいわれるが、日本人の食事のこうした風景はまことに貧しく、寒々しい思いすらする。

　知らない人を同席させる相席という習慣が日本でいつからはじまったのかつまびらかにしないが、テーブルが一般に広まる以前にはかんがえられないから、そうふるいことではないだろう。

　B（　　）の他人といっしょに食事をすることには、満員電車で知らない人と顔をつきあわせて立っているときなどとはまたちがった、特別なうっとうしさがある。

　肉体に直接かかわるほかの作用と同様に、食べることにはどこの社会にもさまざまなタブーがあり、概してつつしみが求められる。そのために、C（　　）の社会で、多かれ少なかれ、こみいった食事作法がきめられている。食べるところをみられるのをc 裸をみられる以上に恥ずかしがる社会もあれば、男女別々に食事をする社会もある。

　食べることは、饗宴などの例外的機会をのぞけば、本来、人間が自分の「なわばり」で、D（　　）親しい者とのみおこなう、きわめて

プライベートな行為なのだ。

　②<u>人間のなわばり</u>には集団的なものもあるが、まず個々人が他人に立ちいられると不安になって逃げだしたくなるような非許容空間をもっている。個人のまわりに泡のように広がるその空間は自我の延長なのだ。相席をさせられると、この空間をたがいに侵すことになり、無意識にも不安がつのって、食べ物の滋味をどれほど薄くするかわからない。

　もう少し厳密にいうと、それでも③<u>カウンターの席なら、隣りにだれがすわってもさほど抵抗を感じない</u>のは、「個人空間」ともいわれる人間の個人のなわばりが、d<u>前方</u>に長く、背後や左右には短い楕円形をしているあかしである。

　ともあれ、今日の日本のように家族がそろって食事をする日が少なくなると、他人と同席してe<u>勝手</u>に食べたいものを食べるのをなんとも思わなくなっているのだろう。E(　)、④<u>これ</u>は文化からの退行でなければ、逸脱ではないか。

设　问

【問1】　a〜eの日本語の漢字の読み方をひらがなで書きなさい。
　　　　a　　　　　b　　　　　c　　　　　d　　　　　e

【問2】　A〜Eの(　)に最も適当なものをabcdから一つ選んでその記号を書きなさい。
　　　　A(　)　a　ずっと　　　　　b　じっと
　　　　　　　　c　もっと　　　　　d　すっと
　　　　B(　)　a　じっくり　　　　b　まったく
　　　　　　　　c　すっかり　　　　d　しっかり
　　　　C(　)　a　とうてい　　　　b　だいたい
　　　　　　　　c　たいてい　　　　d　だいぶ
　　　　D(　)　a　ちっとも　　　　b　もっぱら
　　　　　　　　c　もっとも　　　　d　さっぱり

E ( )　a　なのに　　　　　b　それで
　　　　c　だから　　　　　d　しかし

【問3】「① そんな状態」とあるが、どんな状態か。
a　行列をつくらなければならない状態
b　知らない人と向き合ってすわっている状態
c　すぐに席を立たなければならない状態
d　食事を短時間で済ませなければならない状態

【問4】「② 人間のなわばり」とあるが、この場合どんなものか。
a　他人が立ちいると抵抗を感じる空間
b　自我の立ちいることができない空間
c　家族が立ちいると抵抗を感じる空間
d　他人が立ちいっても抵抗を感じない空間

【問5】「③ カウンターの席なら、隣りにだれがすわってもさほど抵抗を感じない」とあるが、なぜか。
a　個人のまわりには泡のように広がる非許容空間があるから
b　楕円形をした個人のなわばりは、左右の非許容空間が広いから
c　楕円形をした個人のなわばりは、左右の非許容空間が狭いから
d　カウンターの席は長いので個人のなわばりが広くなるから

【問6】「④ これは」とあるが、何を指しているか。
a　カウンターの席で隣りにだれかすわると抵抗を感じること
b　他人と同席して勝手に食べたい物を食べることに抵抗を

感じないこと
　　c　家族がそろって食事をする日が少なくなっていること
　　d　相席をさせられると食べ物の味がかわること

【問7】　筆者の言う「個人のなわばり」の形からすると、他人が入って来たときに抵抗を感じる空間が広いのは、どの位置だと考えられるか。
　　a　右側　　　　b　左側　　　　c　前方　　　　d　後方

【問8】　筆者は相席についてどのように思っているか。
　　a　行列しなければ昼食が食べられないという大都会の事情があり、当然のこととして受け入れるべきだ
　　b　食べることはプライベートな行為であるが、親しい者とのみ相席をしてはいけない
　　c　どこの社会にもそれぞれの食事作法があるのだから、相席もその作法に合ったものでなければならない
　　d　家族が食事を共にしなくなったり、相席をなんとも思わなくなっているのは文化からの退行である

词　汇

ひところ	（名）	前些日子，曾有一时。
都心（としん）	（名）	市中心，这里特指东京都中心地区。
行列（ぎょうれつ）	（名・自サ）	队伍，排队。
なんでもない	（词组）	没什么，没关系。
相席（あいせき）	（名）	（在饭店等处与他人）同桌。
見も知らぬ（み・し）	（词组）	素不相识。
気詰まり（きづ）	（名・形动）	发窘，拘束。
はなはだしい	（形）	太甚，非常。
かきこむ	（他五）	匆忙吃饭，扒拉。○お茶

		づけを～/扒拉一碗茶水泡饭。
席を立つ(せき・た)	(词组)	离开(座位)。
飽食(ほうしょく)	(名・自サ)	饱食。○暖衣～/吃饱穿暖。
寒々しい(さむざむ)	(形)	寒冷,杀风景。
つまびらか	(形动)	详细,详尽。
顔をつきあわせる(かお)	(词组)	脸对脸,面对面。
うっとうしい	(形)	郁闷的,不痛快的。
タブー	(名)	禁忌,忌讳。
概して(がい)	(副)	一般,大体,总的来说。
つつしみ	(名)	谨慎,谨言慎行。
多かれ少なかれ(おお・すく)	(词组)	或多或少,多多少少,多少有点。
こみいる	(自五)	混杂,复杂。○こみいった事情/复杂的内情。
作法(さほう)	(名)	方法,礼法,礼仪。○礼儀～/礼仪礼节。
饗宴(きょうえん)	(名)	盛宴,宴会。
なわばり	(名)	(在土地上)圈绳定界,(势力)范围。
プライベート	(形动)	个人的,私人的,非公开的。
個々人(ここじん)	(名)	一个一个的人。
立ちいる(た)	(自五)	干涉,干预,介入(他人私生活等)。
侵す(おか)	(他五)	侵犯,无视(他人利益)。
不安がつのる(ふあん)	(词组)	引起不安,担心。
滋味(じみ)	(名)	味道好,有味道,好吃。
カウンター	(名)	吧台,柜台。
あかし	(名)	证据,清白的证明。

ともあれ	（副）	无论如何，不管怎么说。
退行（たいこう）	（名・自サ）	倒退，退化。
逸脱（いつだつ）	（名・自サ）	越出，脱离。

句 型

～ないと～ない　不……就不……。
① 平均70点以上でないと合格できない／成绩平均达不到70分以上，就不能及格。
② 背が高くないとファッションモデルにはなれない／身材不高，就当不了时装模特。
③ 食べないと大きくなれないよ／你不吃，就长不大啊。

　　另有"～なくては～ない"、"～なければ～ない"等表达方式，但不如"～ないと～ない"口语化。

～（という）こと　（表示一个具体事实）
① 山田さんが魚がきらいなことを知っていますか／你知道山田不喜欢吃鱼吗？
② 午後から会議だということをすっかり忘れていた／我把下午开会这事忘得个一干二净。
③ 彼が死んでもうこの世にいない（という）ことが、まだ私には信じられない気がする／我还是不相信他已离开了这个世界。

　　用来表示前面陈述的事情是真实的。例①中的"魚がきらいなこと"，也可说成"魚がきらいだということ"。

さほど～ない　不太……，不怎么……。
① 山田さんはさほどハンサムではない／山田并非美男子。
② 今年の冬はさほど寒くない／今年冬天不太冷。
③ さほど行かないうちにバス停が見えてきた／没走几步就看到了公共汽车站。

相当于口语中的"それほど～ない"。

なんとも～ない　没什么，不要紧。
① 私がこんなに心配しているのに、彼のほうはなんとも思っていない様子でした／我这么担心，他倒好一副满不在乎的样子。
② こんなに馬鹿にされているのに、あなたはなんとも感じないのですか／被如此愚弄，难道你毫不在意吗？
③「さっきはあんなこと言ってごめんなさい。」「いや、別になんとも思っていないよ」／"刚才我说得有点太过分了，对不起。""没什么，我没往心里去。"

多用于感觉或情感表达，"なんとも思わない"、"なんとも感じない"形式表示不认为或没感到有什么大不了的事。

第十课

本文Ⅰ 次の文章を読んで、後の問いに答えなさい。

　実際、統計をとったA(　　)のですが、科学者のおそらく9割近くは「事実は科学の中に存在する」と信じているのではないかと思います。一般の人となると、もっと科学を絶対的だと信じているかもしれません。しかし、① そんなことはまったく無い。

　例えば、最近では地球 a 温暖化の原因は炭酸ガスの増加だ、というのがあたかも「科学的事実」であるのように言われています。この説を科学者はもちろん、官公庁も既に確定した事実のようにして、議論を進めている。B(　　)、これは単に一つの説に過ぎない。

　温暖化でいえば、事実として言えるのは、近年、地球の平均気温が年々上昇している、ということです。炭酸ガスの増加 b 云々というのは、あくまでもこの温暖化の原因を説明する一つの推論に過ぎない。

　ちなみに、温度が上昇していることも、それ自体は事実ですが、では昔からどんどん右肩上がりで上昇しているC(　　)確定は出来ないわけで、もしかすると現在は上下する波の中の上昇の部分にあたっているだけかもしれない。

　最近、私は林野庁と環境省のc 懇談会に出席しました。そこでは、日本が京都議定書を実行するためにあたっての方策、予算を獲得して、林に手を入れていくこと等々が話し合われた。そこで出された答申の書き出しは、「CO_2 増加による地球温暖化によって次のようなことが起こる」となっていました。私は「これは"CO_2 増加によると推測される"という風に② 書き直して下さい」と注文

をつけた。D(　　)たちまち官僚から反論があった。「国際会議で世界の科学者の8割が、炭酸ガスが原因だと認めています」と言う。しかし、科学は多数決ではないのです。

「③あなたがそう考えることが私は④心配だ」と私は言いました。おそらく、d行政がこんなに大規模に一つの科学の推論を採用して、それに基づいて何かをする、というのはこれが初めてではないかと思う。その際に、後で実はその推論が間違っていたとなった時に、非常に問題が起こる可能性があるE(　　)。

特に官庁というのは、一度何かを採択するとそれを頑として変えない性質を持っているところです。だから簡単に「科学的（　ア　）」を真理だと決め付けてしまうのは怖い。

「科学的事実」と「科学的推論」はe別物です。温暖化でいえば、気温が上がっている、というところまでが科学的（　イ　）。その原因が炭酸ガスだ、というのは科学的（　ウ　）。複雑系の考え方でいけば、そもそもこんな単純な推論が可能なのかということにも疑問がある。しかし、この事実と推論とを混同している人が多い。厳密に言えば、⑤「事実」ですら一つの解釈であることがあるのですが。

设问

【問1】 a～eの日本語の漢字の読み方をひらがなで書きなさい。
　　　　a　　　　b　　　　c　　　　d　　　　e

【問2】 A～Eの(　)に最も適当なものをabcdから一つ選んでその記号を書きなさい。
　　　A(　)　a　はずではない　　　b　わけではない
　　　　　　 c　ものではない　　　d　ことではない
　　　B(　)　a　そのため　　　　　b　だから
　　　　　　 c　ところが　　　　　d　ところで
　　　C(　)　a　かというと　　　　b　かといって

```
            c かとおもうと      d かとなると
D (　)   a しかし          b そして
         c ただし          d すると
E (　)   a かもしれません   b とはかぎりません
         c からです        d ことです
```

【問3】「① そんなこと」とはどういうことか。
　a　科学は絶対的ではないこと
　b　一般の人が科学は絶対的だと信じていること
　c　科学者の9割近くが事実は科学の中に存在すると信じていること
　d　事実は科学の中に存在すること

【問4】「② 書き直してください」とあるが、なぜか。
"CO₂増加による" ということは
　　a　古い考え方だから
　　b　科学者が認めていないから
　　c　断定できないから
　　d　政府の注文ではないから

【問5】「③ あなた」というのはだれのことか。
　a　官僚　　b　科学者　　c　一般の人　　d　政治家

【問6】どうして「④ 心配だ」と言ったのか。
　a　大規模な国際会議をしようとしているから
　b　CO₂増加によって地球温暖化が進むから
　c　推論を事実として採用しようとするから
　d　科学は多数決ではないと思っているから

【問7】(ア)(イ)(ウ)に入る言葉の組み合せとして、適当なものはどれか。

第十课

a　ア：事実　　　　イ：事実　　　　ウ：推論
b　ア：推論　　　　イ：事実　　　　ウ：推論
c　ア：推論　　　　イ：推論　　　　ウ：事実
d　ア：事実　　　　イ：推論　　　　ウ：事実

【問8】「⑤『事実』ですら一つの解釈であることがあるのです」というのはどういうことか。
　　a　事実をきちんと理解していないこともある
　　b　事実とされていることも真理とは限らない
　　c　事実は推論と混同されているかもしれない
　　d　事実というものは実際には存在しない

【問9】筆者の最も言いたいことは何か。二十字以内で説明しなさい。

词　汇

おそらく	（副）	（后接推量形式）恐怕,或许。
地球温暖化（ちきゅうおんだんか）	（名）	全球气候变暖。
炭酸ガス（たんさん）	（名）	碳酸气。
あたかも	（副）	好像,宛如。
官公庁（かんこうちょう）	（名）	日本国家及地方政府机构。
単に（たん）	（副）	只,仅,单。
上昇（じょうしょう）	（名・自サ）	上升,升高。
云々（うんぬん）	（名）	如此这般,等等。
どんどん	（副）	事物进展顺利。

右肩上がり(みぎかたあ)	(名)	上升速度快,快速上升。
もしかすると	(词组)	或许,可能,说不定。
上下(じょうげ)	(名・自他サ)	上下移动。
あたる	(自五)	相当于,适用于。
林野庁(りんやちょう)	(名)	林野厅,农林水产省的外设局之一,主管林业行政事务的中央行政部门。
環境省(かんきょうしょう)	(名)	环境省,掌管环境保护等行政事务的中央行政部门。
懇談会(こんだんかい)	(名)	咨询会,听取意见会。
京都議定書(きょうとぎていしょ)	(名)	京都议定书,旨在防止全球气候变暖的京都会议通过的文件。
方策(ほうさく)	(名)	手段,方法。
手に入れる(て・い)	(词组)	得到,取得。
答申(とうしん)	(名・自サ)	答复,报告。
書き出し(か・だ)	(名)	文章的开头。
書き直す(か・なお)	(他五)	重写,改写。
注文をつける(ちゅうもん)	(词组)	提要求,提希望。
たちまち	(副)	转眼间,不大工夫。
多数決(たすうけつ)	(名)	多数表决,多数决定。
行政(ぎょうせい)	(名)	行政(部门)。
官庁(かんちょう)	(名)	国家机关,政府机关。
頑として(がん)	(词组)	顽固地,坚决地。
決め付ける(き・つ)	(他一)	断言,断定。
別物(べつもの)	(名)	不同的东西,不一样的东西。
そもそも	(副)	一开始,最初。

句型

~(の)ではないかと思う　　不是……吗,是……。

① こんなうまい話は、うそではないかと思う/这么好的事,我总觉得是不是假的。
② どちらかというと妹のほうがきれいなのではないかと思う/要让我说,还是妹妹漂亮。
③ もしかすると、彼女はこの秘密を知っているのではないかと思う/我看说不定她知道这个秘密。

~となると　如果……,要是……。
① 彼は、決断するまでは時間がかかるが、やるとなると実行するのは早い/他下决心需要时间,但要是做起来快得很。
② 仮に、このまま水不足が続くとなると営業時間を短縮しなければならなくなる/假如缺水持续下去的话,只得缩短营业时间。
③ 現場に残された指紋が彼のものと一致するとなると、彼が犯人である公算が高い/如果留在现场的指纹和他一致的话,那他可能就是罪犯。

~かというと　至于是否……,是不是(就)……。
① 彼女はお酒がぜんぜん飲めないかというと、そうでもない。飲むときもある/她是不是滴酒不沾,那也未必,有时也喝。
② 今度のことでがっかりしているかというと、意外に元気そうだ/他是不是为这次事件心灰意懒了,但出乎意料精神很不错。
③ わたしはこの国に失望させられた。しかし、まったく見捨ててしまったのかというと、そうでもない/我对这个国家已失望了。但是不是完全抛弃它,那也未必。

~にあたって　在……的时候,借此……之际。
① 試合に臨むに当たって、相手の弱点を徹底的に研究した/面临比赛之际,我们彻底研究了对手的弱点。
② お嬢さんをお嫁に出すにあたってのお気持ちはいかがでしたか/送女儿出嫁,您心情如何?

③ 新しい生活を始めるに当たっての資金は、親の援助で何とか調達できた／在父母的帮助下，我们总算凑齐了新生活所需的费用。

本文Ⅱ　次の文章を読んで、後の問いに答えなさい。

　ここで注目したいのは「うつす」というはたらきについてです。「子どもたちは身近な人々のありようを、自身の体にうつしかえる才能の持ち主である」。① 子どもは身近な大人の生きざまを自分の身にうつしていきます。この「うつし」という言葉はいろいろな意味にとることが可能でしょう。A（　　）、a 鋳型と鋳物の関係です。幼い子どもたちは、まわりの大人の笑い声にあわせて意味もわからず一緒に笑いだすことがあります。また子ども同士でもよく行為がb 伝染します。誰か一人が泣きだすと、他の子どももわけがわからず泣きだすということがある。B（　　）、誰かがお腹が痛くなると自分もそうなったり、他の子のおできを見て自分もうつるのではないかと気になりだすと、本当にできものができてしまう。そのような例は日常にあふれているでしょう。まさに病がうつるごとく、子どもたちの身体は互いにうつしあっています。むしろ② 身体の一部がつながっていると見たほうがよくわかるかもしれぬほどです。

　うつし、うつるという言葉をあえて漢字にせず用いましたが、これは非常に多義的な言葉です。大きく分けて「写す」と「移す」の二つの意味があります。子どもたちは他人の行為や動作を「写す」ことにすぐれていることを述べましたが、それは同時に感染や伝染とも見える形で、感情すら移ることも多い。C（　　）、子どもたちの砂場での遊びを見ていると、実際にものを「移す」ことに特別にc 愛着を抱いているように見えることもあります。砂を右手ですくい、それを左手に、また右手に移しかえをくりかえす、そんな遊びはごく普通に見かけます。こういった単純な遊びながら、その行為から読み取ることのできる意味はd 存外に深いものがあります。右手の指が左手に移るとき一方が満たされ、他方は空になり

ます。あたりまえのことながら、これは子どもたちが自分に気づいていく過程と並行しているといえるのです。D(　)、ものは移ることで新しい場所を得るが同時に前の場所を失う。一つのものが同時に二つの場所にあることはできない。これは自分が限られた肉体のなかにあって、同時に別の所にはないという発見につながっているようにも思われるのです。フロイトが一歳半の男の子の糸巻き遊びで確認したこと、あるいは、かくれんぼや鬼ごっこというもっともポピュラーな遊びにも「いる―いない」の対比が明確に表れております。

　　E(　)、砂や水を器にいれながらそれをくつがえす＝覆すということも子どもたちはよくやります。何か容器に入っているものをひっくりかえす、まわりの大人がe眉をしかめるのもいとわずそれだけの行為に楽しんでいるみたいです。その覆す行為がそのうち型どりをする、同型のものを作り出す遊びへと変化していきます。砂を泥状にしてプリン型に詰め、(　③　)、うまくできるまで何度もやる、こんな遊びをどの子どもたちもやっているでしょう。型を利用して「写し」をいくつも作っていく、これも読み方によってはいろんな意味が出てくると思われます。

设　问

【問1】　a～eの日本語の漢字の読み方をひらがなで書きなさい。
　　　　a　　　　b　　　　c　　　　d　　　　e

【問2】　A～Eの(　)に最も適当なものをabcdから一つ選んでその記号を書きなさい。
　　　A(　)　a　たとえば　　　　b　なかでも
　　　　　　　c　あるいは　　　　d　いえば
　　　B(　)　a　そればかりでなく　b　それどころか
　　　　　　　c　それだけでなく　　d　それのみならず
　　　C(　)　a　しかし　　　　　　b　それが

		c しかも	d それで
D (　)	a けれども	b あるいは	
	c いっぽう	d すなわち	
E (　)	a また	b または	
	c そして	d それに

【問3】「① 子どもは身近な大人の生きざまを自分の身にうつしていきます」とはどういう意味か。
　a　周囲の大人の行為を次々にまねていくという意味
　b　周囲の大人と同じことをして、それを鏡にうつして遊ぶという意味
　c　周囲の大人の身なりをよく観察しているという意味
　d　身近にあるものを何でも鏡にうつして遊ぶという意味

【問4】「② 身体の一部がつながっている」とはどういうことか。
　a　子どもたちは手をつないだりして、いつも体がつながっている
　b　さまざまなものが伝染していくので、体がつながっているようだ
　c　子どもはおなじようなことをするので、相手を鏡にうつしたようだ
　d　子どもは同じようなことをするので、心と心がつながっているようだ

【問5】（　③　）に入る文として、適当なものはどれか。
　a　その絵を描く
　b　それを鏡にうつす
　c　それを他の子どもと交換する
　d　それを皿の上にひっくりかえす

【問6】「うつし、うつるという言葉をあえて漢字にせず用いましたが」から始まる第二段落の内容と合っているものはどれか。

a 子どもはものを「移す」という行為を通して、反復の動作を学んでいく

b 子どもはものを「移す」という行為を通して、自分の居場所を認識していく

c 子どもは単純な遊びを通して、「写す」「移す」の違いを学んでいく

d 「右」から「左」へものをうつすことで、子どもは「いる—いない」というかくれんぼや鬼ごっこのルールを学んでいく

【問7】この文章の内容と合っているものはどれか。

a 子どもは同型のものを作り出す遊びの天才である

b 「うつす」ということばには、「写す」「移す」の二つの意味がある

c 子どもは感情を伝えることが上手である

d 子どもはまわりの世界や大人の動きをうつしとっていく

词汇

身近(みぢか)	(名・形动)	身边,切身。○~な人／身边的人。
ありよう	(名)	样子,情况。
持ち主(も・ぬし)	(名)	持有者,所有人,物主。
生きざま(い)	(名)	人的生存方式。
鋳型(いがた)	(名)	铸模,模具。
鋳物(いもの)	(名)	铸件。
幼い(おさな)	(形)	幼小的,年幼的。
おでき	(名)	脓疱,疮,疖子。"できもの"

		的礼貌语。
病(やまい)	(名)	疾病,毛病。
多義的(たぎてき)	(形动)	多义的,多种意思的。
砂場(すなば)	(名)	沙池(铺有沙子的儿童游玩场所)。
愛着を抱く(あいちゃく・いだ)	(词组)	留恋,依依不舍,念念不忘。
すくう	(他五)	抄取,掬取,捞取。
見かける(み)	(他一)	看到,偶然看到。
存外(ぞんがい)	(副・形动)	意外,出乎意外。
空(から)	(名)	空,内无一物。
フロイト	(人名)	弗洛伊德(1856—1939),奥地利心理学家、精神病学家,精神分析学派的创始人。
糸巻き遊び(いとま・あそ)	(名)	绕线游戏。
かくれんぼ	(名)	捉迷藏,摸瞎子。
鬼ごっこ(おに)	(名)	捉迷藏,蒙老瞎。
ポピュラー	(形动)	通俗的,流行的,受欢迎的。
覆す(くつがえ)	(他五)	打翻,弄翻。
眉をしかめる(まゆ)	(词组)	担心,讨厌。与"眉をひそめる"同义。
いとう	(他五)	讨厌,厌恶。"いとわず"与"いやではない"同义。
型どり(かた)	(名)	模仿,效仿。
プリン	(名)	布丁。

句　型

～どころか　别说……连……,别说……就是……。

① 今の成績では大学進学どころか進級も危ない/你现在的成绩,

別说考大学,连升级都危险。
② この薬を飲んだら、やせるどころかかえって太ってしまった／我吃了这个药,不要说减肥,身体反而胖了。
③ 旅行先で熱を出してしまい、見物どころか温泉にも入れなかった／我旅行途中发了烧,别说游览,连温泉也没洗上。

　　句子后半部分经常使用"～もない"、"～さえ(も)ない"等形式,表示连最低的标准或期望都没达到或满足。

～ごとし　如同……,就好像……。
① 時間というものは、矢のごとく過ぎ去っていくものだ／时光似箭,飞快流逝。
② 大波に船は木の葉のごとく揺れた／在波涛中船如树叶般地摇动。
③ その二人は貧しかったが、世界中が自分たちのものかのごとく幸せであった／虽然贫穷,但他们两人都觉得拥有了整个世界一样,生活得十分幸福。

　　"ごとし"是文言文表达方式,现在只用于书面语。"～かのごとく"相当于"～かのように"的形式,但用得较少。

～ほどだ　甚至能……,甚至达到……(程度)。
① ずいぶん元気になって、昨日なんか外に散歩に出かけたほどです／他完全康复了,昨天甚至外出散步了。
② 彼は犬がたいへん嫌いだ。道に犬がいれば、わざわざ遠回りするほどだ／他非常讨厌狗,在路上碰上狗时甚至还绕道走。
③ 事故後の彼の回復ぶりは、奇跡とも言えるほどだ／他事故后的恢复情况很好,简直是个奇迹。

あえて～ない　并不……,没必要……。
① そのやり方にあえて反対はしないが、不満は残っている／我并不

反対这种做法,但有意见。
② 相手は偉い先生だからといって、あえてへりくだる必要もない/没有必要因为对方是知名学者就卑躬屈膝。
③ 親に反対されてまで、あえて彼と結婚しようとは思わない/我并不想为了和他结婚而与父母闹翻。

~ように思う　觉得好像……,似乎……。
① こちらのほうがお似合いになるように思います/我觉得这件(衣服)很适合您的。
② 心なしか彼の表情が陰ったように思われた/或许是心理作用,我觉得他好像在不高兴。
③ このままの状態では環境汚染は進むように思われる/我认为这样发展下去的话,环境污染将越发严重。

　　用于婉转地表达自己的主张、看法或印象。除"~ように思う"外,还有后接"~ように見える"、"~ように感じる"的形式,例如,
○ あの二人はとても仲が良いように見える/那两人看上去似乎关系很好。○ その日の彼は様子がいつもと違うように感じる/我觉得那天他有点与平常不一样。○ 今年の冬は去年より、少し暖かいように感じられる/我觉得今年的冬天好像比去年暖和。

第十一课

本文Ⅰ　次の文章を読んで、後の問いに答えなさい。

　私の友人に、みごとな日本語をあやつるフランス人がいる。彼女と話すとき、私たちの会話は、フランス語と日本語とのあいだをくるくるとかけめぐるのだが、この2か国語のa 交錯のなかで、いつも私は① 不思議な感覚におそわれる。なんだか私たちは、2人ながらに二重人格者となり、都合、4人の会話がなされているような気がしてくるのである。

　たとえば、拒絶の姿勢を示すとき、彼女はほとんどフランス語を使い、「だめ、だめ」「それは不可能よ」とやる。あるいはまた、頼みごとの場合には日本語で、「じつは、ちょっとお願いがあるんだけど」と持ちかけてくる。私の方は私の方で、はっきりした返答を求めるときには、「きみはどう考えているんだい」とフランス語でたずね、適当に言葉をにごしたいときには、「そうだね、まあ、考えとこう」と日本語でこたえることになる。

　細かいb 詮索はさておくとして、おおよそのところ、理論的でストレートな表現は（　ア　）、情的であいまいな表現は（　イ　）でおこなうところが共通していると言えようか。いずれにしても、双方がそれぞれの国語によって表現しやすい二つの人格を、いつのまにか、うまく使い分けているのは確かであるらしい。心なしか私には、彼女が（　ウ　）を使うときは「おとなしく」、（　エ　）を使うときは「手ごわく」見えてくるのである。

　こうした事実は、おそらく、使用する言語のちがいによって、

（　②　）ことを示している。一般によく言われるように、身ぶり手ぶりよろしく母音をふんだんに響かせるイタリア語は、陽気なイタリア人をつくり、抑制のきいたキングズ・イングリッシュは、落ち着いたイギリス人をつくるといったことも、あながち、俗論とA（　　）は言いきれまい。その点からすれば日本語は、比較的、おとなしくc 平板な国民を生み出しているように思われる。

　さらに、ストレートな表現、あいまいな表現などが、そのままストレートな性格、あいまいな性格に通ずるものだとするならば、やはり日本語は、かなりあいまいな日本人を製造しているのではあるまいか。それを検証しようとするならば、たとえば、わが同胞が女性をデートに誘うときのセリフでも考えてみるにしくはない。

「あのう、よろしかったら、ちょっとそのへんで、お茶でも飲んでいきませんか。」

　まず彼は、B（　　）と呼びかけることをせず、「あのう」という形でC（　　）相手の注意をd 喚起する。続いて「よろしかったら」と言いながら、自己主張をD（　　）にする。さらに、「ちょっと」とつけ加えて軽いe 物言いとし、「そこ」と言わず「そのへん」、「お茶」と言わず「お茶でも」とE（　　）のである。当然ながら女性の方も、「ええ、では」とか、「そうね、じゃあ、まあ」とか、あいまいな返事でそれにこたえるしかなく、わがイタリアの友人などからすれば、③ さぞかし歯がゆい話であるにちがいない。

设问

【問1】　a〜eの日本語の漢字の読み方をひらがなで書きなさい。
　　　　a　　　　　b　　　　　c　　　　　d　　　　　e

【問2】　A〜Eの（　　）に最も適当なものをabcdから一つ選んでその記号を書きなさい。
　　　　A（　）　a　だけ　　　　　　b　のみ

第十一课

		c しか		d ばかり
B (　)	a さっぱり		b しっかり
	c きっぱり		d ゆっくり
C (　)	a ぼんやり		b どんより
	c はっきり		d すっかり
D (　)	a ちゃくじつ		b けんじつ
	c かくじつ		d あいまい
E (　)	a まぎらす		b ぼかす
	c ごまかす		d だます

【問3】 どういうときに「① 不思議な感覚におそわれる」のか。
  a 2か国語が交錯して混乱しているとき
  b 2人とも二重人格者になるとき
  c 4人で会話をしているとき
  d 2か国語を使い分けているとき

【問4】 （ ア ）（ イ ）（ ウ ）（ エ ）に入る言葉の組み合せとして、適当なものはどれか。
  a ア: フランス語 イ: 日本語　ウ: フランス語 エ: 日本語
  b ア: フランス語 イ: 日本語　ウ: 日本語　エ: フランス語
  c ア: 日本語　イ: フランス語 ウ: フランス語 エ: 日本語
  d ア: 日本語　イ: フランス語 ウ: 日本語　エ: フランス語

【問5】 （ ② ）に入る文として、適当なものはどれか。
  a 私たちの性格もまた大きく異なってくる
  b 私たちの性格が影響を与えている
  c 私たちの国民性が決まるわけではない
  d 私たちはあいまいな表現を使うようになる

【問6】 「③ さぞかし歯がゆい話であるにちがいない」というのは

どういうことか。
a いらいらするだろう
b 怒り出すだろう
c がっかりするだろう
d 喜ぶだろう

【問7】 本文に出ている日本語とフランス語の違いについて、三十字以内で説明しなさい。

词　汇

みごと	（形動）	漂亮,好看；娴熟,精彩。
あやつる	（他五）	驾驭,掌握。
くるくる	（副）	不停地,不断地。
かけめぐる	（自五）	到处跑,奔走。
交差(こうさ)	（名・自サ）	交叉。
おそう	（他五）	袭击,侵袭,侵扰。
二重人格者(にじゅうじんかくしゃ)	（名）	双重人格的人。
頼みごと(たの)	（名）	拜托的事。
持ちかける(も)	（他一）	开口说,劝说,动员。
返答(へんとう)	（名・自サ）	回答,回话。
言葉をにごす(ことば)	（词组）	含糊其辞。
詮索(せんさく)	（名・他サ）	探讨,探索。
さておく	（他五）	暂且不管,姑且不提。
おおよそのところ	（词组）	大体上,大致上。

ストレート	（形动）	直接，直截了当。
いずれにしても	（副）	反正，总之。
いつのまにか	（词组）	不知不觉，不知什么时候。
使い分ける（つか・わ）	（他一）	区别使用，灵活使用。
心なしか（こころ）	（副）	或许是心理作用吧，或许是主观印象吧。
手ごわい（て）	（形）	难对付的，难以战胜的。
手振り（てぶ）	（名）	手势。
母音（ぼいん）	（名）	元音。
ふんだん	（形动）	很多，许多。
響く（ひび）	（自五）	响，回响。
陽気（ようき）	（形动）	开朗，欢快。
抑制（よくせい）	（名・他サ）	抑制，控制。
キングズ・イングリッシュ	（名）	标准英语。
落ち着く（お・つ）	（自五）	稳重，沉着。
あながち	（副）	（后接否定词）不一定，未必。
言い切る（い・き）	（他五）	断言，断定。
平板（へいばん）	（名・形动）	呆板，死板。
同胞（どうほう）	（名）	同胞。
セリフ	（名）	说法，言辞。
しくはない	（词组）	最好的，再好不过的。
きっぱり	（副）	断然，干脆。
ぼんやり	（副）	模糊，不清。
喚起（かんき）	（名・他サ）	唤起，引起。
物言い（ものい）	（名）	说法，措辞。
ぼかす	（他五）	使（语言）暧昧，模棱两可。
さぞかし	（副）	想必，一定。
歯がゆい（は）	（形）	令人心烦的，令人焦急的。

句　型

なんだか　（不知为什么）总觉得……。
① このあたりはなんだか気味が悪いね／这一带总让人觉得有些毛骨悚然。
② あなたと話していたら、なんだか少し気分が楽になってきた／和你聊了以后,我觉得轻松多了。
③ 彼は最近なんだかわたしのことを避けているような気がする／我觉得他最近好像总躲着我。

～ように思われる　我想,我觉得,我认为。
① 心なしか彼の表情がかげったように思われた／或许是我的主观印象吧,他的表情让人觉得有些闷闷不乐。
② パソコンは一人に一台あったほうが仕事の能率も上がるように思われますが、購入するわけにはいきませんか／我想如果能每人一台电脑,一定会提高工作效率,能不能给我们每人买一台啊。
③ 国民一人一人の幸せを考えることは首相としての当然の義務であるように思われますが、首相はいかがお考えでしょうか／我们认为,为每个国民谋福祉是首相义不容辞的职责,首相您以为如何呢?

～しかなく　只有,只好。
① 高すぎて買えないから、借りるしかないでしょう／太贵了,买不起,只好租了。
② そんな学校がいやならやめるしかない／如果你那么不喜欢上学,那就只好退学了。
③ ここまで来ればもう頑張ってやるしかほかに方法はありませんね／已经到了这个地步,只有硬着头皮干了。

本文Ⅱ 次の文章を読んで、後の問いに答えなさい。

　多くの生物は左右対称のからだの構造をもっている。私たち人間の顔の作りや手足なども、鳥の羽や昆虫の手足や羽も、左右対称になっていることが多い。これらの構造は、理想的には対称になるはずなのだが、実際は、細かくみれば本当に対称ではない。A（　　）、誰の顔をみても、目、鼻、口、眉のa 造作に（　①　）。

　FAとは、生物のからだのいろいろな部分の対称性が理想的な対称から微妙にずれている度合いを表わす。これが行動生態学とどんな関係があるのだろう？手足や顔のような左右対称の構造は本来遺伝的にはきっちり対称になるように設計されているはずB（　　）、発生の途上のさまざまな悪条件や事故、疾病などによって、本来の完全な対称は達成されないことが多い。

　そこで、② これらの構造に関して、きちんと対称になっている個体がいたとしたら、その対称性は、発生途上の厳しい条件にもかかわらず達成されたのだから、その個体が遺伝的に非常に強いことを物語っているのかもしれない。C（　　）、③ 雌は、配偶者の選り好みをするときに、雄の形質の対称性のゆらぎに注目しているかもしれないのである。

　これまで、昆虫の左右の四枚の羽、鳥の左右の羽、魚の左右のb 鰭などに関して、④ FAの少ない個体、すなわち、より完全な対称に近い個体ほど、繁殖成功度が高いことが、いろいろな種でみつかっている。

　しかし、これには二つの意味がある。鰭や羽は、実際にその生物が暮らしていく上で重要な器官であり、それは対称的であるほど効率よく働く。ツバメの尾羽には、左右二本だけすーっと長い羽があるが、それが左右対称でなければ、飛翔にc 支障がでる。そこで、そのような、実際の生活上で機能している器官が対称である個体は、異性にもてるかどうかとは別に、生存率やd 寿命のうえで（　⑤　）はずだ。

　一方、クジャクの大きな飾り羽で代表されるような、雌に対する

求愛のe小道具の役割だけを果たしている器官には、実際の生活上の機能はない。D(　)、飾り羽が左右対称でなくても、飛んだり走ったりすることに支障はないのである。E(　)、そのような器官も対称に作られていることが多い。⑥それは、その器官のFAに着目して、雌が雄を選んできたからなのだろうか？

このことに関しては、まだ決着がついていない。器官の対称性が、雌の配偶者選びの重要な指標になっているかどうかも、対称性が本当に遺伝的な強さを表わしているのかどうかも、まだ、論争の余地がある。私たちも、最近、クジャクの羽のFAと繁殖成功との関係を研究しているが、決定的な結論は得られていない。

設問

【問1】　a～eの日本語の漢字の読み方をひらがなで書きなさい。
　　　　a　　　　b　　　　c　　　　d　　　　e

【問2】　A～Eの(　)に最も適当なものをabcdから一つ選んでその記号を書きなさい。
　　　　A (　)　a　すなわち　　　　b　たとえば
　　　　　　　　c　したがって　　　　d　そこで
　　　　B (　)　a　なので　　　　　b　だが
　　　　　　　　c　なのに　　　　　d　である
　　　　C (　)　a　そうだとすると　b　それでも
　　　　　　　　c　それから　　　　d　それにもかかわらず
　　　　D (　)　a　つまり　　　　　b　それから
　　　　　　　　c　やはり　　　　　d　すると
　　　　E (　)　a　それで　　　　　b　それはそうとして
　　　　　　　　c　それにもかかわらず d　それゆえに

【問3】　(　①　)に入る文として、適当なものはどれか。
　　　　a　左右のずれはまったくないものだ

b　多少の左右のずれはあるものだ
　　c　はっきりした左右のずれがあるものだ
　　d　理想的ずれがあるものだ

【問4】「② これら」とあるが、何を指しているか。
　　a　さまざまな悪条件を作る構造
　　b　本来の完全な対称が達成されなかった構造
　　c　手や足のような左右対称の構造
　　d　微妙に対称性がずれた構造

【問5】「③ 雌は、配偶者の選り好みをするときに、雄の形質の対称性のゆらぎに注目しているかもしれないのである」といっているが、筆者はなぜこう思ったのか。
　　a　対称性のゆらぎの多いものほど遺伝的に強いと考えられるから
　　b　正確に左右対称の個体は遺伝的に強いと考えることができるから
　　c　正確に左右対称であるなしにかかわらず、雌は好きな雄を選ぶから
　　d　正確に左右対称であっても、遺伝的に強いとは考えにくいから

【問6】「④ FAの少ない個体」とは、どんな個体か。
　　a　対称性のずれがない個体
　　b　対称すぎて魅力が少ない個体
　　c　対称性のずれが少ない個体
　　d　対称性のゆらぎが大きい個体

【問7】（ ⑤ ）に入る言葉として、適当なものはどれか。
　　a　有利である　　　　　　　　b　不利である

c　危険である　　　　　　　　d　無用である

【問8】「⑥ それは、その器官のFAに着目して、雌が雄を選んできたからなのだろうか?」と筆者が考えるのはなぜか。
　　a　すべての器官が左右対称になっているとはいえないから
　　b　求愛の小道具の器官が左右対称になっていないから
　　c　生活上で機能している器官が左右対称になっているから
　　d　求愛の小道具の器官が左右対称になっているから

词　汇

生物(せいぶつ)	(名)	生物。
左右対称(さゆうたいしょう)	(名)	左右対称。
作り(つく)	(名)	样子,形状。
手足(てあし)	(名)	手脚,手足。
昆虫(こんちゅう)	(名)	昆虫。
造作(ぞうさく)	(名・他サ)	面孔,容貌。○~のはっきりした顔立ち/五官端正的脸庞。
FA＝fluctuating asymmetry		波动不对称。
微妙(びみょう)	(形動)	微妙的。
ずれる	(自一)	偏离,不一致。○話が~/话不投机。
度合い(どあい)	(名)	(适当的)程度。
行動生態学(こうどうせいたいがく)	(名)	行动生态学。
疾病(しっぺい)	(名)	疾病。
達成(たっせい)	(名・他サ)	达成,成就,完成。
雌(めす)	(名)	雌,母。
選り好み(よ・ごの)	(名・他サ)	挑拣,只挑自己喜爱的。

雄(おす)	(名)	雄,公。
形質(けいしつ)	(名)	(生物具有的)形状特征和性质。
ゆらぎ	(名)	起伏,波动。
鰭(ひれ)	(名)	鳍,鱼鳍。
より	(副)	更,更加。○～難しい/更难。
繁殖(はんしょく)	(名・自サ)	(动植物)繁殖。
効率がよい(こうりつ)	(词组)	有效率,高效。
ツバメ	(名)	燕子。
尾羽(おばね)	(名)	尾羽,舵羽,尾屏。
すーっと	(副)	细长,颀长。
飛翔(ひしょう)	(名・自サ)	飞翔。
支障(ししょう)	(名)	障碍,阻碍。
もてる	(自一)	受欢迎,有人缘。○女性に～/受女性追捧。
生存率(せいぞんりつ)	(名)	存活率。
寿命(じゅみょう)	(名)	寿命。
クジャク	(名)	孔雀。
飾り羽(かざ・はね)	(名)	孔雀的羽毛。
小道具(こどうぐ)	(名)	小道具,小器具。
着目(ちゃくもく)	(名・自サ)	着眼(于)。
決着がつく(けっちゃく)	(词组)	有结论,解决,了结。
配偶者(はいぐうしゃ)	(名)	配偶(丈夫或妻子)。
指標(しひょう)	(名)	标志,目标。
余地がある(よち)	(词组)	有余地,绰绰有余。

句　型

～はずだ　应该,理应,当然。
① あれから四年たったのだから、今年はあの子も卒業のはずだ/从

那以后已经过了四年,今年那孩子也该毕业了。
② この道をまっすぐ行ってください。10分くらいで大学に着くはずです/顺着这条路一直往前走,十分钟就可以到大学了。
③ 今はにぎやかなこの辺りも、昔は静かだったはずだ/现在这一带真热闹,可过去这里还是很安静的。

"～はずだ"可以用于第三者的行为,但不能用于说话人本人的行为。对于说话人本人的行为要使用"～つもりだ"、"～う・ようと思う"、"～予定だ"等形式。例如,✕ 私は来年帰国するはずです。
○ 私は来年帰国する予定です。

～に関して　有关……,关于……
① その事件に関して学校から報告があった/有关那件事,已经得到了学校方面的汇报。
② その問題に関して質問したいことがある/关于那个问题,我有问题要问。
③ 日本文化に関しての本を読んでいる/正在阅读有关日本文化方面的书。

"～に関して"与"～について"相比,是一种较为郑重的说法。后续名词时,使用"～に関しての"或"～に関する"的形式。

第十一课

第十二课

本文Ⅰ 次の文章を読んで、後の問いに答えなさい。

　今ここで「カタカナ語」というのは、主として英米語からのa <u>借用語</u>で、カタカナ表記して日本語文のなかに混ぜて用いる言葉である。

　A(　　)、「百貨店の地下の食品売り場」という代わりに「① <u>デパチカのフードコーナー</u>」という。ここで「チカ(地下)」と助詞「の」以外はすべて借用語で、本来の日本語ではない。借用語の元は英米語だろうが、それをカタカナで表記し、その読みに従えば、B(　　)ほとんど原語の音(発音とアクセント)をとどめない。「コーナー」の場合には意味も違う。売り場は広大だから英米語で「corner」とは言わない。故に、「デパチカのフードコーナー」という発語(または表記)は日本語でもなく、英米語でもない。

　私がそれを理解できるのは、私が日本語や英語を知っているからではなく、カタカナ語をいくらか知っているからである。カタカナ語の知識が限られていれば、そもそも文章の意味をb <u>測り</u>かねることも少なくない。

　「ゴールデンウイークプラン　夕朝食バイキング」はわかるが、「サンバレーにフォレスト・ヴィラ　アクア・ヴィーナスにアネックスツイン」は何のことか私には見当がつかない。これは最近日刊新聞の広告らんに見たものである。すなわちカタカナ語は、実際に日本で義務教育を受けた人間の間のコミュニケーションに大きなc <u>障害</u>をつくりだす。

　学者の中には、「一般に借用語を多く導入するのは、その言語に

活力がある証拠で、むしろめでたい。現に日本語は中国から多くの語を輸入してその表現力を豊かにしてきたではないか」という論議がある。しかし、昔の日本人は借用語によって日本語の語彙を拡大してきたので、日本語で言えることを借用語で表現して話をわかりにくくしてきたのではない。

　最近、文部科学省に英語教育を小学校の必修科目にしようという動きがあることを知った。私は日本全国の小学生に英語の学習を強制すれば、日本国民が、英語を話すようにはならず、カタカナ語を今よりもっと多用するようになるだろう、と思う。

　小学校での英語教育を思いついた人たちは、外国語教育は早く始めた方がよいと考えたのであろう。② 日本の子供を英語国の小学校に入れれば、たちまち英語を流暢に話すようになる。その国に赴任した両親よりもはるかに短い期間に、はるかに正確に英語を話す。

　しかしその場合と、日本の小学校の「英語の時間」とは、条件が全く違う。日本では学校の「英語の時間」の外部の環境において——学校でも、家庭でも、社会でも、TVでも——、子供の生活は英語を必要としない。C(　　)それを習う自覚的動機は弱い。言うなれば、よほど強い動機がなければ、——その強い動機が突然英語国の小学校に入れられた子供たちにはある——、日本語から英語へなめらかに移行するなどというd芸当が少しでもできるD(　　)。

　E(　　)強制すれば、出口は日本語でも英語でもない、コミュニケーションの手段としてきわめて不便なカタカナ語にもとめる他はなくなるだろう。

　カタカナ語はカッコがよいのではない。英語の強制が生み出すe挫折のはけ口なのだ。

设　问

【問1】 a〜eの日本語の漢字の読み方をひらがなで書きなさい。
　　　　a　　　　b　　　　c　　　　d　　　　e

第十二课

【問2】 A～Eの(　　)に最も適当なものをabcdから一つ選んでその記号を書きなさい。

A (　)　a　さて　　　　　　b　では
　　　　c　しかし　　　　　d　たとえば
B (　)　a　たぶん　　　　　b　おそらく
　　　　c　もはや　　　　　d　やはり
C (　)　a　ところが　　　　b　したがって
　　　　c　というのは　　　d　または
D (　)　a　はずだ　　　　　b　わけだ
　　　　c　はずはない　　　d　わけではない
E (　)　a　だから　　　　　b　しかし
　　　　c　また　　　　　　d　あえて

【問3】 筆者の言う「カタカナ語」について、正しいものはどれか。
a　英米語でも日本語でもない
b　英米語の発音をそのままとどめている
c　英米語の意味をそのままとどめている
d　日本語をカタカナで表記している

【問4】 筆者が、「① デパチカのフードコーナー」という言葉が理解できるのはなぜか。
a　英米語の意味をよく知っているから
b　英米語の発音ができるから
c　義務教育を受けたから
d　カタカナ語の知識があるから

【問5】 筆者は、「カタカナ語」が日本人の言語活動に与えた影響をどのように述べているか。
a　日本人の間で話をわかりにくくしている

b 日本語の語彙を拡大している
c 日本語に活力を与えている
d 日本語の表現力を豊かにしている

【問6】 「② 日本の子供を英語国の小学校に入れれば、たちまち英語を流暢に話すようになる」のはなぜか。
a 外国語教育は早くから始めたほうが効果が上がるから
b 子供は大人より短い時間で適応する力があるから
c 英語を覚えなければならない、という強い動機があるから
d 英語国の小学校は教育のしかたが優れているから

【問7】 筆者は、日本の小学生に英語の学習を強制すると何が起こると予想しているか。三十字以内で説明しなさい。

词汇

カタカナ語	（名）	片假名词汇。
借用語（しゃくようご）	（名）	借用词。
表記（ひょうき）	（名・他サ）	书写。
混ぜる（ま）	（他一）	混合，混同。
売り場（う・ば）	（名）	柜台。
フード	（名）	食品，食物。
もはや	（副）	已经。
原語（げんご）	（名）	原文，原话。
とどめる	（他一）	留住，保留。
故に（ゆえ）	（接续）	因而，故而。

発語(はつご)	(名)	发言,讲话。
測る(はか)	(他五)	推测,推想。
ゴールデンウイーク 　プラン	(名)	黄金周计划。
バイキング	(名)	自助餐。
見当がつく(けんとう)	(词组)	大致明白,大体知道。
障害(しょうがい)	(名)	障碍,故障。
めでたい	(形)	可贺的,可喜的。
語彙(ごい)	(名)	词汇。
必修科目(ひっしゅう 　かもく)	(名)	必修课。
強制(きょうせい)	(名・他サ)	强制,强迫。
多用(たよう)	(名・他サ)	多用,滥用。
流暢(りゅうちょう)	(形动)	流畅的,流利的。
赴任(ふにん)	(名・自サ)	赴任,上任。
はるか	(副・形动)	远远,差距大。
言うなれば(い)	(词组)	说来,说起来。
よほど	(副)	很,颇,相当。
なめらか	(形动)	流利,顺利。
あえて	(副)	非要,硬要。
芸当(げいとう)	(名)	演艺,演技。
カッコがよい	(词组)	真帅,真棒。
はけ口(ぐち)	(名)	(感情等的)发泄对象。
挫折(ざせつ)	(名・自サ)	挫折,失败。

句　型

～かねる　不能……,难以……。

① 彼は能力はあるが、協調性がなく、わたしには扱いかねる存在
　だ/他虽有能力,但缺乏协作性,我难以应付。

② バーゲンセールでお買いになったものはお取り換えいたしかね

ます/促销期间的商品恕不调换。
③ 残念ながら、そのご提案はお受けいたしかねます/非常抱歉,您的建议,我们很难接受。

～はずがない　不可能……,不会……。
① あの温厚な人がそんなひどいことをするはずがない/那个敦厚的人不会干那种不讲道理的事。
② 鍵がない？そんなはずがない。さっき机の上に置いたんだから/钥匙没了？不可能,刚才还放在桌子上的。
③ これは君の部屋にあったんだよ。君が知らないはずがない/这个就在你的房间里,你不可能不知道。

～ほかはない　只有,只好,只得。
① 気は進まないが、上司の命令であるので従うほかはない/虽不愿意,但因是上司的命令,只得服从。
② 誰も代わりに行ってくれる人がいないので、自分で行くほかはない/因没人替我去,只好自己去。
③ 体力も気力も限界だ。この勝負はあきらめるほかはない/不论体力还是精力都已到了极限,只好放弃这次比赛。

　　书面语形式,另有"ほかすべがない"、"しか手がない"等表达方式。口语中使用"しかない"、"ほかしかたがない"等表达方式。

本文Ⅱ　次の文章を読んで、後の問いに答えなさい。

　　さきに記したように、日本で私のようなおしゃべり人間が損をしがちなのは、日本人の言語習慣に深く根ざした現象であろう。日本の人間関係では①「言わなくても察する」という非言語コミュニケーションが重視される。これは、農耕、漁労などの共同労働を通じて地域の人々が皆気持ちを通じあっていたムラ的社会の心情が今も残っているからだろう。そこにはa 気配りや思い遣りなど

捨て難い美点もあるが、それらが物事を明確に処理すべき場にまで持ち込まれ、国政の重要事項に関する駆け引きが政治家同士のb腹芸で決まるなんてことは感心しない。その点で欧米は、国情による多少の差はあっても一般に日本に比べればずっと言葉社会である。アメリカの大統領選挙でテレビ討論、つまり言葉による戦いが重視され、そこで話された言葉が一回ごとに支持率に反映するのを見ると②つくづくそう思う。

　この違いは家族についてもあって、日本の家族はあまりしゃべらないで、日常的な接触を通じてお互いの気持ちを察しあい、非言語コミュニケーションに頼って人間関係を処理する傾向が強い。もちろん家庭は他人と関わる外の社会とは違い、私的な共同体なのだから思い遣りや気配りの役割も大切である。A(　　)そうした非言語コミュニケーションが十分に機能するためには条件がある。それは黙っている相手の気持ちを察するにはある程度長い接触時間が必要だ、ということだ。日本の昔の住まい方は③この条件を問題なく満たしていた。子供部屋が稀であった時代には、家族は皆茶の間に居て夕食から就寝まで接触し続けていたからである。しかしだからと言って「(　④　)」というふうに後ろ向きに考えてはならないだろう。自分の子供の頃を思い出してみれば分かることだが、子供は必ずしも家族c団欒を楽しんで茶の間に居つづけたのではなく、他に行く場所がないから仕方なく居たという面もあるのだ。

　欧米の家族はよくしゃべる。外国の友人と会っても、映画などを見ても、夫婦が毎日のように「愛している」と言いあう場面によく出会う。まぁこれは日本人には照れ臭くて、真似できないし、そうする気もないが、「黙っていては分からないから言葉で表現する」という習慣の典型として見れば興味深い。これは家族全体の関係でもそうで、私が過去に接したアメリカ人の家族は親子でもよくしゃべる。B(　　)夫が子供との会話で妻に触れる時に、日本のように「お母さん」とは決して言わずyour motherと言うのが印象的

だ。つまり彼女はお前の母親であって、自分にとっては母親ではなく妻だということを、ごく自然に言語化しているのだ。母親が子供と夫の話をする時もyour dadになるのだろう。

　思うにこういう言葉づかいは、子供を幼くても人格を備えた「個」、つまり年齢に応じてではあるが⑤「他人」の部分もそれなりにある存在としてとらえることから発しているのだろう。子供部屋の存在を前提にすれば、日本の現代の家族も⑥この段階に達しているのではないか。C(　　)子供部屋というものは、家族それぞれが「個」として認めあい、その結果として個室を持つ欧米の、それも都市的な住宅様式の一部なのだ。

　そうであるとすれば、子供が子供部屋に閉じこもるのをd嘆く人は、その原因の少なくとも一部が、家族の関わりを子供部屋のなかった時代、つまりお茶の間時代の非言語コミュニケーションに頼っていることにありはしないか、と考えてみる必要がありそうだ。個室を前提とした住まい方は、実は言語表現とワンセットなので、日本の子供部屋問題は家族の会話、言語による自己表現能力の訓練をなおざりにして、e間取りだけ輸入したことにあるのではないか。

设 問

【問1】　a～eの日本語の漢字の読み方をひらがなで書きなさい。

　　　a　　　　　b　　　　　c　　　　　d　　　　　e

【問2】　A～Cの(　　)にどの言葉を入れたらいいか、下記のabcから一つずつ選んで、その記号を書き入れなさい。

　　　a　つまり　　　　b　しかし　　　c　そして

| A | B | C |

【問3】　「①言わなくても察する」が重視されるとあるが、なぜか。

第十二课

a ムラ社会ではおしゃべりな人は嫌われるから
b 気配りや思い遣りが重要視されないから
c 共同作業を通じて、人々が気持ちを理解してきたムラ社会構造が残っているから
d 農耕・漁労などに従事する人は、作業内容がわかっているので言葉で指示する必要はないから

【問4】「② つくづくそう思う」とあるが、何を思うのか。
a 国政の重要事項に関することも政治家の腹芸で決まってしまうこと
b アメリカは日本よりずっと言葉社会であること
c アメリカでもまだムラ社会の心情が残っていること
d アメリカの大統領選挙ではいつもテレビ討論会が行われること

【問5】「③ この条件」とは、どんなことか。
a 長い接触時間が必要なこと
b 気配りや思い遣りが必要なこと
c 家の真ん中に茶の間があること
d 家族がいつも家にいること

【問6】（ ④ ）に入る文として、適当なものはどれか。
a 今はいい　　　　　　　b 今もよくない
c 昔はよかった　　　　　d 昔はよくなかった

【問7】「⑤ 他人」とあるが、ここではどういう意味か。
a 子供もある年齢を過ぎると、親と他人のような関係になるという意味
b 子供を大人と同じに扱い、親であっても子供に丁寧な言葉を使うという意味

c　子供であっても、一人の「個」をもつ人間として扱うという意味
　　d　親子は結局他人であるという意味

【問8】「⑥ この段階」とは、どんな段階か。
　　a　家族の中でも一人一人を人格のある個として認める段階
　　b　都市的な生活様式が送れるような段階
　　c　親子の間でも会話がよく行われる段階
　　d　言語による自己表現能力がついてきた段階

【問9】この文章の内容と合っているものはどれか。
　　a　日本は住まい方だけを輸入し、言語による自己表現能力を磨かなかったため子供が閉じこもってしまうことが多くなった
　　b　家族が黙っていても気持ちが通じ合うのは今も昔も同じである
　　c　日本人は非言語コミュニケーションで、思いやりの心を育てるべきである
　　d　非言語コミュニケーションに頼っている限り、都会的な生活は送れない

词　汇

住まい(す)	(名)	住宅,居所。
記す(しる)	(他五)	写下来,记下,记住。
おしゃべり	(名・形動)	多嘴,饶舌。○～な人／喋喋不休的人。
損(そん)	(名)	吃亏,损失。○～して得取る／吃小亏占大便宜。
根ざす(ね)	(自五)	生根,扎根;起因,基于。
察する(さっ)	(他サ)	推察,推测;体察,体谅。

コミュニケーション	（名）	（思想或感情的）交流,沟通。
～あう		（接动词连用形后）互相……。○助け～/互相帮助。○話し～/交谈,商量。
ムラ的(てき)	（形动）	村落性质的,村落般的。
気配り(きくば)	（名・自サ）	照料,照顾。
思い遣り(おも・や)	（名）	体谅,体贴,同情(心)。
駆け引き(か・ひ)	（名・自サ）	策略,计策;讨价还价。
農耕(のうこう)	（名）	耕作,种田。
漁労(ぎょろう)	（名）	渔捞,捕鱼。
美点(びてん)	（名）	长处,优点。
持ち込む(も・こ)	（他五）	带入,拿进。
腹芸(はらげい)	（名）	有胆略,有胆识。
感心(かんしん)	（名・自サ）	佩服,钦佩。
つくづく	（副）	深感,痛感。
関わる(かか)	（自五）	有关系,关系到。○名誉に～/关系到名誉。
稀(まれ)	（形动）	稀少,稀罕。○～に見る/少见,罕见。
茶の間(ちゃ・ま)	（名）	起居室（日本式住宅中兼作内客厅和饭厅的房间）。
就寝(しゅうしん)	（名・自サ）	就寝,睡觉。
～続ける(つづ)		（接动词连用形后）继续……。○ベルが鳴り～/铃声不停地响。
後ろ向き(うし・む)	（名・形动）	消极的,倒退的。
団欒(だんらん)	（名・自サ）	团聚,团圆。○一家～/一家团圆。
照れ臭い(て・くさ)	（形）	害羞的,难为情的。
気がない(き)	（词组）	没兴趣,无意。

親子(おやこ)	(名)	父母和子女。
触れる(ふ)	(自一)	言及,提到。○問題点に～/言及问题要害。
思うに(おも)	(副)	我以为,想来。
備える(そな)	(他一)	具备,具有。
それなり	(名・副)	相应的,恰如其分的。
個室(こしつ)	(名)	单人房间,单间。
閉じこもる(と)	(自五)	闷在家里,闭门不出。
嘆く(なげ)	(自他五)	伤心,悲伤。
少なくとも(すく)	(副)	至少,最起码。
ワンセット	(名)	一套,一组。
なおざり	(形動)	马虎,忽视。
間取り(まど)	(名)	房间布局,平面布置。

句　型

～を通じて　通过……。
① その話は山田さんを通じて相手にも伝わっているはずです/那件事应该是通过山田转达给对方了。
② A社はB社を通じてC社とも提携関係にある/A公司通过B公司也和C公司建立了合作关系。
③ インターネットを通じてのコミュニケーションには、やはり限界がある/通过因特网进行的交流还是有一定局限的。

～がたい　难以,不可,不能。
① 信じがたいことだが本当なのだ/这件事虽然难以置信,但确实是真的。
② あいつの言うことは何の根拠もないし常識はずれで、とうてい理解しがたい/那家伙说的话没有任何根据,又不符合一般常理,实在叫人费解。
③ 恩を受けた先生の頼みなので、断りがたい/这是恩师托办的事,

我不好拒绝。

　　常用的表达方式有"想像しがたい"、"認めがたい"、"受け入れがたい"、"賛成しがたい"、"言いがたい"、"表しがたい"等等。

～なんて　简直太……，真是太……。
① そんなふざける話なんて聞きたくないよ/如此出格的玩笑，简直让人受不了。
② 出席したのに、欠席だなんてひどい/我明明听课了，却说我旷课，岂有此理！
③ あんな大きなケーキを一人で食べるなんて信じられない/他一个人吃这么个大蛋糕，真让人难以置信。

　　一种常用的口语说法，表示说话人生气、责备、惊讶等的语气。也有后接否定形"～なんて～ない"的形式。

～ごとに　每……。
① この目覚まし時計は5分ごとに鳴る/这个闹钟每隔五分钟响一次。
② この季節は一雨ごとに暖かくなるという/人们说这个季节是每下一场雨就暖和一些。
③ 彼は、会う人ごとに今度建てた家を自慢している/他逢人就吹嘘这次盖的房子。

　　"ごとに"表示以相同的间隔重复同一内容，而意思接近的"たびに"没有这种含义。

～だからと言って　（但不能）因此而……。
① 私は彼が好きだ。しかし、だからといって、彼のすることは何でもいいと思っているわけではない/我很喜欢他。但这并不意味着因此我觉得他做的事都是对的。
② 今この店で買うと50パーセント引きだそうだ。しかし、だから

といって、いらないものを買う必要はない/听说现在在这家店里买东西打五折,但没必要因此买些没用的东西。
③ 確かに、あの会社は待遇がいい。しかし、だからといって、今の仕事をやめるのには反対だ/那家公司待遇确实不错,但我还是反对你因此而放弃现在的工作。

～に応じて　根据……,按照……。
① 物価の変動に応じて給料を上げる/根据物价的浮动情况来提高工资。
② 売行きに応じて生産量を加減する/根据销售情况来调整产量。
③ その人の収入に応じて納税額も異なってくる/根据个人的收入情况纳税数额也不同。

动词连用形＋はする　表示强调。
① 坂田さんはアルバイトに遅れはするが、ぜったいに休まない/坂田打工时,有时候会迟到,但绝不请假。
② かれは人前に行きはするが、だれともしゃべらない/他可以在人面前露面,但跟谁都不说话。
③ 誰も責めはしない。悪いのは私なのだから/我不责怪任何人,因为是我不好嘛。

第十三课

本文Ⅰ　次の文章を読んで、後の問いに答えなさい。

　「ごちそう」とはどんな食べ物のことか、フランスの友人と話し合ったことがある。私が「生きのいい魚を使った刺し身が一番先に浮かんだ」と言うと、その友人は「ごちそうというのは、A（　　）じっくり焼いておいしいソースをかけた肉料理かな」と答えた。国による違いであろうか。もちろん、好みは人によってさまざまだから一概には言えないが、私たち二人のイメージをa<u>象徴</u>するb<u>三角形</u>の図を思い出した。

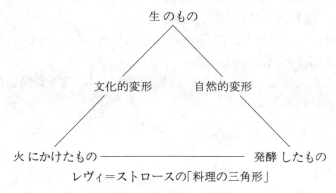

レヴィ＝ストロースの「料理の三角形」

　以前目にしたレヴィ＝ストロースの「料理の三角形」がそれである。レヴィ＝ストロースはこの分析によって、食文化論に大きな影響を与えたフランスの文化人類学者で1967年に『テーブルマナーの起源』の中でこの三角形を提示している。その著書で、食べ物は「生のもの」と「火にかけたもの」と「c<u>発酵</u>したもの」に分類できると述べている。「生のもの」とは言うまでもなく自然のままのもの

のことである。それを料理した文化的変形が「火にかけたもの」、放置した自然的変形が「発酵したもの」としている。B（　　）、生のものは文化的変形も自然的変形も加えられていない未開の存在であると定義している。

　このことは友人が言ったごちそうのイメージに通じるものがある。ストロースも友人も手を加えた料理をプラスイメージでd捉えている。加工なくして料理とは言えないのである。フランス語の料理するという意味の言葉は「キュイジーヌ（cuisine）」で、焼く、煮る、ゆでるという意味だ。C（　　）、英語の「クッキング（cooking）」も中国語の「ポンテイヤオ（烹調）」も熱を加えて処理するという意味を持ち、日本語の「料理する」の方が意味領域が広い。前者においては、熱を加えていない刺し身は原始的で、文化からほど遠いということになるのだろう。つまり、「手の込んだソースがたっぷりかかった料理」は文化的で、素材に近い刺し身は料理されていない未開の食べ物ということになってしまう。D（　　）、「生もの→新鮮なもの→ごちそう」という感覚を持つ日本人にすれば生きのいい魚の刺し身、特に生け造りは上等な料理の一つである。E（　　）、いい素材を選び、新鮮なうちにe手際よく料理してきれいに盛り付けることが、一流の料理人の腕とされている。生が一番という魚料理に対する価値観は、「生で食え、焼いて食え、煮て食え、捨ててしまえ」という序列をつけたことばの中にも見ることができる。

　「生のもの」をよしとするか、「火にかけたもの」をよしとするか、調理法とそれにともなうイメージにも文化の違いが見られる。

設問

【問1】　a〜eの日本語の漢字の読み方をひらがなで書きなさい。
　　　　a　　　　b　　　　c　　　　d　　　　e

【問2】　A〜Eの（　　）に最も適当なものをabcdから一つ選んでその記号を書きなさい。

第十三課

A ( )　a やっぱり　　　　　　b むしろ
　　　　c それでは　　　　　　d なんとか
B ( )　a または　　　　　　　b つまり
　　　　c あるいは　　　　　　d よくも
C ( )　a それに対して　　　　b 逆に
　　　　c 同様に　　　　　　　d でも
D ( )　a そして　　　　　　　b しかも
　　　　c すると　　　　　　　d しかし
E ( )　a そこでは　　　　　　b また
　　　　c そして　　　　　　　d それに

【問3】　次の文を読んで、本文の内容と合っているものには○を、違っているものには×を( )の中に入れなさい。

① ( ) 筆者とフランス人の友人はごちそうに対して同じイメージを持っていた。
② ( ) レヴィ＝ストロースは、ごちそうのイメージを三角形で表した。
③ ( ) レヴィ＝ストロースによると「発酵したもの」は未開の料理と考えられる。
④ ( ) 日本人は焼いた魚料理より、生の新鮮な魚料理の方が上等だと考えている。
⑤ ( ) 魚料理に対する価値観には文化の違いが見られる。
⑥ ( ) 「火にかけたもの」と「発酵したもの」は、変形が加わったという点では同じである。

【問4】　「生で食え、焼いて食え、煮て食え、捨ててしまえ」を、八十字以内で説明しなさい。

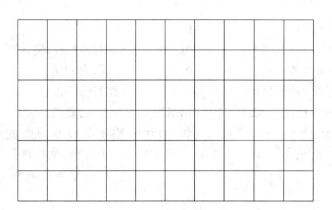

词　汇

生きのいい(い)	(词组)	(鱼肉、蔬菜等)新鲜。
浮かぶ(う)	(自五)	想起，涌上心头，浮现在脑海。
じっくり	(副)	慢慢地，不慌不忙地。
ソース	(名)	沙司。
一概に(いちがい)	(副)	(后接否定)一概，一律，无例外。
象徴(しょうちょう)	(名・他サ)	象征。
三角形(さんかっけい)	(名)	三角形。
目にする(め)	(词组)	看见，看到。
レヴィ＝ストロース	(人名)	莱维・斯特劳斯(Lévi-Strauss, Claude)，法国文化人类学者。
テーブルマナー	(名)	西餐礼节。
発酵(はっこう)	(名・自サ)	发酵。
生(なま)	(名・形動)	生，未经烧、煮(的食物)。
放置(ほうち)	(名・他サ)	放置，搁置。
未開(みかい)	(名)	未开化，未开垦。
手を加える(て・くわ)	(词组)	加工。
プラスイメージ	(名)	好的形象，好的印象。
キュイジーヌ	(名)	烹调，烹调法。
焼く(や)	(他五)	烧，烤。

第十三课

煮る(に)	(他一)	煮,烹,熬,炖。
ゆでる	(他一)	(用热水)煮,烫,焯。
クッキング	(名)	烹调,烹调法。
ほど遠い(とお)	(形)	(路)远,不近。
手の込む(て・こ)	(词组)	费工夫,复杂。
生け造り(い・づく)	(名・自サ)	整条鱼或整只虾的生鱼片。把鲜鲷、龙虾的生鱼片重新摆成整条鱼或整只虾形状的菜肴。
手際(てぎわ)	(名)	手腕,本领。
盛り付ける(も・つ)	(他一)	装盘。把食物整齐美观地盛在食器上。
腕(うで)	(名)	技能,本领。
序列をつける(じょれつ)	(词组)	排序。
調理法(ちょうりほう)	(名)	烹调法。

句　型

～によって　由于……,因为……。
① 居眠り運転によって発生する事故が多い/打盹开车发生的交通事故很多。
② 社長の交代によって社内の雰囲気が変わり、社員の労働意欲が高まった/因为换了社长,公司里的气氛得到改观,职员干活的积极性提高了。
③ 山の木を無計画に切ったことによって洪水が起こった/因为滥伐山上的树木引发了洪水。

言うまでもなく　不用说,当然。
① 言うまでもなく、それぞれの会社にはそれぞれのルールがある/不用说,各公司都有自己的规章制度。
② 言うまでもなく、完璧な人などいるはずがない/不用说,人无

完人。
③ 語学の学習においては、言うまでもなく、日々の積み重ねがもっとも大切である/在语言的学习方面,不用说,日常的积累最为重要。

~なくして~ない　如果没有……就没有……。
① スタッフ全員の協力なくして、プロジェクトの成功はない/如果没有全体员工的共同努力,就不会有项目的成功。
② 不断の努力なくして、夢を実現することはできない/如果没有不断的努力就不可能实现梦想。
③ お互いの文化を理解しようという気持ちなくして、真の国際交流は成り立たない/如果没有想要理解对方文化的态度,就不可能进行真正的国际交流。

~において　在……(地点),在……(时候),在……(方面)。
① 本日午前11時より、7番教室において、中級クラスの調査発表が行われます/今天上午11点开始,在7号教室举行中级班的调查发表。
② 大江健三郎は、日本文学において、歴史に残る作家の一人である/大江健三郎是名垂日本文学史的作家之一。
③ 子供の教育において重要なのは、知識を与えるだけでなく自分で考える力を持たせることだ/在孩子的教育上重要的不仅仅是给予他们知识,还要使他们具有独立思考的能力。

~にすれば　对……来说,就……而言。
① 梅雨の長雨も、農家の人にすれば恵みの雨ということになる/梅雨连绵对农民来说可谓及时雨。
② 我々が日々慣れ親しんでいることも、外国の人にすれば、奇妙に見えることがあるかもしれない/我们每天习以为常的事,对外国人来说,也许会觉得不可思议。

③ 彼にすれば、ほんの冗談のつもりだったのだろうが、社会的な問題にまで発展してしまった／他本意只是开开玩笑，可最后却发展成了社会问题。

〜にともなう　随着……,伴随……。
① ビザの延長にともなう手続きは複雑だ／延长签证的手续十分复杂。
② 少子化にともなう学生数の減少が教育界の大きな問題になっている／伴随着少子化，学生数量減少，这成为了教育界面临的重大问题。
③ 不況にともなうリストラによって失業者が増え、社会不安が増した／经济不景气产生的裁员引发失业人数的增加，从而增加了社会的不稳定因素。

本文Ⅱ　次の文章を読んで、後の問いに答えなさい。

「ふつう」ではないはたらき方を特権視するのは、若者ばかりではない。フリーターの親のなかには、つまらない就職をするくらいなら、フリーターのほうがましだと考える人々が存在する。

　バブル崩壊以降、親(大人)自身が、これまで自分たちがa 築いてきた社会に対する自信を失ってしまった。そうした親たちは、子供に対して「ふつうの就職をしろ」といえなくなってしまった。A（　　）、「自分は会社に縛られる生き方をしてきたが、せめて子供には① 自由な生き方を見つけて欲しい」と願っている節がある。

　一見すると、これは大変にもの分かりのいい態度のように感じられる。こうした親が、息子や娘のパラサイト・シングル・ライフを支えてくれることは、フリーターにとっては夢を追い続ける期間を延長できるわけだから、② 願ってもない好環境といえる。

　B（　　）、そうした親の姿勢は、子供たちの甘えのb 温床になっているどころか、若者にとっては、③ 新たなプレッシャーになっているのではあるまいか。こうした「もの分かりのいい親」の子供

は、④「ふつう」ないしは「ふつう以下」の就職を受け入れ難くなっているのではあるまいか。C（　　）親が、直接的に「夢を追い続けろ。ふつうのつまらない会社になんて就職するな。お前はビッグになれるはずだ」とプレッシャーをかけているわけではない。だが、モラトリアム期間が長くなれば長くなるほど、そのぬるま湯から抜け出すための心理的負担は大きくなる。そしてプライドと夢ばかりが大きくなってしまった若者は、自分から⑤敗北宣言が出来なくなってしまっているのではないか。その上、引導を渡すべき親が、あまりにもの分かりがいいので、子供としては引っ込みがつかなくなっているということも、あるのではないだろうか。

　現代の日本では「ふつう」はあまりに軽んじられている。D（　　）親が手に入れているような（そしてパラサイト・シングルが親を通じて現に今、c享受しているような）「ふつう」の生活は、ちょっと長めのd冒険的青春をおくった後でも、容易に手に入ると考えている。だが、⑥それは相当に難しくなっている。本当なら今時、モラトリアムを延長していられるような状態ではないはずなのだ。

　若者たちも、実は薄々それに勘づいている。それどころか、私が出会ったフリーターのうちのかなりの人数は、夢を語る一方で、親が手に入れたような「ふつう」の生活を達成するのが、いかに難しいかを訴えていた。多くの若者が正社員になり結婚して子供を持つという生活をしていないのは、E（　　）それがしたくないからではなくて、「ふつう」が難しいからであり、高いハードルとしての「ふつう」をe回避するが故の〈自分らしさ〉なのかもしれない。

设 问

【問1】　a～eの日本語の漢字の読み方をひらがなで書きなさい。
　　　　　a　　　　　b　　　　　c　　　　　d　　　　　e

【問2】　A～Eの（　　）に最も適当なものをabcdから一つ選んで

第十三课

その記号を書きなさい。

A（　）　a　それどころか　　　b　それから
　　　　　c　そればかりか　　　d　それなのに
B（　）　a　したがって　　　　b　だが
　　　　　c　というもの　　　　d　なぜなら
C（　）　a　つまり　　　　　　b　だけど
　　　　　c　もちろん　　　　　d　だから
D（　）　a　とすれば　　　　　b　こうなれば
　　　　　c　ともなれば　　　　d　いざとなれば
E（　）　a　別に　　　　　　　b　ほかに
　　　　　c　実に　　　　　　　d　殊に

【問3】「① 自由な生き方」とあるが、ここではどんな意味か。
　a　就職しないで親に支えてもらうという意味
　b　親の会社に就職して、自由にはたらくという意味
　c　会社に縛られない生き方をするという意味
　d　「ふつう」のはたらき方をするという意味

【問4】「② 願ってもない好環境」とあるが、どんな状態か。
　a　親が自信を失っていて、子供には何も期待していない状態
　b　親が会社に縛られていて、子供に何もいえない状態
　c　親が子供に自由な生き方を期待している状態
　d　子供が早く会社に就職することを親が期待している状態

【問5】「③ 新たなプレッシャー」とあるが、何がプレッシャーとなるのか。
　a　親の姿勢　　　　　　　　b　自分の姿勢
　c　仕事をさがすこと　　　　d　就職すること

【問6】「④『ふつう』ないしは『ふつう以下』の就職」とあるが、ど

んなことか。
a　夢が追えない、ふつうの会社に就職すること
b　夢を実現させるために、理想的な会社に就職すること
c　夢は追えないが、ビッグになれる会社に就職すること
d　夢を実現させるために、親の会社以下の会社に就職すること

【問7】「⑤敗北宣言が出来なくなってしまっている」とあるが、どんな意味か。
a　会社ではたらく意欲を失ったという意味
b　親からのプレッシャーに負けて、就職することにしたという意味
c　夢を諦めて、「ふつう」の会社に就職したいといえなくなったという意味
d　どうしても夢を諦められないという意味

【問8】「⑥それ」とあるが、どんなことか。
a　「ふつう」の生活をすること
b　冒険的青春をおくること
c　ぬるま湯の生活を続けること
d　夢を追い続ける生活を支えてもらうこと

【問9】この文章の内容と合っているものは次のどれか。
a　親は「ふつう」の就職をしてもらいたいと願っているが、子供は自由な生き方ができなくなるので、就職したがらない
b　親が子供を支えているために、子供は「ふつう」の就職に踏み出せずにいる
c　親子ともに「ふつう」の就職を願っているが、子供がふつうの就職を見つけるのは困難になっている
d　親が実現できなかった「自由な生き方」を子供が手に入れる

ために親も子供も「ふつう」の就職をしようとしない

词 汇

フリーター	（名）	自由职业者。
特権視（とっけんし）	（名・他サ）	看作特权。
つまらない	（形）	没有意思,没有价值。
バブル	（名）	泡沫(经济)。
崩壊（ほうかい）	（名・自サ）	崩溃,垮台。
築く（きず）	（他五）	构筑,修建,建立。
縛る（しば）	（他五）	束缚,约束,限制。
見つける（み）	（他一）	发现,找到。
節（ふし）	（名）	点,处,地方。
一見（いっけん）	（名・他サ）	一看,看一下。
もの分かりのいい（わ）	（词组）	理解力强,理解得快。
パラサイト	（名）	食客,帮闲,寄生虫。
シングル	（名）	独身,单人。
ライフ	（名）	生活。
延長（えんちょう）	（名・他サ）	延长,伸长。
願ってもない（ねが）	（词组）	求之不得。
姿勢（しせい）	（名）	态度,姿态。
甘え（あま）	（名）	依靠,依赖(他人)。
温床（おんしょう）	（名）	温床。
プレッシャー	（名）	压力,压迫,紧张感。
ないし	（接续）	或,或者。
ビッグ	（名・形动）	大的,重大的,重要的。
モラトリアム	（名）	精神未成熟期。○～人间/精神未成熟的青年人(指心理上不愿成为大人的青年)。
ぬるま湯（ゆ）	（名）	温水,(舒适的)现状。○

～にひたる／安于现状。

抜け出す(ぬ・だ)	(自五)	脱身,溜走。
プライド	(名)	自尊心,自豪感。
敗北(はいぼく)	(名・自サ)	战败,失败。
引導を渡す(いんどう・わた)	(词组)	下最后通牒。
引っ込みがつかない(ひ・こ)	(词组)	欲罢不能,骑虎难下。
いざとなれば	(词组)	一旦有事,紧要关头。
現に(げん)	(副)	实际上。
享受(きょうじゅ)	(名・他サ)	享有,享受。
手に入る(て・はい)	(词组)	到手,据为己有。
今時(いまどき)	(名)	现今,当今。
薄々(うすうす)	(副)	微微,稍稍,隐隐约约,模模糊糊。
勘付く(かんづ)	(自五)	感到,觉察出。
達成(たっせい)	(名・他サ)	达到,告成。
ハードル	(名)	栏架,跨栏。
回避(かいひ)	(名・他サ)	回避,逃避。

句　型

～くらいなら　　与其……不如……,与其……宁愿……,要是……还不如……。

① あんな大学に行くくらいなら、就職するほうがよほどいい／与其上那种大学,我还不如工作呢。

② 上から紙を張って訂正するくらいなら、もう一度はじめから書き直したほうがいいと思うよ／我觉得与其贴纸修改,还不如从头重写的好呢。

③ 君に迷惑をかけるくらいなら、僕が自分で行くよ／要是给你添麻烦,还不如我自己去呢。

"Xくらいなら、Yのほうがましだ/ほうがいい"等形式,表示"Y比X好"的意思。"～くらいなら"与"～より"相似,但含有说话人认为这件事(X)不好的意思。

～に対して 对……,向……。
① 私の意見に対して、誰も反対しなかった/对我的意见,谁都没有表示反对。
② 横山先生は女子学生に対しては親切だが、男子学生に対しては冷たい/横山老师对女学生很客气,但对男学生很冷淡。
③ 現在容疑者に対しての取り調べが行なわれているところです/现在正在对嫌疑人进行审讯。

修饰名词时用"～に対しての"、"～に対する"的形式。

せめて～ 最少,起码,哪怕。
① 夏はせめて一週間ぐらい休みが欲しい/夏天,最少也想有一个星期的休假。
② 大学に入ったのだから、せめて教員免許ぐらい取っておこうと思う/已经考上了大学,我想最起码也得考一个教师证吧。
③ 小さくてもいい、せめて庭のある家に住みたい/哪怕小一点儿也没关系,我想住一个有院子的房子。

～ではあるまいか 是不是……。
① この話はまったくの作り話なのではあるまいか/这故事是不是全都是编的呀。
② この品質で、こんな値段をつけるとは、あまりにも非常識ではあるまいか/就这种质量还这么贵,是不是很离谱啊。
③ 佐藤さんは知らないふりをしているが、全部分かっているのではあるまいか/加藤装作不知道的样子,其实他什么都清楚。

与"～ではないだろうか"相比,这是一种郑重的书面语表达方

式,常用于论文或评论性文章中。

~一方で 一方面……,一方面……。
① 北海道では今日も雪が降るいっぽうで、沖縄では桜が咲き始めたということだ／一方面北海道今天还在下雪,一方面冲绳樱花开了。
② 昼間、日本語を教えるいっぽうで、夜は学生として大学院で勉強している／一方面白天在教日语,一方面晚上当学生在读研究生。
③ 彼女はお金に困っていると言ういっぽうで、ずいぶん無駄遣いもしているらしい／她一方面在喊没钱,一方面又乱花钱。

~が故 因为……,由于……。
① 女性であるが故に差別されることがある／有时因为是女性而受到歧视。
② 事が重大であるが故に、報告の遅れが悔やまれる／因为事情重大所以后悔报告晚了。
③ 親が放任していたが故に非行に走る若者もいる／也有的年轻人是因为家长的放任而堕落的。

第十四课

本文Ⅰ 次の文章を読んで、後の問いに答えなさい。

　仕事場が大阪になり、月の半分ほどはマンションでのa 一人暮らし——といっても、昼間は同僚と一緒にいるので、一人の時間がそれほど多いわけではない。まあA（　　）やっているが、困るのはゴミの処理だ。ゴミ集積所に出せる曜日は決まっているし、最近は、燃えるゴミなのか、燃えないゴミなのかなどを分別しなければならない。今日は何のゴミの日だろうかと考えながら出すのは、結構面倒だ。

　しかもたまたま、b 収集日に家にいないということになればすぐにゴミの山ができてしまう。スーパーマーケットで買い物をすれば、燃えないゴミになる発泡スチロールの容器がすぐゴミ袋いっぱいになる。郵便受けに放りこまれているちらしを積んでいくと、一週間で、これが一人分のゴミかしらと思うほど大量のものがたまる。ゴミの処理の面倒さだけでなく、無駄だ、もったいない気持ちが出てきて憂うつになる。

　こんなことは、ここ何十年もの間だれもが感じていたことだ。資源、エネルギー、環境問題に悩みながら、プラスチックなどをゴミにしているのはおかしいと、ようやく「容器包装リサイクル法」が本格的に動き始めた。自治体やメーカーにリサイクルの義務が生じたということで、すこしはホッとしている。

　しかし一方では、日常生活で"おかしいな"とか"こうあったらよいのにな"と思うことがあっても、制度や法律になるまでにこれほど長い時間がかかることにがっかりさせられる。大きなものが動

くことの大変さと、もどかしさも感じる。それに法律ができたからといって、すぐに事がうまく運ぶB（　　）。

最も目立つものとしてペットボトルが話題になり、リサイクルのための会社も生まれた。元の素材がペットボトルという繊維のワイシャツも作られている。

このように、社会の中に「リサイクルの道」ができ始めたのはありがたいことだ。だが、C（　　）ゴミの問題が全て解決したとはいえない。本来の姿は「リサイクル（廃物再生利用）」ではなく「サイクルc循環」なのだ。

大学に入学して初めて、"生物化学"という分野に接した。そのときに、本当に驚いたのは、体の中では物質が常にぐるぐる回っていることだった。外から取り入れた糖分を分解してエネルギーを取り出すとき、必要な物質を作りながら、エネルギーに変えていく。しかも、次々と作られる物質は、どれひとつとして不要ということはない。つまり、必要なものを作った結果生じてしまったゴミを「リサイクル」するのではない。初めからゴミになるものを作らないで、全てを利用し合うという「サイクル」の形になっているのだ。

生物間でも同じことが起きている。植物、動物、d微生物の間ではお互いを利用し合う「サイクル」ができていて、どれが必要でどれが不要という区別はない。それぞれがそれぞれの役割をしながら、全体のe環を作っている。だからこそ、生物は続いてこられたのだ。製品とゴミを明確に区別するのではなく、物質がうまく「サイクル」するような技術ができたとき、「持続可能社会」が生まれるのだと思う。

设　問

【問1】　a〜eの日本語の漢字の読み方をひらがなで書きなさい。
　　　　a　　　　b　　　　c　　　　d　　　　e

【問2】 A～Cの(　)に最も適当なものをabcdから一つ選んでその記号を書きなさい。

A(　) a　なにか　　　　　　　b　なにが
　　　 c　なんとか　　　　　　d　なにしろ

B(　) a　とは限らない　　　　b　かもしれない
　　　 c　に違いない　　　　　d　に決まっている

C(　) a　それでは　　　　　　b　それでも
　　　 c　それとも　　　　　　d　それで

【問3】 次の文を読んで、本文の内容と合っているものには○を、違っているものには×を(　)に中に入れなさい。

① (　) ゴミを分別して処理するのは面倒だ。
② (　) 発泡スチロールやちらしは、一週間で非常にたくさんたまる。
③ (　) プラスチックをゴミにするのは環境問題について悩んでいないからだ。
④ (　) 「容器包装リサイクル法」ができたのでもう心配はない。
⑤ (　) 社会の中にできたリサイクルの道はゴミ問題の理想的な解決法である。
⑥ (　) 体の中の物質は不要なものと必要なものがはっきりしている。
⑦ (　) 生物間と体の中の物質には共通した点がある。
⑧ (　) 今の社会は「持続可能社会」である。

【問4】 「リサイクル」「サイクル」とはどういうことか。八十字以内で説明しなさい。

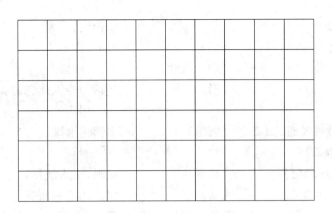

词　汇

仕事場(しごとば)	(名)	工作场所,工作单位。
同僚(どうりょう)	(名)	同僚,同事。
なんとか	(副)	不管怎样,设法。
ゴミ集積所(しゅうせきじょ)	(名)	垃圾集积地,垃圾堆放处。
分別(ぶんべつ)	(名・他サ)	区分,分类。
収集日(しゅうしゅうび)	(名)	(垃圾)收集日。
発泡スチロール(はっぽう)	(名)	泡沫苯乙烯。
郵便受け(ゆうびんう)	(名)	邮箱。
放り込む(ほう・こ)	(他五)	投入,扔进去。
ちらし	(名)	广告纸,(报纸的)广告插页。
もったいない	(形)	可惜的,浪费的。
憂うつ(ゆう)	(名・形动)	忧郁,忧愁。
ようやく	(副)	好不容易,终于。
リサイクル	(名・他サ)	再利用,废物利用。
本格的(ほんかくてき)	(形动)	正式的,真正的。
自治体(じちたい)	(名)	自治体,具有行政自治权的公共团体。

第十四课

メーカー	（名）	制造商，厂家。
ほっと	（副）	放心，安心。
がっかり	（副・自サ）	失望，疲倦。
もどかしい	（形）	（慢得）令人焦急的，令人不耐烦的。
事がうまく運ぶ(こと・はこ)	（词组）	事情进展顺利。
目立つ（めだ）	（自五）	显眼，引人注目。
ペットボトル	（名）	聚乙烯塑料瓶。
本来（ほんらい）	（名・副）	原来，本来。
廃物（はいぶつ）	（名）	废物，废品。
サイクル	（名）	周期，循环。
循環（じゅんかん）	（名・自サ）	循环。
接する（せっ）	（自サ）	接触，相邻。
ぐるぐる	（副）	（一圈圈地）旋转。
不要（ふよう）	（名・形动）	不需要，不要。
微生物（びせいぶつ）	（名）	微生物，细菌。
環（わ）	（名）	环，圆圈。
持続（じぞく）	（名・自他サ）	持续，继续，维持，坚持。

句　型

～といっても　虽说……。
① 忙しいといっても、週末は必ず休みが取れます/虽说很忙，周末一定可以休息。
② 先週車を買いました。車といっても中古車です/上周买了车，虽说是车也就是旧车。
③ 旅行をしたといっても、半分は仕事でした/虽说是旅行，一半却是工作。

～わけではない　并不是……，并非……。

① このレストランはいつも客がいっぱいだが、だからといって特別においしいわけではない/这家餐厅经常是客人满满的,尽管如此,但并非特别好吃。
② わたしの部屋は本で埋まっているが、全部を読んだわけではなく、買ってはみたものの開いたことさえないというものも多い/我的房间全是书,但并非全都读过,有不少买来后连翻都没翻过。
③ 来月から英会話を習うことにした。ぜんぜん話せないわけではないのだが、日頃英会話をしゃべる機会がないので、いざというとき口から出てこないのだ/我决定从下月起学习英语会话,并不是一点也不会说,而是平时没有机会说英语,一旦需要时就开不了口。

多与"だからといって"、"別に"、"特に"等一起使用,是一种采用间接否定形式的委婉表达方式。与"全部"、"ぜんぜん"等一起使用时,表示部分否定。

~ということで 因为……。
① 参加者が少ないということで、パーティーは中止になった/因为参加者很少,晚会取消了。
② 明日から気温が下がるということで、セーターやコートを用意した/明天降温,所以准备好了毛衣和风衣。
③ 道幅を広げるということで、道路沿いの家は引越しをしなければならなくなった/因为要扩建马路,所以沿街的家必须搬走。

~一方では 而另一方面……。
① 日本では今少子化が問題になっている。が、一方では人口増加に悩んでいる国もある/日本现在少子化成为问题,而另一方面也有的国家为人口增加头疼不已。
② パン食が増えるなど食事の西洋化が進んでいる。一方では、健康的な和食のよさが見直されている/饮食西方化进展很快,如

吃面包的人不断增加等，而另一方面人们重新认识了健康的日式饮食的优点。

③ 遺伝子治療によっていくつかの難病が治療可能となった。しかし一方では、クローンの研究など生命倫理に触れる新しい問題も生まれた／采用遗传因子治疗方式很多疑难杂症都被攻克了，但另一方面也产生了克隆研究等涉及生命伦理的新问题。

～からといって～とは限らない　不能因为……就……
① 仕事が速いからといって内容がいいとは限らない／不能因为工作速度快就一定有质量。
② 作文が得意だからといって新聞記者や作家になるとは限らない／不能因为擅长作文就能成为记者或作家。
③ 健康的な生活を送っているからといって長生きするとは限らない／不能因为每天生活健康就一定能长寿。

本文Ⅱ　次の文章を読んで、後の問いに答えなさい。

　人を動かすものは、「アメとムチ」である。サーカスでクマに芸当を仕込む曲芸師のように、両手にアメとムチを持って、上手にa操れば誰もがこちらの思いどおりに行動するはずである。望ましい行動に対しては報酬を与え、好ましくない行動をしたら罰を加えればよい。

　① このような仮定の下で、ティーチングマシンや行動療法などをはじめとする行動変容モデルが構築され、多くの成果を上げている。

　A（　　）、近年になって、人間の動機づけが必ずしも他者からのアメやムチを必要としないと思われる事実が相次いで報告されている。行動の結果得られる報酬が無くても、行動することそれ自体が報酬になっているような行動の存在が確認された。B（　　）、② これらの行動については、報酬を与えるとむしろb欲求が低減する場合すらあるとの報告がある。

キャレンダーとストウは、大学生にパズルをやらせて、そのうちの半数の学生に一生懸命やったことに対して金銭を報酬として与えた。前述の「アメとムチ」の理論に従うなら、金銭を受け取った学生の方が、支払われていない学生よりも相対的にパズルに対する興味を増大させるはずである。C（　　）実際には、パズルの性質によって結果が違っていた。c退屈なパズルをやらされた学生については、予想どおり金銭を支払われた学生の方が受けなかった学生よりもパズルに対して興味を示したが、面白いパズルをやらされた学生については、報酬をもらった学生の方がそうでない学生D（　　）パズルに対する興味を（　③　）のである。本来、行動することの中に興味が内在しているような場合には、d他者から与えられる金銭等の報酬が興味を低下させてしまうことが確認されたのである。
　内発的な意欲や興味は、自分が主体的に「やっている」という感じを前提としているが、報酬によって④「やらされている」という感じに変化させられたのである。
　内発的に動機づけられた行動は、自己の環境との関連において、有能で自己決定的でありたいという人間の基本的要求に根ざしている。アメとムチによるe制御は、自分の活動を支配しているのは自分以外のものであるという実感E（　　）他律性の感覚を作り出し、他への依存性を高めるのである。

設問

【問1】　a〜eの日本語の漢字の読み方をひらがなで書きなさい。
　　　　a　　　　b　　　　c　　　　d　　　　e

【問2】　A〜Eの（　　）に最も適当なものをabcdから一つ選んでその記号を書きなさい。
　　　　A（　）　a　だから　　　　b　すると
　　　　　　　　c　それで　　　　d　しかし

B (　) a　したがって　　　　b　もちろん
　　　c　そうすると　　　　d　それどころか
C (　) a　ということは　　　b　ところが
　　　c　ゆえに　　　　　　d　そのために
D (　) a　のほうが　　　　　b　よりも
　　　c　には　　　　　　　d　すら
E (　) a　つまり　　　　　　b　そして
　　　c　だから　　　　　　d　すると

【問3】「① このような仮定」とあるが、どんな仮定か。
　a　報酬と罰を相互に与えれば、こちらの思いどおりに人を動かすことができるという仮定
　b　サーカスの曲芸師のように芸を仕込めば、こちらが思ったように人が行動するという仮定
　c　上手に操れば、誰でもこちらの思いどおりになるという仮定
　d　望ましい行動には報酬を、そうでない行動には罰を与えれば思いどおりに人を動かすことができるという仮定

【問4】「② これらの行動」とあるが、どんな行動か。
　a　多くの成果を上げている行動
　b　動機づけを必要とする行動
　c　行動そのものが報酬となる行動
　d　動機づけを必要としない行動

【問5】(③)に入る言葉として、適当なものはどれか。
　a　失っていた
　b　増大させていた
　c　示していた
　d　低下させまいとしていた

【問6】「④ やらされている」とあるが、どう感じるのか。
  a 主体的にやらなければならないと感じる
  b お金を受け取ったうえ、パズルができると感じる
  c お金を受け取ったのだからやらなければならないと感じる
  d アメとムチの理論にしたがって行動しなければならないと感じる

【問7】筆者によれば、人が意欲的な態度を持つためには何が必要か。
  a 適度の報酬を得ながら自分の興味のあることだけすること
  b 自分の行動を支配しているのは自分以外のものであるという感覚に打ち勝つこと
  c 報酬の有無にかかわらず、「やらされている」ということを感じないようにすること
  d 有能で自己決定的でありたいという人間の基本的な要求を持ち続けること

词 汇

ムチ	（名）	鞭子。
サーカス	（名）	杂技团,马戏团。
クマ	（名）	熊。
仕込む（しこ）	（他五）	训练,教导。
曲芸師（きょくげいし）	（名）	杂技演员。
操る（あやつ）	（他五）	掌握,驾驭。
望ましい（のぞ）	（形）	所希望的,符合愿望的。
好ましい（この）	（形）	令人喜欢的,令人满意的。
罰（ばつ）	（名）	惩罚,处罚。
づけ	（接尾）	（接名词后）附上,加上。○

		のり～/涂上糨糊。○位置～/定位。
相次ぐ(あいつ)	(自五)	相继发生,连续不断。
報酬(ほうしゅう)	(名)	报酬。
ティーチングマシン	(名)	(装有电脑等配合学生学习用)教学机。
欲求(よっきゅう)	(名・他サ)	需求,企求。
低減(ていげん)	(名・自他サ)	减少。
キャレンダー	(人名)	加伦达(Calender, B. J.)。
ストウ	(人名)	斯托(Staw, B. M.)。
パズル	(名)	智力游戏。
退屈(たいくつ)	(名・形動・自サ)	厌倦,厌烦;发闷,无聊。○～しのぎ/消遣,解闷。
内発(ないはつ)	(名・自サ)	内部发生,自然发生。
意欲(いよく)	(名)	热情,积极性。
制御(せいぎょ)	(名・他サ)	操纵,控制。
他律(たりつ)	(名)	他律,受外界支配。
依存(いぞん)	(名・自サ)	依存,依靠。

句　型

むしろ　倒不如说,反倒。

① 邪魔しようと思っているわけではない。むしろ君たちに協力したいと思っているのだ/并没有想打搅你们,倒不如说是想帮助你们。

② 景気はよくなるどころか、むしろ悪くなってきている/市场经济状况不但没有好转,反倒越来越糟。

③ そう言われるのをむしろ喜んでいる/被别人这样说,我反倒感到高兴。

第十五课

本文Ⅰ 次の文章を読んで、後の問いに答えなさい。

　新聞に、仏教の若い僧侶がキリスト教の教会で結婚式をa 挙げるという記事が出ていた。花嫁の希望でそうなったようだが、仏の教えを説く人がキリストの前で愛をb 誓うというので、ニュースになった。が、A（　　）花婿が僧侶でなかったら、c 話題にもならなかったであろう。日本では一般に、宗教にかかわりなく結婚式の形式を自由に選ぶ。ある人は神道のやり方で式を挙げ、ある人は仏式で式を行い、そしてある人はキリスト教の神の前で結婚式をする。神の前ではなくて、式に出席した人々の前で将来を誓い合うカップルもいる。結婚式はキリスト教の教会で挙げ、子どもが生まれたら神社にお参りし、葬式は仏教で行うということに対して、ほとんどの日本人は矛盾を感じていない。各宗教の信者の数を合計すると総人口のおよそ二倍になるという統計も出ている。
　日本人はどんなときにどんな神に祈っているのだろうか。B（　　）、正月の一日から三日にかけて国民の三分の二が神社や寺に初もうでに行く。祈るときには、建物の前に置いてある賽銭箱にお金を入れる。一年の幸せと健康を祈り、それを守ってくれる「お守り」を買って、大切にする。お守りは、紙や木に、布などでできていて、四角いものから矢や動物の形をしたものまである。大きいお守りは家の中に飾り、小さいものはかばんやd 財布の中に入れて持ち歩く。C（　　）、入学試験の前には、ふだん神社や寺に行かない人までお参りに行って合格を祈り、お守りを買ってくる。自動車の中には交通安全のお守りが必ずと言っていいほど下げて

ある。店を開くときには、商売の幸運を祈って、おふだや置物を飾る。このほかにも、火の神や土地の神など、時と場合によってさまざまな神や仏に祈って、守ってもらう。D（　　）、十二月のクリスマスには家族や友人とプレゼントを交換して楽しいひとときをもつという習慣もE（　　）定着している。

「あなたの宗教はなんですか」と聞かれると、たいていの日本人は返事に困る。「特にありません」とか「関心がないので…」といった答えも多いが、決して神の存在を否定しているわけではない。特定の宗教の考えを信じるのではなく、漠然と自然や祖先を崇拝し、人間を超えた大きな力が守ってくれるのを信じているのである。このような宗教心をもって、神道も仏教もキリスト教も、生活習慣やe行事の中に、ごく自然に取り入れていると言えるだろう。

设　问

【問1】　a～eの日本語の漢字の読み方をひらがなで書きなさい。
　　　　a　　　　b　　　　c　　　　d　　　　e

【問2】　A～Eの（　）に最も適当なものをabcdから一つ選んでその記号を書きなさい。

A（　）　a　たとえ　　　　b　実は
　　　　c　すると　　　　d　もし
B（　）　a　したがって　　b　別に
　　　　c　たとえば　　　d　実際に
C（　）　a　または　　　　b　また
　　　　c　しかも　　　　d　すると
D（　）　a　そして　　　　b　しかも
　　　　c　しかし　　　　d　そこで
E（　）　a　しっかり　　　b　じっくり
　　　　c　すんなり　　　d　すっかり

【問3】 次の文を読んで、本文の内容と合っているものには〇を、違っているものには×を( )に中に入れなさい。
① (   ) 日本では結婚式のやり方を自由に決めることができる。
② (   ) 結婚するとき、神に誓うやり方ばかりでなく、人に誓うやり方もある。
③ (   ) 一月の一日から三日の間に、三人中二人が神社や寺にお参りに行く。
④ (   ) どんな願いごとをするかによって、それぞれ違う神に祈る。
⑤ (   ) 各宗教の信者を合計すると、日本の人口より多い。
⑥ (   ) 日本人は、神は居ないと思っている。
⑦ (   ) 日本人はいくつかの宗教を熱心に信じている。
⑧ (   ) 日本人の生活習慣には、宗教心と結びついているものが少なくない。

【問4】 日本では、どんな形で結婚式を挙げるか。八十字以内で説明しなさい。

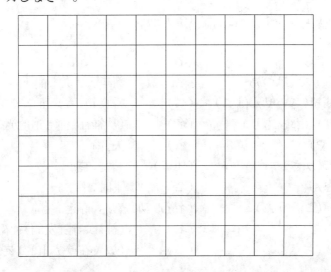

词　汇

宗教心(しゅうきょうしん)	(名)	宗教信仰。
仏教(ぶっきょう)	(名)	佛教。
僧侶(そうりょ)	(名)	僧侣,僧人。
キリスト教(きょう)	(名)	基督教。
記事(きじ)	(名)	报道,消息。
花嫁(はなよめ)	(名)	新娘。
仏(ほとけ)	(名)	佛,释迦牟尼。
教え(おし)	(名)	宗教,宗旨,教义。
神道(しんとう)	(名)	神道,日本固有的民族信仰。
仏式(ぶっしき)	(名)	佛教仪式,以佛教仪式举行的葬礼或婚礼。
カップル	(名)	情侣,夫妻。
神社(じんじゃ)	(名)	神社。
お参り(まい)	(名・自サ)	参拜神佛,拜庙,朝山。
葬式(そうしき)	(名)	葬礼,丧事。
矛盾(むじゅん)	(名)	矛盾。
信者(しんじゃ)	(名)	信徒。
祈る(いの)	(他五)	祈祷,祈告,向神佛祈求。
寺(てら)	(名)	寺院,寺庙。
初もうで(はつ)	(名)	新年后首次去神社或寺院参拜。
賽銭箱(さいせんばこ)	(名)	香资箱,香钱匣。
お守り(おまもり)	(名)	(从神社、佛寺请的)护身符。
矢(や)	(名)	矢,箭。
飾る(かざ)	(他五)	装饰,装点。
ふだん	(名・副)	平时,平常。
幸運(こううん)	(名・形動)	幸运,好运。
おふだ	(名)	(神社、寺院发的)神符,护符。
置物(おきもの)	(名)	(放置在壁龛上的)装饰品,

		摆设。
クリスマス	（名）	圣诞节。
定着(ていちゃく)	（名・自他サ）	扎根,落实,固定,定居。
たいてい	（名）	大部分,大致。
漠然(ばくぜん)	（形动）	含混,含糊;模糊,不清楚。
祖先(そせん)	（名）	祖先,祖宗。
崇拝(すうはい)	（名・他サ）	崇拜,崇敬。
ごく	（接头）	极,非常,无上。○～まれに/极少。

句　型

～にかかわりなく　无论……都……,不管……都……。

① この会社では、年齢にかかわりなく能力があればどんどん昇格できる/在这个公司里,无论年纪大小,只要有能力都能不断升职。
② この商品の送料は、日本国内なら距離にかかわりなく三百円だ/这件商品的运费只要是在日本国内,不管距离远近,统一三百日元。
③ トマトやきゅうりといった野菜が季節にかかわりなく店に並ぶようになったので、季節感がなくなった/番茄、黄瓜等蔬菜不管什么季节店里都有的卖,所以已经没有季节感了。

～から～にかけて　从……到……。

① 日本では、六月から七月にかけてよく雨が降る/在日本,从六月到七月份经常下雨。
② 関東地方では、桜は三月下旬から四月上旬にかけて咲く/在关东地区,樱花花期从三月下旬到四月上旬。
③ みかんは、九州から東海地方にかけて多く生産される/橘子多产于九州到东海地区一带。

用法与"～から～まで(に)"类似,但没有明确指定界限,只是笼统地表示跨越两个领域的时间或空间。

～まで　连……都,甚至……都,到……地步。
① 漫画は、以前子どもが読むものだったが、今では大人まで読んでいる/漫画以前是孩子们的读物,现在连大人也读。
② 緊張していたので簡単な足し算まで間違えた/由于很紧张,我连简单的加法也弄错了。
③ 祖父は厳しい人で、はしの上げ下ろしまで私たちに注意する/祖父是个严厉的人,连日常小事都一一管着我们。

～ほど　……得,……得令人……,如此的……,那样的……。
① 買い物に行って、足が痛くなるほど歩いた/去购物走得脚都疼了。
② バイキングで動けなくなるほど食べた/吃自助餐吃得动不了了。
③ 年末は毎年猫の手も借りたいほど忙しい/年末的时候忙得不可开交。

本文Ⅱ　次の文章を読んで、後の問いに答えなさい。
　　科学者によく似た人種に技術者というのがいる。世間の人から見た時、仕事の内容も性格も同じようなので、両者を区別しないで科学技術者などと一まとめにして呼ばれるが、こと運命に対する態度に関していえば、① 両者はまるで違う。科学者は、運命を認め、運命を予見しようとするのに対し、技術者は、運命が決まっているとは考えない。将来のことは一つに決まっているのではなく、知恵をしぼって対策や解決策を考えれば、運命はA(　　)変えられると思っている。
　　でもそれは、科学者の予見について、意見が違うわけではない。タイタニック号に乗っていた技術者は、自分の目で調べた結果、や

はり二時間で船がa 沈没すると計算しただろう。ただしそのあとが違う。部屋に戻って論文を書かないで、人が一人でも多く助かる工夫を考えるだろう。たとえば燃料油を集めて巨大なトーチ（かがり火）を作っただろう。近くを航行するb 船舶に気づいてもらうためである。救命ボートの不足を補うため、船上のあらゆる機材を取り外し、ボートを造っただろう。炊事場の巨大なシチュー鍋も第一の候補である。それでも全員を避難させるのに足りないのだから、最後の手段としては乗客を船がぶつかった氷山の上に② 退避させる計画に取り組んだかもしれない。

「たとえ」で理解するちがい

　科学者と技術者は似ているともいえるし、まったく違うともいえる。将来の予測に関しては、同じ問題についてなら、両者に違いはない。③ 違うのは、何を予測するか、何のために予測するかである。科学者は人間のさじ加減一つで結果が変わるようなことの予測には興味を示さない。そうでなく、人間の力の及ばないような大きな現象、太陽とか宇宙の将来を予測する。台風や地震を予測するのも、本来、科学者の仕事である。B（　　　）、技術者は、台風や地震で橋や建物がどうなるかを予測する。そして危ないという結果が出たら、補強する方法を考える。つまり、技術者にとって運命を予測するのは、運命を逃れるためである。

　c 身近な「たとえ」を使うとわかりやすいので鉄道をたとえに使おう。「自然現象」を「列車の動き」と理解するのである。すると自然現象の予知とは列車の行先を知ることにほかならない。C（　　　）、④ 列車は線路の通りにしか走れないから、列車の行先を知るには線路がどこを通ってどこまで行っているかを知ればよい。これを調べるのが科学者なのである。科学者は線路のことを「自然法則」と読んでいる。科学者の仕事はこの自然方法というd 線路網、全国をおおっている線路網を正確に調査し、記録することである。だから、科学者に聞けば、東京駅の何番線から乗ればあなたは何時間でどこに連れていかれるかを正確に教えてくれる。

⑤ これに対して、技術者は、鉄道を利用して自分が行きたい所に行くことしか関心がない人である。列車には乗るけれど、最後まで乗る気はなくて、どこでどんな線に乗り換えたらよいか、一生懸命考える人である。全国の鉄道網が全部頭に入っているという点では科学者と同じだが、関心のありどころはまるで違うのである。雪で名古屋と京都の間が不通と知れば、雪の中にe 立往生する運命をさけ、D（　　）早く京都に到着するには、どうしたらよいか、自分の知識と工夫を総動員する。

病気、特にガンについても、同じようなことがいえるだろう。ガンが発見された時、その状態を精密に調べて、今後どう進行するかを正確に予測するのはガン研究者の役目である。これに対し、医者は基本的には技術者の役目を果たす。患者を⑥ その運命からそらしてやるにはどうしたらよいのか、何ができるのか、持てる知恵と技術を総動員する。

设　问

【問1】　a～eの日本語の漢字の読み方をひらがなで書きなさい。
　　　　a　　　　b　　　　c　　　　d　　　　e

【問2】　A～Dの（　）にどの言葉を入れたらいいか、下記のabcdから一つずつ選んで、その記号を書き入れなさい。
　　　　a　ところが　　　　　　b　いくらでも
　　　　c　これに対して　　　　d　少しでも

| A | B | C | D |

【問3】　「① 両者はまるで違う」とあるが、「両者」とは何を指しているか。
　　　　a　科学技術者と技術者
　　　　b　科学者に似た人種と技術者

c　科学者と技術者
　　d　世間の人から見た科学者と技術者

【問4】「② 退避させる計画に取り組んだかもしれない」とあるが、筆者はだれが「取り組んだ」と考えたのか。
　　a　もし技術者と科学者がタイタニック号に乗り合わせていたら、彼らが退避計画に取り組んだだろうと考えた
　　b　もし科学技術者がタイタニック号に乗り合わせていたら、退避計画に取り組んだだろうと考えた
　　c　もし技術者と科学者がタイタニック号に乗り合わせていたら、乗客全員とともに退避計画に取り組んだであろうと考えた
　　d　もし技術者がタイタニック号に乗り合わせていたら、退避計画に取り組んだだろうと考えた

【問5】「③ 違うのは、何を予測するか、何のために予測するかである」とあるが、両者はどう違うのか。
　　a　科学者は運命を変えるために予測するが、技術者はそうはしない
　　b　技術者は運命を変えようとして予測するが、科学者はそうはしない
　　c　科学者は人間に変えられない将来の予測に興味を持たないが、技術者は興味を持つ
　　d　技術者は大きな現象を予測することには興味を持つが、科学者は持たない

【問6】「④ 列車は線路の通りにしか走れない」とあるが、ここではどんな意味か。
　　a　自然現象は正確に調査されているものだという意味
　　b　自然現象は決まった法則によって起こるという意味

c　自然現象が起きるのは運命によるという意味
　　d　人間の期待通りには自然現象は起きないという意味

【問7】「⑤これ」とあるが、どんなことか。
　　a　科学者が「自然現象」のことを「自然法則」と呼んでいること
　　b　科学者が自然法則を正確に調査し、記録していること
　　c　技術者が自然法則を正確に調査し、記録していること
　　d　技術者が「自然現象」のことを「自然法則」と呼んでいること

【問8】「⑥その運命」とあるが、どんなことか。
　　a　ガンが進行すること
　　b　ガンの治療を受けること
　　c　ガンを予測すること
　　d　ガンが発見されること

【問9】筆者はガン研究者と医者についてどのように考えているか。
　　a　ガン研究者と医者とは終始異なる考えを持ち、対照的に行動をするものだ
　　b　ガン研究者はガンの研究と予測、医者はガンへの対策といったように両者は仕事を明確に役割分担すべきだ
　　c　ガン研究者も医者も、ガンを研究・予測するが、その目的と対処法は非常に異なる
　　d　ガン研究者と医者は対照的に行動するが、考え方と行動の仕方は同じだ

词　汇

人種（じんしゅ）　　　（名）　　　人种,种族。

予見(よけん)	(名・他サ)	预见,预测。
一まとめ(ひと)	(名)	归在一起,归拢在一起。
こと	(副)	特别,格外。
運命(うんめい)	(名)	命运,宿命。
知恵をしぼる(ちえ)	(词组)	绞尽脑汁,搜索枯肠。
タイタニック号(ごう)	(船名)	泰坦尼克号。
沈没(ちんぼつ)	(名・自サ)	沉没。
工夫(くふう)	(名・他サ)	动脑筋,找窍门。
燃料油(ねんりょうゆ)	(名)	燃油。
トーチ	(名)	火炬,火把。
かがり火(び)	(名)	篝火。
船舶(せんぱく)	(名)	船舶,船只。
救命ボート(きゅうめい)	(名)	救生艇。
補う(おぎな)	(他五)	补充,补偿。
取り外す(と・はず)	(他五)	取下,卸下。
炊事場(すいじば)	(名)	厨房。
シチュー	(名)	煨炖菜,英国典型的家常菜。
避難(ひなん)	(名・自サ)	避难,逃难。
退避(たいひ)	(名・自サ)	退避,躲避。
取組む(とりく)	(自五)	努力,埋头,专心致志。
さじ加減(かげん)	(名)	处理的分寸,斟酌处理。○～一つでどうにでもなる/斟酌处理,可重可轻。
逃れる(のが)	(自一)	逃脱,摆脱。
予知(よち)	(名)	预知,先知。
行先(ゆきさき)	(名)	目的地。
線路網(せんろもう)	(名)	铁路网。
乗り換える(の・か)	(他一)	换乘,改乘。
ありどころ	(名)	……之处,……之点。
不通(ふつう)	(名)	(交通)堵塞。

立往生(たちおうじょう)	(名・自サ)	进退不得,进退两难。
総動員(そうどういん)	(名・他サ)	总动员。
そらす	(他五)	移开,岔开。

句　型

まるで～　简直,完全,仿佛,宛如。

① あんなつまらないことで怒り出すなんて、まるで子供みたいだ/为这种无聊事发火,你简直就像个孩子。

② 彼は、入学試験を受ける友人のことを、まるで自分のことのように心配している/他把朋友的入学考试,完全当作自己的事一样担心。

③ 数学が苦手だと、最近の経済学の教科書なんてまるで理解できないよ/数学不好的话,就无法看得懂最近的经济学教科书。

　　常常使用"まるで～ようだ/みたいだ"的形式,表示"虽实际上不一样,但却非常相似"的意思。后续否定形时,表示"完全不……"、"全然不……"的意思。不能与"らしい"一起使用。✕ あの人は、まるで女らしい人です。○ あの人は、{たいへん/とても}女らしい人です。

～結果　结果,由于。

① 投票の結果、議長には山田さんが選出された/投票表决的结果,山田当选了主席团主席。

② 三人でよく話し合った結果、その問題についてはもうすこし様子を見ようということになった/三人商量的结果,决定对这一问题还要观察一段时间再说。

③ 国会審議の空転の結果、この法案がこの会期中に採決される見通しはなくなった/由于国会审议毫无结果,这一法案在本次国会期间不可能被通过了。

~にほかならない　正是……,不外乎……,无非是……。
① 成功したのは毎日の努力の結果にほかならない/成功正是每日努力的结晶。
② 彼が私を憎むのは、私の業績をねたんでいるからにほかならない/他恨我,无非是因为嫉妒我的成就。
③ この仕事にこんなにも打ち込むことができたのは、家族が支えていてくれたからにほかならない/我之所以能够全身心地投入这项工作,正是因为有家人的支持。

~という点で　在……点上,就……点而言。
① 彼の設計は創造性という点で高く評価された/他的设计在创造性这点上受到了高度的评价。
② この犬は、性格がやさしいという点で、人気がある/这只狗在性格温顺这点上讨人喜欢。
③ 経験があるという点で、彼のほうがこの仕事に向いている/就有经验而言,他更适应这项工作。

~には　要……就……。
① 勝つには相手の手を読むことだ/要战胜对手,必须了解对手。
② いい選手を育てるにはお金といい指導者が要る/要出好运动员,就需要资金和好的教练。
③ 健康を維持するには早寝早起きが一番だ/要保持健康,早睡早起是最重要的。

第十五课

第十六课

本文Ⅰ 次の文章を読んで、後の問いに答えなさい。

　体面や性的役割分担を意識しない男性が急速に増えている。彼らはジェンダー（社会的、文化的な性差）を気にしない。家事、育児について外で話すことも嫌がらない。

　会社員のＡ氏は育児に話が及んだとたん、それまでため込んだ知識を一気に披露し始めた。「Ｂ社の紙おむつは吸収は良いが取り付けにくい。それに比べてＣ社の紙おむつはa 肌触りはいいが吸収が悪い。」Ａ氏は子どもの頃、いろいろな商品のカタログを集めることが趣味だった。それが、妻と一緒に育児をしているＡ（　　）、カタログ集め同様、情報収集が進み、今では「〇〇店より××店のほうが紙おむつが安い」といった主婦顔負けの情報まで持っている。

　育児休暇を取る男性も少しずつ増えてきて、父親たちの育児日記が新聞の家庭欄にもb 掲載されるようになった。そんな男性を「変人」という目で見る人々も存在する。企業では雇用機会の男女c 平等化への努力がなされているというのに、家庭や育児の場では、男性はいまだに子どもを育てる者として認められていない。デパート内にある子ども用の遊び場で子どもを遊ばせていた男性は「今日はお休みですか」と話しかけられた。「ええ、まあ」とあいまいに返事をしていると「じゃ、奥さんのピンチヒッターというわけね」。このようなことを言う人もいるが、スーパーの男性トイレにベビーベッドが設置されるなど、男性の育児に対する社会の見方は確実に変わってきている。

かつては「男の領域」とされていた機械や車に対する意識にも変化が見られる。たとえば車を買うとき、車種の選択は男として重要な見せ場だった。機械d音痴の「女や子ども」に、その車種の特徴をわかりやすく解説することは一種の尊敬につながったB（　　　）。しかし、サラリーマンのD氏は違う。「結婚する前は運転できないともてないと思ってスポーツカーを買い、彼女を助手席に乗せていたが、結婚してC（　　　）運転はもっぱらかみさんまかせ。助手席に座っているほうが楽。車選びの主導権も今ではかみさんに渡してしまった」そうだ。

　パソコンにしても同じことが起きている。買ってはみたものの、今ではパソコンを触る時間が多い妻のほうが扱いに詳しくなり、妻に操作方法を教えてもらっているなどという家庭も多い。

　男性がこんなふうに変わったのは、バブル経済が終わったあたりからではないだろうか。バブル期、「デートのときお金を払うのは男性」というe風潮があった。しかし今の二十代の男性は「バイトD（　　　）して彼女をいいレストランに連れていったり、高価なプレゼントをする必要はない」と思っているようだ。若い世代の間ではファッションのユニセックス化が進み、与えられる情報も男女同じで、生活スタイルに差異がなくなっている。E（　　　）、不況によるリストラが増え、男一人の力で「妻子を養う」ことが難しいケースも多くなっている。そんな中、かつての男らしさにこだわり続けることは大変なエネルギーと努力を要する。しかも、努力した結果得られるものは、時代に合わない「男の体面」しかない。

　「育児をしない男を父とは呼ばない」「親の介護をしない男を息子とは呼ばない」などのキャッチフレーズが注目を集めている。男性も女性も役割に縛られない自分を見つめ始めたのかもしれない。

設問

【問1】　a～eの日本語の漢字の読み方をひらがなで書きなさい。

第十六課

　　　　a　　　　b　　　　c　　　　d　　　　e

【問2】　A~Eの(　　)に最も適当なものをabcdから一つ選んで
　　　　その記号を書きなさい。
　　A(　　)　a　うちで　　　　　b　うちに
　　　　　　 c　うえで　　　　　d　あいだで
　　B(　　)　a　わけだ　　　　　b　はずだ
　　　　　　 c　からだ　　　　　d　ためだ
　　C(　　)　a　しまうので　　　b　しまったら
　　　　　　 c　しまうなら　　　d　しまっては
　　E(　　)　a　さえ　　　　　　b　こそ
　　　　　　 c　でも　　　　　　d　まで
　　E(　　)　a　いっぽう　　　　b　しかし
　　　　　　 c　そして　　　　　d　けれども

【問3】　次の文を読んで、本文の内容と合っているものには○を、
　　　　違っているものには×を(　　)に中に入れなさい。
　①(　　) A氏は仕事で情報を集めているので育児に関する
　　　　　知識は主婦と同じぐらいある。
　②(　　) 現在、育児休暇を取る男性は多い。
　③(　　) デパートで男性に話しかけてきた人は、子育ては女
　　　　　性がやるものだと考えている。
　④(　　) サラリーマンのD氏は車選びの主導権を奥さんに
　　　　　渡したことを後悔している。
　⑤(　　) 若い男女は、ファッションも生活スタイルも似てき
　　　　　ている。
　⑥(　　) バブルのころは、男性がデートの費用を持つことを
　　　　　期待されていた。
　⑦(　　) 今は、男性も女性もジェンダーから解放されて
　　　　　いる。

【問4】 バブル後、男女の役割分担に対する意識が変化してきた理由は何か。五十字以内で説明しなさい。

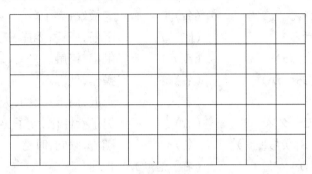

词　汇

体面(たいめん)	(名)	体面,面子;外表,外观。
ジェンダー	(名)	性。
性差(せいさ)	(名)	性差別,性別差异。
ため込む(こ)	(他五)	积攒,积存,积蓄。
一気に(いっき)	(副)	一口气地,不停地。
披露(ひろう)	(名・他サ)	披露,宣布,公布,发表。
おむつ	(名)	尿布。
肌触り(はだざわ)	(名)	接触皮肤的感觉,手感。
カタログ	(名)	商品目录。
同様(どうよう)	(形動)	同样,一个样。○新品～/和新的一样。
顔負け(かおま)	(名・自サ)	替对方害臊;相形见绌,自愧不如。
掲載(けいさい)	(名・他サ)	刊登,登载。
いまだに	(副)	至今还是,至今仍然。
ピンチヒッター	(名)	代击球(手)。
見せ場(み・ば)	(名)	最精彩的场面。

第十六课

音痴（おんち）	（名）	音痴,不懂音乐的人;对某种东西感觉迟钝的人。
もっぱら	（副）	专门,主要。
かみさん	（名）	老板娘;妻子。
まかせる	（他一）	听任,任凭;委托,托付。
触る（さわる）	（自五）	触摸,接触。
扱い（あつかい）	（名）	操作,处理。
あたり	（名）	附近,周围;大约,大致。
ユニセックス	（名）	男子女性化,女子男性化。
風潮（ふうちょう）	（名）	潮流,倾向,时势。
介護（かいご）	（名・他サ）	护理。
キャッチフレーズ	（名）	（广告等中）引人注目的词句。

句　型

〜たとたん　刚……,刹那。
① 男の子は犬を見たとたん大声で泣き出した/男孩儿一看见狗就大声地哭了起来。
② ガスをつけたとたんボッという大きな音がした/刚一点燃煤气就发出砰的爆炸声。
③ 隣のラーメン屋はテレビで紹介されたとたんに、何倍もお客が来るようになった/邻近的拉面店一经电视台介绍,客人较往常多了好几倍。

　　后半部分为说话人意志所不能控制的事态,多伴有意外的感觉。因此,后半部分表示说话人意志时使用"とすぐに"或者"やいなや"。
× わたしは家に帰ったとたんに、お風呂に入った。○ わたしは家に帰ったとすぐに、お風呂に入った。

〜というのに　……却……,可是。
① 一か月ぶりの休みだというのに風邪をひいてしまった/好容易

一个月来的第一次休假,却感冒了。
② もう春だというのに積もるほど雪が降った/已经春天了,却下了几乎要积起来的大雪。
③ ヤンさんは日本へ来てまだ三年だというのに東京生まれの私より東京のことをよく知っている/小杨来日本才三年,却比我这个东京出生的人还要熟悉东京。

　　后半部分表示责备或惊讶等意思。

~とされている　被视为……,被看成……。
① 日本料理では、魚は刺し身で食べるのが最高だとされている/在日本料理里,鱼被制作成生鱼片来吃被认为是最美味可口的。
② 昔からこの地方では虹が出るのはよいしるしだとされている/过去,这个地方出现彩虹被认为是好兆头。
③ 世界でも珍しいとされている大型の蝶が発見された/发现了被认为是世界上最珍贵的大型蝴蝶。

　　一般用于新闻报道或论文等较为郑重的文章中。

~にしても　即使……也……,就算……也……。
① 観光地では何でも割高になっている。缶ジュースにしても倍はする/在观光地什么东西都贵,就是罐装果汁也要贵一倍。
② 医療技術が進み難病の治療も可能になった。ガンにしても不治の病ではなくなるだろう/医疗技术的进步使得很多疑难杂症的治愈成为可能,就算癌症也将不再是不治之症。
③ 身に付けているものひとつにしても育ちのよさが感じられる/从她身上佩戴的一件饰物就能感到她很有教养。

本文Ⅱ　次の文章を読んで、後の問いに答えなさい。
　　私は以前、雑誌の編集をしていて、「時の人」「成功者たち」にインタビューする機会が何回となくあった。

話を聞いていくうちに気づいたのは、年齢もa職種も違うのに、彼らから共通して出てくる言葉があるのだ。それは、「たまたま」「偶然にも」「ラッキーだったことに」という三つの単語である。
　この三つの単語ほど①取材者泣かせの言葉はない。あなたは偶然にラッキーでよかったかもしれないけど、それでは読者に伝わらないからと、あの手この手で聞き出さなくてはならない。
　A（　　）、偶然と言っている割には必然を引き寄せているb道筋が見えてきて、実に面白い取材になる。
　B（　　）一方に、ずっと必然の人がいる。一流の大学を出て、一流の企業に入って、一流のポストを歴任し、経営トップとなった人たちである。海外留学や海外駐在の経験もあって、②一分のすきもないキャリアを形成している。
　こちらは必然の資料がたくさんあって、③取材には苦労しないのだが、話はちっともふくらんでいかない。
　これらの取材を通して、私は偶然と必然のバランスが面白いのではないかと思うようになってきた。偶然をもてあますのではなく、またすべてを必然で固めてしまうのでもない、そんな生き方がもっとも人間らしいのではないか、ということである。
　「努力したら報われる」こうしたら、こうなるという必然の図式は、確かにわかりやすい。政治が目指すことも、これに他ならない。
　C（　　）、現実はそうだろうか。会社に忠誠を尽くしていても、リストラに遭う。老後に備えてc蓄えてきた貯金だって、利子が付いて増えるどころか吹き飛んでしまうこともある。
　政治が必然の図式を目指すことに変わりはなくても、個人がいつまでも必然だけを頼りにするのは、かえってリスキーなのではないだろうか。
　私は、D（　　）偶然を「意識して」「取り入れる」時が来ているように思う。
　偶然に「すがる」のでも「期待する」のでもなく、偶然と「向き合

う」姿勢である。偶然はやっかいだからと排除するのではなく、偶然とうまく「付き合う」ことも必要になってきている。

　私がiモードの開発に関わることになったのは、E（　　）知人から声が掛かったからである。

　42歳で今さら未知の分野に、それも私の体質とd 相容れないデジタルの世界に踏み入る必然性はまるでなかった。

　しかし、e 躊躇しながらも、私はこう考えるようにした。

　目の前にある偶然に心を開いてみよう、と。偶然を敵に回さず、味方につける方法だってあるんじゃないだろうか、と。

设　问

【問1】　a～eの日本語の漢字の読み方をひらがなで書きなさい。
　　　　a　　　　b　　　　c　　　　d　　　　e

【問2】　A～Eの（　　）に最も適当なものをabcdから一つ選んでその記号を書きなさい。

　　A（　）　a　そして　　　　b　それから
　　　　　　c　すると　　　　d　にもかかわらず
　　B（　）　a　だから　　　　b　そこで
　　　　　　c　ところが　　　d　すると
　　C（　）　a　そして　　　　b　それに
　　　　　　c　だから　　　　d　しかし
　　D（　）　a　まだ　　　　　b　また
　　　　　　c　いかにも　　　d　そろそろ
　　E（　）　a　たまたま　　　b　ちょくせつ
　　　　　　c　すすんで　　　d　よくも

【問3】　筆者はなぜ「① 取材者泣かせの言葉」と言っているのか。
　　　　a　話し手がその三つの単語を使うと、読者が泣くほど感激するから

第十六课

b　話し手がなぜ成功したかが、その三つの単語だけでは読者に伝わらないから
　　c　話し手がこの三つの単語を使うと、取材者が泣くほど感激してしまうから
　　d　話し手がなぜ成功したかが、その三つの単語だけで簡単に読者に伝わるから

【問4】「② 一分のすきもないキャリアを形成している」とは、どういう意味か。
　　a　他人にすきを見せないという意味
　　b　忙しくて一分の時間もとれないポストにいるという意味
　　c　非常にりっぱなキャリアを持っているという意味
　　d　他人が入り込むすきがまったくないという意味

【問5】「③ 取材には苦労しないのだが、話はちっともふくらんでいかない」とは、ここではどういう意味か。
　　a　資料がたくさんあるので、取材したこと以外で話をふくらませる必要はないという意味
　　b　取材に苦労しないため、面白い記事にならないという意味
　　c　資料がたくさんあるので、取材したことが全て使えないという意味
　　d　資料はたくさんあるのだが、発展性がなく面白い記事が書けないという意味

【問6】どうして筆者はiモードの開発に関わったのか。
　　a　42歳になった記念に何か新しいことがしてみたかったから
　　b　偶然を味方にしようと考えたから
　　c　デジタルの分野に興味があったから
　　d　知人に誘われ、仕方がなかったから

【問7】 この文章の内容と合っているものはどれか。
 a 偶然はやっかいなことだから、期待しないほうがいい
 b 偶然はやっかいなことだが、うまく付き合うことも必要である
 c 人は努力をすれば、幸運に恵まれなくても報われる
 d 人は努力しても、偶然が味方してくれなかったら報われない

词　汇

インタビュー	（名・他サ）	采访，报道。
ラッキー	（形动）	幸运，走运。
取材者泣かせ（しゅざいしゃ・な）	（词组）	使采访者感到为难。
あの手この手（て・て）	（词组）	（使用）各种手段。
引き寄せる（ひ・よ）	（他一）	拉到跟前，吸引。
筋道（すじみち）	（名）	道理，条理。〇～の通った話／合情合理的话（或事）。
実に（じつ）	（副）	的确，实在。
ポスト	（名）	职位，地位。
トップ	（名）	第一位，最高负责人。
一分のすきもない（いちぶ）	（词组）	完美无缺，尽善尽美。
キャリア	（名）	经历，资历。
ふくらむ	（自五）	鼓起，膨胀。
バランス	（名）	平衡，平均。〇～をとる／保持平衡。
もてあます	（他五）	无法对付，难于处理。
報う（むく）	（自他五）	报答，报偿。
図式（ずしき）	（名）	图形，图表。

忠誠を尽くす(ちゅうせい・つ)	(词组)	竭尽忠诚,报效。
リストラ	(名)	裁员。
蓄える(たくわ)	(他一)	储存,储备。
吹き飛ぶ(ふ・と)	(他五)	吹跑,刮走。
頼りにする(たよ)	(词组)	依靠,依赖。
リスキー	(形动)	危险的,冒险的。
すがる	(自五)	依靠,依赖。
向き合う(む・あ)	(自五)	相对,面对面。
やっかい	(形动)	麻烦,难对付。
iモード(アイ)		i方式。NTTDokomo集团(ドコモグループ)提供的使用该公司手机网上业务。
相容れない(あいい)	(词组)	互不相容,互相矛盾。〇〜仲/水火不相容的关系。
デジタル	(名)	数字式。
入る(い)		(接在动词连用形后,加强语气)完全,彻底,真。〇いたみ〜/诚惶诚恐。〇おそれ〜/不敢当,不好意思。
躊躇(ちゅうちょ)	(名・自サ)	踌躇,犹豫。
敵に回す(てき・まわ)	(词组)	看作敌人。
味方につける(みかた)	(词组)	当作朋友。

句 型

〜となく 好多。
① 原始林の中には、巨大な樹木が何本となく茂っている/原始森林中,好多参天大树,枝繁叶茂。

② 彼は世界選手権には、すでに何回となく参加した経験をもっている/他已经有多次参加世界大赛的经验。
③ 公園のベンチには、若いカップルが幾組となく腰掛はて愛を語り合っている/公园的长椅子上，好几对年轻恋人坐在那里谈情说爱。

　　书面语，口语中使用"何本も"、"何回も"、"幾組も"的形式。

~ことに　……的是。
① 面白いことに、私が今教えている学生は私が昔お世話になった先生の子供さんだ/有趣的是，现在我教的那个学生是过去教过我的老师的孩子。
② 残念なことに、私が訪ねたときには、その人はもう引っ越した後だった/遗憾的是，我去拜访时他已经搬走了。
③ 驚いたことに、彼女はもうその話を知っていた/我吃惊的是，她竟然已经知道这件事。

　　一种书面语表达方式，接表示情感的形容词、形容动词或动词后，用以表达说话人话语的感情色彩。

~わりに　虽然……但是……。
① あのレストランは値段のわりにおいしい料理を出す/那个餐厅价格不贵，但菜好吃。
② あの人は細いわりに力がある/他人瘦，但挺有劲的。
③ 山田さん、よく勉強したわりにはあまりいい成績とはいえないねえ/山田人很用功，但成绩不能说太好啊。

ちっとも~ない　一点儿也不……，毫不……。
① この前の旅行はちっとも楽しくなかった/上次的旅行一点儿也不开心。
②「ごめんね。」「いやいや、ちっともかまわない。」/"对不起啊。""哪

第十六课

里哪里。一点儿没关系。"
③ ダイビングは怖いものと思っていたが、やってみたら、ちっとも怖くなかった/原以为跳水运动挺可怕,可实际试一下,一点儿也不害怕。

　　与"すこしも"比较,是一种口语表达方式。与"ぜんぜん"不同的是没有表示次数的用法。× ちっとも行ったことがない。○ ぜんぜん行ったことがない。

かえって～　　反倒,反而,相反。
① 自分では親切なつもりだったのに、かえって怒らせてしまった/我是一番好意,可反而把他给惹火了。
② ダイエットをしたらストレスがたまって、かえって太ってしまった/减肥搞得神经紧张,身体反倒胖了。
③ 間に合うようにと思ってタクシーに乗ったのに、渋滞のせいでかえって遅くなってしまった/为了不迟到坐了出租车,没想路上堵车反而晚到了。

　　通常用于其结果与一般常识性的预想相反的场合,但不能用于仅限于一时的即临时性的预想。× 今日は雨が降ると思っていたが、かえっていい天気になった。○ 今日は雨が降ると思っていたが、いい天気になった。

综合解答

第一课

本文 I

【問1】 a ちえ b ぶよう c たいりつ
       d せいしつ e しょうぎ

【問2】 A つまり B ところが C とにかく
       D ところが E たとえば

【問3】 知的生産という概念と対立するものはどれか。

　文中有"知的生産という概念は、一方では知的活動以外のものによる生産の概念に対立し、他方では知的な消費という概念に対立するものとなる"。

　　○a　知的消費　　b　労働力　　c　生産活動　　d　情報収集

【問4】 「① 情報はいつでも知的活動の結果として生産されるとはかぎらない」のはなぜか。

　后面文中有"情報生産のなかにも、さまざまなものがあって"。另有"いずれも情報生産にはちがいないが、知的情報生産とは区別したほうがいいだろう。いうならば、感覚的あるいは肉体的情報生産とでもいうべきであろうか"。

　　　a　読書などの行為も知的活動に入るから
　　　b　肉体労働によっても生産が可能だから
　　○c　感覚的な情報生産も存在するから

d 伝達情報が発達して、だれでも発信できるから

【問5】 ②a ～ ②c に入る言葉の組み合わせとして、適当なものはどれか。

②a 参考【問4】可以得知"情報生産"包含"知的生産"和"感覚的・肉体的生産"两种。 ②b 和 ②c 注意"～に対立する"这个词，即两者是对立的概念。如【問3】所示，这篇文章里存在两个对立的概念，即"知的生産"和"知的消費"。

A a 知的活動　　　b 知的生産　　　c 知的活動
○B a 知的生産　　　b 知的生産　　　c 知的消費
C a 知的活動　　　b 知的活動　　　c 知的消費
D a 知的消費　　　b 知的消費　　　c 知的活動

【問6】 「③ 感覚的あるいは肉体的情報生産」でないものはどれか。

其中"ピアノやバイオリンの演奏"、"舞踊の上演"、"おいしい料理を作る"有共同的地方，为"感覚的あるいは肉体的情報生産"。

a ピアノの演奏　　　b 料理を作ること
c 絵の鑑賞　　　　○d 小説の執筆

【問7】 知的生産というのは何か。三十字以内で説明しなさい。

人	間	が	知	的	活	動	を	行	な
っ	て	、	何	か	新	し	い	情	報
を	生	み	出	す	こ	と	。		

本文Ⅱ

【問1】 a き(く)　　　b ことがら　　　c きんじ

　　　　　d　ま(す)　　　　　e　おおぜい

【問2】　A　というのは　　B　それでは　　　C　しかし
　　　　　D　そして　　　　E　ところで

【問3】　「① 一人の熱のある病人」の例で、薬が効いたといい切れないのはなぜか。

　文中有"しかし厳密にいえば、病人の身体は、一日毎に変化しているので、同じ条件で何回もくり返したのではない"。

　　　　a　一人だけの例では環境に左右されるので、条件を限定できないから
　　　　b　もし効果が長く続く薬だったら、飲まない場合を設定するのが困難だから
　　　　c　熱のある状態と下がった状態を厳密に区別することはできないから
　　　○d　体質も病状も一定で、条件が同じでなければ効果が分からないから

【問4】　科学の「② 再現可能」とは、どんな意味か。

　"再現可能"，意为可能再次出現同样的結果。另文中有"科学はそれを取り扱う方法を持っている。それは統計という方法である"、"大勢の人に飲ませてみて……確かに効いたといわざるを得ない"等等。

　　　　a　すぐくり返して実行すれば、だれでも同様の理論が導けるということ
　　　　b　起こったことについて正確に記したら、見えないものでもよいということ
　　　○c　同じ条件で同様に行ったら、再び同じ結果が出るだろうということ
　　　　d　自然界のある事象が、どのような手段を用いても同じように出現すること

综合解答

【問5】 ③a ～ ③c に入る言葉の組み合わせとして、適当なものはどれか。

紧跟在 ③a 后面的文中有「あるいは同じような条件のものを選んで」，所以空白处填"条件"。 ③b 和 ③c 可以从「統計によって得られる結果は、資料の数が多いほど確からしさが増す」来考虑。

  A a 対象 b 複数の場合 c 規則
  B a 対象 b 一つの定理 c まとまり
〇C a 条件 b 多数の資料 c 傾向
  D a 対象 b 限られた設定 c 変化

【問6】「④ そういうこと」とは何か。

文中有"同じような病気にかかっている大勢の人に飲ませてみる……百人のうち九十九人までの人が治ったとすれば、これは確かに効いたといわざるを得ない"。

  a 確かに薬が効いたといわざるを得ない場面
〇b 同じ病気の人百人が薬を飲んで、九十九人が治ったという結果
  c 統計の方法を、実際にどういうふうに取り扱うかという問題
  d 一人の人間が何度もくり返して同じことをするという実験

【問7】 薬の実験で、「一人の人間に何回も飲ませる」のと同等だと仮定したことは何か。

文中有"少しずつちがった条件にあるたくさんの例について行った実験の結果を、少しずつちがう条件にある一人の人についてくり返した場合と、同等に扱っている"。

○a　少しずつちがった条件にある大勢の人に一回飲ませる
　　　b　ほとんど同じ症状のある大勢の人に多量に飲ませる
　　　c　全く同じ条件にそろえた大勢の人にくり返し飲ませる
　　　d　できるだけ大勢の人に時間をおいて少しずつ飲ませる

【問8】　この文章から、科学が取り扱うべき問題でないものは次のどれか。

文中有"広い意味でいえば、科学は統計の学問ともいえるのである"。

　　　a　彗星の軌道　　b　生物の老化　　c　商品の生産量と価格　　○d　人生論

第二课

本文Ⅰ

【問1】　a　ふしょうじ　　　b　まれ　　　　　c　ぎょうせい
　　　　d　してき　　　　　e　あとがま

【問2】　A　たとえ　　　　　B　いまだに　　　C　まず
　　　　D　には　　　　　　E　したがって

【問3】　「① その原因」の「その」は何を指しているか。

注意其前面的词语。搞清具体指的是什么原因或背景。

　　　a　状況　　　　b　影響　　　　c　危険性　　　○d　ミス

【問4】　「② 不問に付されてしまいます」とは、どんな意味か。

"不問に付す"意为"不予过问",其紧跟在后面的文中有"個人が責任をとることと、失敗の原因を追究して教訓化することとは別物なのに、それが混同されている"。

　　　a　不祥事を起こすこと　　　　b　責任者が辞任すること

○c　追究されないこと　　　　d　原因を分析すること

【問5】　③a 、③b 、③c には同じ言葉が入る。次のどれか。

　　　注意□□前后的文章，即事故或事件的表面化形式是什么、处罚与什么有关的人、引起什么的原因等。另可从"大きな失敗(事故や営業損失)"来考虑。

　　　　a　背景　　　○b　失敗　　　c　現象　　　d　事実

【問6】　「④ 鎖を形成する小さな輪」の鎖の輪とは何か。

　　　文中有"失敗の原因を『諸要因の連鎖』としてとらえる"、"鎖を形成する小さな輪(＝要因)"、"どの一つも重要な要因になっている"。

　　　○a　失敗にいたるまでの一つ一つの要因
　　　　b　繰り返し発生したミスの内容
　　　　c　事故を防げなかった人たちの行動
　　　　d　現象についての詳しい分析

【問7】　失敗を繰り返さないために、どんな取り組みが有効だと言っているか。三十字以内で説明しなさい。

起	こ	し	た	失	敗	の	原	因	や
背	景	を	、	一	つ	ず	つ	調	べ
て	対	策	を	立	て	る	こ	と	。

本文Ⅱ

【問1】　a　へいこう　　　b　えいぞう　　　c　いちじる(し)
　　　　d　ちつじょ　　　e　しゅこう

【問2】　A　しかも　　　　B　さらに　　　　　C　しかし
　　　　D　これに対して　　E　その代わり

【問3】「① これによって」は何を指しているか。

　　为什么"たえまなく"、"どこでもいつでも"会出現在一起。另文中有"速報性を特徴としていて"、"情報は場所と時間を選ばず人びとのもとに向かうからやってきます"。

　　　　a　ラジオやテレビが休みなく情報を発信していること
　　　　b　各家庭のなかまで、あらゆる情報を届けてくれること
　　　　c　刻々と変わる事件の進みを、そのつど知らせてくれること
　　○d　速報性とともに、いつでもどこでも情報が届くこと

【問4】「② 文字による言葉の伝達力に頼らない」というのはどんな意味か。

　　"文字による言葉の伝達"意为"使用文字传达"。

　　○a　書かれた文字だけで情報を伝えるのではない
　　　　b　文字を使ったメッセージが発信されない
　　　　c　言葉以外の手段でコミュニケーションをする
　　　　d　電波を通して広く多くの人に知らせる

【問5】「③ 情報の無階層化」とは何か。

　　文中有"受容者の社会階層による区別がなくなったのです"。

　　　　a　情報の送り手に、組織内の地位の差がなくなったこと
　　　　b　情報の送り手に、地域による質に違いがなくなったこと
　　○c　情報の受け手に、社会的な身分の差がなくなったこと
　　　　d　情報の受け手に、民族的な差別意識がなくなったこと

综合解答

【問6】「④ 一望できる構造」とは何か。

　文中有"受け手は情報の全体を空間的に展望し、そのなかにある論理的な秩序、価値的な階層関係をひと目で読み取ることができる"。

　　　a　情報のそれぞれの因果関係が図式的につかめること
○　　b　全体の構造がどうなっているかすぐに見当がつくこと
　　　c　一見すれば、どんなジャンルの情報が想像できること
　　　d　情報を受けると、空間的な広がりが感じられること

【問7】「⑤ 半月前の大地震よりも、今日起こった小さな火事のほうが強烈」なのはなぜか。

　文中有"その時どきの部分の印象の強さにくらべて、内容の全体像を伝える力は弱くなります"、"歴史的な経過の構造が……弱くなります"等等。

○　　a　その瞬間に受け取る情報の印象が強く感じられるから
　　　b　継続的に事件や事故を追うには時間が短いから
　　　c　映像や音響の方が、書き言葉よりも迫力があるから
　　　d　受け手の身近に起こったことを伝えるのに効果的だから

第三课

本文Ⅰ

【問1】　a　たんそく　　　b　ひと(り)ごと　　　c　まぎ(らす)
　　　　d　でんたつ　　　e　せんまんむりょう

【問2】　A　どんなに　　　B　なお　　　C　でも

【問3】（ ① ）に何を入れればいいのか。

　諸如"悲しむ"、"食う"、"泣く"、"うなる"、"叫ぶ"、"にらむ"、"嘆息する"、"殴る"等都是人类最为原始的表示感情的手段。

a 近代的　　b 現代的　　○c 原始的　　d 古代的

【問4】（　②　）に何を入れればいいのか。

前后文中有"なおまた、言語は他人を相手にするときばかりでなく"、"我々は頭の中で……独り言を言い、自分で自分に聞かせながら考える"。

a　みんなで話をするとき　　　b　さびしくて独り言を言うとき
c　静かに本を読むとき　　　○d　独りで物を考えるとき

【問5】「③自分の中にあるもう一人の自分が、ふとささやき掛けてくる」とはどういうことか。

文中有"孤独を紛らすために自分で自分に話し掛ける習慣があります"。

a　自分の中に誰かの意思が入り込んできて、それと対話するということ
b　自分の中で役割を決めて、一人二役を演じるということ
c　自分が気がつかない性格が、自然と現れて話し出すということ
○d　自然と、頭の中で言葉を使って自分自身で対話するということ

【問6】なぜ言語は「④思想に一つの形態を与える、まとまりをつける」ことができるのか。

文中有"他人に話すのでも、自分の言おうとすることを一遍心で言ってみて、しかる後口に出すこともあります。普通、我々が英語を話すときは、まず日本語で思い浮かべ、それを頭の中で英語に訳してからしゃべりますが、母国語で話すときでも、難しい事柄を述べるには、しばしばそういうふうにする必要を感じます"。

○a　言語を使うことによって、思想や考え方が頭の中でまとめられる

综合解答

　　　　から
　　b　どの言語であっても、ある決まった形態をもっているから
　　c　言語は、それ自身まとまりをもった体系を形作っているから
　　d　言語を使用することで、誰でも一人前の社会人になれるから

【問7】（　⑤　）に何を入れればいいのか。

　　文中有"（　⑤　）ほうが、くどくど言葉を費やすよりも千万無量の思いを伝える"。

　○a　黙ってさめざめと涙を流している
　　b　怒ってぶつぶつ文句を言っている
　　c　楽しくてべらべらしゃべっている
　　d　不安な気持ちをとつとつと訴えている

【問8】　言語に対する筆者の考え方を、五十字以内で説明しなさい。

言	語	は	思	想	を	伝	達	し	た
り	思	考	を	ま	と	め	た	り	す
る	機	能	を	も	つ	一	方	で	、
内	容	を	伝	え	き	れ	な	い	と
い	う	限	界	も	有	し	て	い	る

本文Ⅱ
【問1】　a　おおごえ　　　b　じゃくしゃ　　　c　ほほえ
　　　　d　こころえ　　　e　わるぐち

【問2】　A　つい　　　　　B　それとも　　　　C　とりわけ
　　　　D　何より　　　　E　ほとんど

【問3】「① 人が失敗をした時、同情を引くものであってはなりません」とはどういう意味か。

"同情を引く"意为"受到他人同情"。

○a　人が失敗した時、その失敗で他人の同情を招いてはならない
　b　人が失敗した時、他の人は同情してあげなければならない
　c　人が失敗した時、他の人は同情を寄せてはならない
　d　人が失敗した時、他の人は同情を求めてはならない

【問4】「② 町人」とはどういう意味か。

"町人"指的是"江户时代居住在城市中的手艺人和商人"。

　a　江戸時代の一般の民衆　　　b　江戸時代の百姓
○c　江戸時代の商人・職人　　　d　江戸時代の士農工商

【問5】「③ タテ社会」とはどういう意味か。

"タテ社会"指的是"重视身份和上下级关系的社会"。

　a　時間意識の強い社会　　　○b　身分差のある社会
　c　経済的差異のある社会　　　d　地域的差異のある社会

【問6】　私たちの毎日の生活の中で笑っている笑いは次のどれか。

文中有"協調の笑いというのは、人と人とが笑いあって仲良くなっていく笑いのことを言います"、"私たちが毎日の生活の中で笑っているというのは、協調としての笑いがほとんどです"等等。

　a　攻撃的な笑い　　　　　○b　協調的な笑い
　c　人をばかにする笑い　　　d　意味のない笑い

综合解答

第四课

本文Ⅰ

【問1】 a きゅうしょく　　b うで　　c やくわり
　　　　d こんぽん　　　　e えきべん

【問2】 A まず　　　　　B そして　　　C また
　　　　D しかし　　　　E そもそも

【問3】「① 日本文化を論じた論文」のメイン・テーマは何か。

　　注意"この論文のメイン・テーマ"后面的文章,如"日本のこどものお弁当がすばらしく手の込んだ芸術品の様相を呈しており、それが母親の腕の見せどころだ、という事実なのです"等等。

　　　a　食がないところでは、みんなが一斉にお弁当を持っていくということ
　○b　日本のこどものお弁当が芸術品のようで、母親の重要な仕事だということ
　　　c　日本には「お弁当」という芸術的食物を作る文化があるということ
　　　d　日本とアメリカとでは、学校の昼食のとり方が非常に違うということ

【問4】「② こういう伝統」とは、どんな伝統か。

　　注意"アメリカのこどものお弁当といえば"后面的文章,如"母親がことさらに手をかけることはまずありません"。即美国的传统。

　　　a　みんながお弁当を持っていくわけではないという伝統
　　　b　こどもがお弁当を自分で作るという伝統
　　　c　芸術品のようお弁当を作るという伝統
　○d　母親がお弁当に手をかけることはないという伝統

【問5】 「③ そういう風には考えたことがなかった」とあるが、この論文ではお弁当からどんなことを論じているか。論じていないはどれか。

注意提问的是此段文章中没有谈到的内容。文章涉及的是"そこからこの筆者は、日本における『母親』という役割の重要性、お弁当の優秀さで母親の優秀さは計られること、母子の緊密な関係、そして、誰もが同じように素晴らしいお弁当を持たねばならないという集団主義……、日本における女のあり方などについて議論を広げていきます"。

　　a　日本社会での母子の緊密な関係
　　b　日本社会での「母親」という役割の重要性
　　c　同じようなお弁当を持っているという集団主義
　○d　日本の芸術的な「お弁当文化」

【問6】 この文章から考えられる日本とアメリカの子供のお弁当の組み合わせとして、正しいものはどれか。

从本文所描述中可以看出,日本的盒饭精致,犹如艺术品,而美国的盒饭比较简单。

	日　本	アメリカ
○a	パンダの顔のおにぎり 卵焼き・ハンバーグ・いちご	サンドイッチ チョコバー・オレンジ
b	あんパン・ジュース りんご	サンドイッチ・鶏のからあげ うさぎの形のりんご
c	おにぎり たくあん	ハンバーガー・チョコバー 野菜サラダ
d	卵焼き・鶏のからあげ さくらんぼ	サンドイッチ・ポテトチップ たこの形のウインナーソーセージ

【問7】 筆者は日本とアメリカのこどものお弁当の違いはどこにあると思っているか。十五字以内で説明しなさい。

日	米	の	食	に	関	す	る	文	化
的	差	異	。						

本文Ⅱ

【問1】　a　にがて　　　　b　わりびき　　　　c　まよ
　　　　d　けいやくしょ　e　うった(え)

【問2】　A　いつか　　　　B　だんだん　　　　C　が
　　　　D　実は　　　　　E　それで

【問3】　次の質問に答えるのに最も適当なものをabcdの中から一つ選んでその記号を書きなさい。

　　　　a　「私」　　　b　男の人　　　c　警察　　　d　他の人

注意人称,特别是使役被动态及授受动词情况下的人称关系。

① (b) 「電話がかかってきました」とあるが、電話をかけたのは誰か。
② (b) 「見せてもらう」とあるが、誰が見せるのか。
③ (b) 「約束をさせられてしまった」とあるが、約束をさせたのは誰か。
④ (a) 「聞かせた」とあるが、聞いたのは誰か。
⑤ (b) 「聞かさせられた」とあるが、誰が聞かせたのか。
⑥ (a) 「聞いてくれた」とあるが、誰が聞いたのか。
⑦ (a) 「サインしていただいた」とあるが、サインしたのは誰か。
⑧ (a) 「言いました」とあるが、言われたのは誰か。
⑨ (a) 「サインさせた」とあるが、サインしたのは誰か。
⑩ (a) 「買わせられてしまった」とあるが、誰が買われたのか。

【問4】 （ア）（ウ）に入る言葉として、適当なものはどれか。

紧跟在后面的文章中有"この教材の定価は10万円なのです。今週中に予約した人だけには、特別に割引して8万円で売っているんです"。

（ア）
　　a　実際　　　　b　秘密な話　　　○c　本当　　　d　事実

联系(ア)等的内容一起来考虑的话，可以得出"男の人"说的话不是事实的结论。

（ウ）
　　○a　うそをついて　　　　　　b　警察に訴えると言って
　　c　本当のことを言って　　　　d　良い本を見せて

【問5】 「イそうしないと」とあるが、ここではどんなことか。

这里"そう"指的是"今週中に8万円用意していただけませんか"。否则就是"契約違反"。

　　a　教材を予約しないと　　　　b　8万円のお金を持たないと
　　○c　今週中にお金を払わないと　　d　契約書にサインしないと

【問6】 この文章の内容と合っているのはどれか。

联系前后文"説明を聞いて、英語の苦手な私はだんだんその教材がほしくなってきました"、"あの時買ったテープと本をときどき使っていますが、私が今までに買った教材とあまり変わらないので、私の英語はぜんぜん上手になりません"等来综合考虑。

　　a　「私」ははじめは英語が苦手だったが、今は得意になった
　　○b　「私」は男の人の話を聞いてこの教材を使えば英語が上手になるか

综合解答

もしれないと思った。
c 「私」ははじめはその教材にぜんぜん興味がなかった。
d 「私」はその英語の教材の内容をよく読まないで買ってしまったのが失敗だった。

第五课

本文 I

【問1】 a ゆうや(け)　　b しょうじき　　c にじゅうちょうぼ
　　　 d ひにく　　　　e りょうりつ

【問2】 A 書いたら　　　B ことになりました　　C さすがの
　　　 D それでも　　　 E けど

【問3】 なぜ「① 父は急に不機嫌になっ」たのか。

前一句中有"『どうしてうそを教えたの』と聞くと～"。

　　　 a 筆者が、テストで「空が恥ずかしがっているから」と書いたから
　　　 b 筆者がテストで悪い点を取って帰ってきたから
　　　 c 先生が筆者のテストにバツをつけたから
　　○d 筆者が「どうしてうそを教えたの」と父親に言ったから

【問4】 「② どちらもうそじゃない」とあるが、「どちらも」とは何と何か。

文中有"『夕焼けはなぜ赤い』。小学校三年の時、理科の試験でそんな問題が出たことがあります。父に聞いていた通り『空が恥ずかしがっているから』と書いたら、バツがついて返ってきました"。老师之所以打叉,是因为笔者的答案与其他小朋友不同。

　　○a 夕焼けがなぜ赤いかについての先生の解答と、筆者が書いた答え
　　 b 空が恥ずかしがっているという答えと、筆者が書いた答え
　　 c 夕焼けが赤いことについての一般的な答えと、先生の解答

d　夕焼けが赤い理由と、空が恥ずかしがっているという間違った考え

【問5】「③ 大うその日記」とはどういう日記か。

　　文中有"戦争中、学校に出す絵日記で『銃後を守る、うれしい汗』"。

　　　a　学校では都合が悪い日記
　　　b　空想だけが書かれた日記
　　　c　戦争に負けたことを書いた日記
　　○d　戦争に合わせた内容の日記

【問6】（　④　）に入る文として、適当なものはどれか。

　　这里父亲在安慰乘法差劲的笔者。另外，"ダメなところばかりを考えると"后面的文章希望笔者转换思维模式。

　　　a　割り算ができないよりはずっとましだ
　　　b　足し算ができればすぐに掛け算もできるようになる
　　○c　足し算をいくつもいくつも重ねれば答えが出る
　　　d　一生懸命練習すれば必ずできるようになる

【問7】「⑤ ほかの教師」とはだれのことか。

　　后面的文中有"音楽は、神津善行とかいう青年が現れてから、ほかの人の言うことは耳に入らない"，而且前面的文章中也有"父は皮肉をこめて言いました"，所以可以看出这里并非指老师。

　　　a　寺子屋の先生　　　　　　b　音楽の先生
　　　c　筆者の父親　　　　　　○d　筆者の恋人

【問8】筆者が父親から教わったいちばん大切なものは何か。二十五字以内で説明しなさい。

综合解答

人	生	に	お	い	て	答	え	は	ひ
と	つ	で	は	な	い	と	い	う	考
え	方	。							

本文 II

【問1】 a ととろ(え)　　　b くず(れる)　　　c くちぶえ
　　　d もんく　　　　　e てんらく

【問2】 A たまたま　　　　B でも　　　　　C だが
　　　D これだけ　　　　E たしかに

【問3】 K氏はなぜその時計を買ったのか。

注意"ちょうど、女の子にウインクされたような気がした"所表达的意思。

　　a 旅行に必要だったから
○b その時計が「私を買って」とささやいたように思ったから
　　c 店の女の子にウインクされたから
　　d ボーナスで時計を買うつもりだったから

【問4】 「① その時」とはどんな時か。

注意"K氏はこれを買ってから～正確な時刻を、忠実に知らせ続けてきたのである"段落为插入部分，与文章没有直接关系。因为是"その時、時報の音を聞いた"，所以"その時"应该是"做某事的瞬间"。

　　a ラジオが天気予報を告げていたとき
　　b 時計を検査に出したとき
○c 時計をぬぐったとき
　　d 時計が正確な時刻を知らせたとき

【問5】（ ② ）に入れるのは次のどれか。

后面文中有"彼にとって、時計のほうを疑うのは、考えられないことだったのだ"。

  a　ラジオが鳴るとは　　　　b　時計が遅れるとは
  c　時計が進むとは　　　　○d　時報が狂うとは

【問6】K氏が旅行を中止したのはなぜか。

"どうしようもなかった"的原因是什么?

  a　愛用の時計が故障してがっかりしたから
  b　天気が悪くなりそうだから
 ○c　バスに遅れてしまったから
  d　時計をできるだけ早く修理しようと思ったから

【問7】「③ おかげで」はK氏のどんな気持ちを表わしているか。

作者把"バスに乗りそこなった"的责任怪罪了什么。

 ○a　時計に怒っている
  b　時計店の主人に怒っている
  c　時計に感謝している
  d　時計店の主人に感謝している

【問8】この文の内容とあっているのは次のどれか。

听了新闻广播后,K氏是怎样想的,手表最终是否出了故障?

  a　この時計は故障してもう使えない
  b　K氏はいまでも時計を恨んでいる
 ○c　時計は故障していない

d ラジオの時報が狂った

第六课

本文 I

【問1】 a しんこきゅう　　b ゆうひ　　c ともばたら（き）
　　　 d ないしょ　　　　e しんせん

【問2】 A やっと　　　　B とると　　　C ものの
　　　 D きっと　　　　E もあって

【問3】 本文の内容と合っているものには○を、違っているものには×を
　　　 （　）の中に入れなさい。

注意从"爱情电话"的目的、感受、原因等方面来考虑。

① (×) 女の人は土曜日の夜は緊張しないでリラックスする。
② (×) 男の人がベランダに出て電話をしたのは寝ている子どもを起こさないためだ。
③ (○) この近距離電話は、以前はつまらないものだと思っていたが、このごろは楽しみに変わった。
④ (○) 夫婦二人は忙しいので、少し気持ちがズレるのは仕方がないと思っていた。
⑤ (○) 顔を見て恥ずかしくて言えないようなことばでも、電話では言うことができる。
⑥ (○) 夫婦二人は仕事に時間をかけ過ぎて、子どもと交流する余裕がない。

【問4】 夫婦二人のいる場所はどこか。夫がいる所に★、妻がいるところに♥を書き入れなさい。

注意夫妻双方所处的室内和室外的位置。

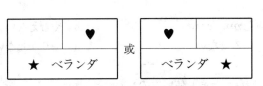

【問5】 夫婦二人はなぜわざわざ近距離電話で話すのか。三十字以内で説明しなさい。

顔	を	見	て	い	た	ら	な	か	な
か	言	え	な	い	こ	と	が	自	然
に	言	え	る	か	ら	だ	。		

本文Ⅱ

【問1】　a　けっとうしょ　　b　ほほえ(む)　　c　としよ(り)
　　　　d　だ　　　　　　　e　こうかい

【問2】　A　とにかく　　　　B　おかげで　　　C　せめて
　　　　D　しかし

【問3】　文中のア〜オに入れるのに最も適当なものをabcdの中から一つを選びなさい。

ア：　○a　無視されていた　　　　　b　延ばされていた
　　　　c　軽蔑されていた　　　　　d　検討されていた
イ：　a　何とかかんとか　　　　　　b　何から何まで
　　○c　何でもいい　　　　　　　　d　何よりいい
ウ：　a　私は少しためらった
　　　b　私はやめようかと思った
　　　c　私は二、三日考えさせてもらった
　　○d　私の決意は変わらなかった
エ：　a　よろこぶであろう　　　　○b　やめるであろう
　　　c　がっかりするであろう　　　d　はやめるであろう

オ： a　しかたない　　　　　　b　やむえない
　　　○c　やるせない　　　　　　d　やりかねない

【問4】「② それは」と同じ使い方のものはどれか。

　　这里的"それは"代指的是前面的"犬を抱いて帰った私"。

　　　a　それはいつごろのことですか
　　　b　それはそれとして、お願いした手紙は出しましたか
　　　c　これは幸子ので、それは私のです
　　○d　お前のおじいさんはそれは立派な人だった

【問5】「① 生き延びる」とはここでどういう意味か。

　　前面文中有"もし明日までに誰かもらい手が現れた場合、残っているのがこちらのマヌケ面の方だとしたら、きっともらうのをやめるであろう"。因此这里的"生き延びる"指的是"マヌケ面の犬"。

　　　a　マヌケ面の犬が生き残る
　　　b　犬が二匹とも生き残る
　　　c　マヌケ面の犬がもらい手がみつかる
　　○d　犬が二匹とももらい手がみつかる

【問6】　この文章の結果として推測できるものはどれか。

　　文中有"私は必死で抵抗し、～と具体的なウソまでつき、…"、"私は～黙って犬の頭をなでていた"等等。

　　　a　マヌケ面の犬を送り返した
　　　b　賢そうな方の犬と取り換えた
　　　c　マヌケ面の犬を飼いつづけたが、あまり好きでなくなった
　　○d　あいかわらずマヌケ面の犬を大事に育てた

第七课

本文 I

【問1】 a ほしょうにん　b きぼうどお(り)　c つと(める)
　　　 d ため(し)　　　e めいわく

【問2】 A ずいぶん　　B いったい　　C したら
　　　 D わけ　　　　E それに

【問3】「① 重要な仕事もなかなかさせてもらえない」とはどういう意味か。

　　"～させてもらえない"意为"我(或我方)得不到……"或"不给我(或我方)……"。

　　○a 自分に重要な仕事をさせない
　　 b 自分に重要な仕事をさせて、他人にさせない
　　 c 自分が他人に重要な仕事をさせるのが難しい
　　 d 他人に重要な仕事をさせても受け取ってくれない

【問4】「② 頭が痛い」とはどういう意味か。

　　"頭が痛い"意为"伤脑筋"、"烦恼"。

　　○a どうしていいかわからない　　b 働く人手が足りない
　　 c 不満などでいっぱいある　　　d 仕事がつらくて苦労する

【問5】「③ 仕事が早いほう」とはどういう意味か。

　　后面文中有"仕事が遅くて同僚に迷惑をかけたことはないと思いますけど…"。

　　 a 就職する時間が早い　　　　b 早く出勤して仕事する

综合解答

　　　　○c　仕事のスピードが早い　　　　d　家を早く出る

【問6】　純子がどうして今の仕事をやめようと思っているか。

　　文中有"それが、朝から晩までお金の計算ばかりで、思っていた仕事とは全然違うんです。重要な仕事もなかなかさせてもらえないし…"。

　　　　a　会社の給料が低い
　　　　b　人間関係がよくない
　　○c　今の仕事がつまらない
　　　　d　得意な英語を使うことができない

【問7】　叔父さんが純子さんにどんな仕事をすすめたか。十字以内で説明しなさい。

| 旅 | 行 | 社 | の | ガ | イ | ド | 。 | | |

本文Ⅱ

【問1】　a　いやみ　　　　　b　したう(け)　　　c　おもに
　　　　d　おんがえ(し)　　e　おとな(し)

【問2】　A　それだけ　　　　B　そんな　　　　　C　これでも

【問3】　「① 気楽かもしれない」とあるが、何が気楽なのか。

　　文中有"此処に入るより上役も少ない。気楽かもしれない。……小さな世界だ"。

　　○a　上司も社員も少ない会社で、リラックスして仕事ができること
　　　　b　毎日決まった内容の仕事を、のんびりやればいいということ
　　　　c　健一の希望する道に進む方が、結局は自分を楽にするということ
　　　　d　土屋の申し出は、健一にとって最ものぞましいということ

【問4】「② 俺なら、うちを選ぶね」とあるが、「うち」とは何か。

　"うち"即自己所在的公司。

　　a　土屋がいいと思う会社　　　○b　土屋のいる一流企業
　　c　健一が入ろうとしている会社　　d　健一が紹介した下請け工場

【問5】「③ 少なくとも、一流会社が、うれしくってたまらないって姿じゃなかったスね」とあるが、その時の土屋はどうだったか。

　　文中有"健一『何故あの晩、死のうとしたんです』"、"土屋『でかい仕事はそれだけ重荷もある。ひでェ時もある。』"、"あの晩が、どん底だった"等的対話。

　　a　会社の名前に誇りを持ち、はつらつとしていた
　　b　仕事が充実していて、現状に満足していた
　　c　自分のやり方に疑問を感じ、いらいらしていた
　○d　自分に自信を失って、ひどく落ち込んでいた

【問6】「④ 勝手に、そんなこと」とは、どんな意味か。

　　前面文中有"土屋『来週月曜日だ。10時からの会議の最後で、みんなに逢わせる』"。

　　a　会社が、健一たちのことを考えずに、重役会議を開こうとすること
　　b　会社が、土屋の考えと関係なく、会議に出席させようとすること
　○c　土屋が、健一の意向にかまわず、面接をさせようとしていること
　　d　土屋が、健一の意見を聞かずに、会議で提案させようとすること

【問7】（　⑤　）に入る文として、適当なものはどれか。

綜合解答

文中有"さっき彼らに逢わせたのも手続きだ。君の採用は決定している。俺が、そう決めたんだ。……あの晩が、どん底だった。それから、逆転した。俺は賭けに勝ったんだ"。

  a 俺の長所を知っている重役は多くない
  b 俺の意見に喜んで同調する重役は少ない
  c 俺に賭けで勝てる重役は見当たらない
○d 俺にまともにぶつかって来る重役はいない

【問8】　土屋は、健一に対して何をのぞんでいるか。

文中有"君のような人間が、必要なんだ"、"温和しくて頭がよくてエゴイストの新入社員の中に、君のような人間をほうり込めば、奴らに、なにが足りないか、よく分かる"。

○a 健一のような人に、自分の会社に入ってもらいたい
  b 健一のような人に、新入社員の教育をしてもらいたい
  c 健一と新入社員が競争して、仕事に励んでほしい
  d 健一が自分の片腕になって、支えていってほしい

第八课

本文 I

【問1】 a　か(か)　　　　b　じっか　　　　c　かんれき
    d　かぞ(え)どし　　e　はやくち

【問2】 A　ほそぼそ　　　B　だって　　　　C　とても

【問3】「① 来月の下旬はお宅に行けない」とあるが、なぜか。

文中有"来月、休みをとって旅行する計画を立てていたのだ"。

  a　二人ともそれぞれの仕事が忙しいから

b　たまには家でゆっくりしよう思ったから
○c　休みをとって二人で旅行する予定だから
　　d　結婚式に出席することになっているから

【問4】「② 言うには言ったけど」というのは、どんな意味か。

　注意后面的文中有"どうせなら、親父とお袋も一緒に行こうかって話になったんだ"。

　　a　来月家に行けないとは言ったが、両親に納得してもらえなかったということ
　　b　来月家に行けないとは言ったが、俊夫一人だけでも来いと言われたということ
　　c　来月家には行けないと言ったが、理由を問い詰められて困ったということ
○d　来月家には行けないと言ったが、妻の希望とは違う提案をされたということ

【問5】　下の□の文を読んで、文中 ③a ～ ③d に入る文の組み合わせとして、適当なものはどれか。

> （ア）還暦? お義父さま、確か59歳じゃない?
> （イ）やっと休みがとれて二人でゆっくりしようって言ってたじゃない。
> （ウ）行こうって、旅行に?
> （エ）お義父さまの還暦祝いと、私達の旅行と、何で一緒になっちゃうのよ。

注意会话的前后文意思。
「どうせなら、親父とお袋も一緒に行こうかって話になったんだ」
　　③a 「行こうって、旅行に?（ウ）」→対「一緒に行こう」的确认。

综合解答

「うん。」
「なんで、そういう話になっちゃうのかな。 ③b やっと休みがとれて二人でゆっくりしようって言ってたじゃない。(イ)」→旅行的目的、意义。
「そうなんだけどさ、いや、俺も忘れてたんだけど、今年、親父が還暦なんだよ。」→回答和父母一起去的理由。
　　 ③c 「還暦？お義父さま、確か59歳じゃない？(ア)」→针对「還暦」的话。
「そうだけど、こういうことは数え年でやるものだって。」→今年庆祝花甲的理由。
　　 ③d 「お義父さまの還暦祝いと、私達の旅行と、なんで一緒になっちゃうのよ。(エ)お祝いはまたあらためてやればいいじゃない。みんなで食事かなんかすれば。」→惠子对旅行和庆祝花甲的看法。

　　a　(ア)(エ)(ウ)(イ)　　　b　(イ)(ウ)(ア)(エ)
○c　(ウ)(イ)(ア)(エ)　　　d　(エ)(イ)(ア)(ウ)

【問6】「④ そういう話」とは、どんなことか。

惠美对什么不满,可参照问题4、5。

　　a　恵美と俊夫が仕事が忙しくて、実家に帰れないということ
○b　恵美と俊夫の旅行に、俊夫の両親も一緒に行くということ
　　c　恵美と俊夫の家に、俊夫の両親が訪ねてくるということ
　　d　恵美と俊夫は、実家を敬遠して行きたがらないということ

【問7】「⑤ 親父もお袋も恵美のことが可愛い」というのは、どんな意味か。

后面的文中有"一緒に楽しみたいんじゃないかな"。

○a　俊夫の両親は、息子の妻が本当の娘のように思えるということ
　　b　俊夫の両親は、恵美の容姿が愛らしいと思っているということ

c 俊夫の両親は、恵美のやさしさを有難く思っているということ
d 俊夫の両親は、何でも言うことをきく嫁だとみているということ

【問8】 この後、二人はどうするか。二十五字以内で説明しなさい。

恵	美	と	俊	夫	、	俊	夫	の	両
親	の	四	人	で	来	月	旅	行	を
す	る	。							

本文Ⅱ

【問1】 a げんかん　　b いきお(い)　　c まがお
　　　　d がってん　　e せお

【問2】 A まったく　　B でも　　C んだっけ

【問3】 「（ ① ）」に入る文として、適当なものはどれか。

前面的文中有"ああ、腹へった"。

　　a 玄関のかぎはかけたの　　b 靴下をすぐ洗濯しなさい
　　c カレーの材料を買ってきて　○d すぐにご飯にするからね

【問4】 良太が「② 一瞬手を止め」たのはなぜか。

良太対母亲没有提及过帮助他人的事，文中有"誰にきいたの"。

　　a 夢中でカレーを食べていたので、母親の話を聞いていなかったから
　○b 自分は母親に一言も話していないのに、母親が知っていたから
　　c 自分が秘密にしていたことがばれてしまって、怒られると思ったから
　　d 食事をしているときは、叱られたり注意されたりするのは嫌だ

综合解答

から

【問5】 佐知子が「③ おかしいなって思った」のはなぜか。

"だって"后面的句子是在叙述理由,文中有"だって、良太はいつも早く家を出るじゃない？5年生になるまで遅刻も欠席もしていないから……"。

○a 良太は毎日、早く家を出て学校に行くから
　b 良太は、学校に遅刻するのがきらいだと知っているから
　c クラスの女の子が好きなのに、鼻にしわを寄せたから
　d 母親が息子の学校生活について知らないことが多いから

【問6】 下の□の文を読んで、文中 ④a ～ ④d に入る文の組み合わせとして、適当なものはどれか。

> (ア) 1組にさ、小山君っているじゃない。
> (イ) 校門まではクラスで一番早く着く。
> (ウ) そう。そうでね、三階の端の教室まで行くのに時間がかかるんだよ。
> (エ) でも、お母さん、他の誰にも言わないでくれよ。

注意会话的前后文意思。

「うん。家は早く出てるよ。」
「うん。」
 ④a 「校門まではクラスで一番早く着く。(イ)」→因为早就出家门了。
「うんうん。」
 ④b 「でも、お母さん、他の誰にも言わないでくれよ。(エ)」
「何を？」
「いいから、先に約束して。」
「わかった。誰にも言わない。」→针对「誰にも言わないでくれ」的回答

④c 「1組にさ、小山君っているじゃない。（ア）」
「小山君？ああ、あの子、足が少し悪いんだっけ。」→有关「小山君」的话。
　　④d 「そう。それでね、三階の端の教室まで行くのに時間がかかるんだよ。（ウ）だから僕、ときどき荷物を持ってあげたりするんだ。」→有关「足が悪い」的解释。

　　a （ア）（イ）（ウ）（エ）　　　○b （イ）（エ）（ア）（ウ）
　　c （ウ）（ア）（エ）（イ）　　　　d （エ）（イ）（ウ）（ア）

【問7】「⑤ そういうこと」とは何か。

　　从问题6可以了解到良太一直帮助脚不方便的小山君把书包等拿到教室。文中有"僕の足なら1組5組までだったら走って十分間に合うんだけど、音楽や体育のときは場所が違うからちょっときついね"。

　　a　いつもは間に合うが、音楽や体育は準備が遅くなるので遅刻したということ
　　b　友人と自分の二人分の荷物を持つと、早く走れないので遅刻したということ
○c　足の悪い友人を助けて1組に行った後音楽や体育に出るので遅刻したということ
　　d　担任の先生に見つからないように友達と遊んでいるので、遅刻したということ

【問8】　良太は「⑥ 男の義理人情」という言葉の意味をどう考えているのか。

　　根据以下两人的会话来考虑。
「いいところあるわね、良太。」
「絶対余計なことを言うなよ。特に高津にはな。」
「なんで？いいことしてるんじゃない。」
「だめだよ。」

○a 男は、人に親切にしても黙っているべきだ
b 男は、以前良くしてもらった人のことを忘れない
c 男は、他人に誤解されることを恐れずに行動する
d 男は、重すぎる荷物も背負わなければならない

【問9】「⑦佐知子は笑いながら」とあるが、何がおかしかったのか。

文中有"思いもよらない言葉が11歳の息子の口から出たので、佐知子は吹き出してしまった"。

a 授業の前に、校舎の端から端まで走っている良太の姿を想像したから
b 小さい肩なのに、二人分の荷物を持ってあげているのがかわいかったから
c 良太はいつも元気で怖いものはないのに、高津先生だけは苦手だから
○d 良太が自分の良い行いを、大人の使うような難しい言葉で表現したから

第九课

本文Ⅰ

【問1】 a みぶ(り)　　b ばんしょ　　c とまど(う)
　　　 d じゅんじょ　　e なにごと

【問2】 A わけだが　　B 使ったら　　C はず

【問3】 この文章の内容はどのような順序で書かれているか。

先有"ゲームの説明"，这样c或d可能是答案。但接下来叙述的是"どうしてうまくいかないか"和"どううまくやるか"，因此正确答案是c。

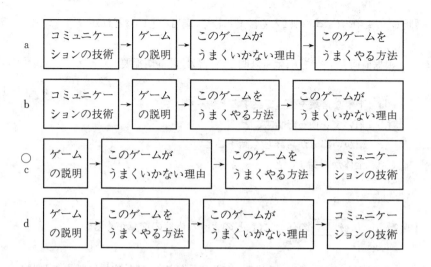

【問4】「① 非常に低い」のはなぜか。

可以根据其后面的说明作出判断。

　　a　それほど複雑な図形ではないから
　　b　図形を描くのが難しいから
　　c　聞き手の理解度が低いから
○d　説明のしかたが良くないから

【問5】 文中の（　ア　）（　イ　）（　ウ　）に入る言葉の組み合せとして、適当なものはどれか。

了解了"話し手"并非站在"聞き手"立场上的话就可以找到答案。

○a　ア：聞き手　　　イ：話し手　　　ウ：聞き手
　b　ア：聞き手　　　イ：話し手　　　ウ：話し手
　c　ア：話し手　　　イ：聞き手　　　ウ：聞き手
　d　ア：話し手　　　イ：聞き手　　　ウ：話し手

【問6】 文中の(エ)に入る言葉として、適当なものはどれか。

根据前面文中的说明,就可以明白怎样做才能简明扼要。

　　a　丁寧な言葉を使って話すこと
　　b　短い文を使って話すこと
　　c　細かい部分から詳しく話すこと
　○d　全体から話すこと

【問7】　　オ　　の部分には、どのような内容の文章がくるか。

注意"また、このゲームの場合……"后面作者所言"具体的に話すこと"が重要になる"的部分。即使只说"犬",在人们脑海中浮现出的狗也是各式各样的,所以必须具体地加以说明。这就需要加入一个例子。

　　a　「犬」を思い浮かべるのはだれでも同じだ
　○b　どのような「犬」を思い浮かべるかは人によって違う　　｝ということを説明するための例
　　c　「犬」ではないものを思い浮かべる場合がある
　　d　「犬」という言葉が理解できない可能性がある

【問8】この文章は何について書かれたものか。二十字以内で説明しなさい。

聞	き	手	に	わ	か	り	や	す	く
伝	え	る	方	法	。				

本文Ⅱ
【問1】　a　ぎょうれつ　　　b　ほうしょく　　　c　はだか
　　　　d　ぜんぽう　　　　e　かって

【問2】　A　じっと　　　　B　まったく　　　　C　たいてい
　　　　D　もっとも　　　E　しかし

【問3】「① そんな状態」とあるが、どんな状態か。

前面文中有"見も知らぬ人とじっと向かいあってすわっている"。

　　　a　行列をつくらなければならない状態
　　○b　知らない人と向き合ってすわっている状態
　　　c　すぐに席を立たなければならない状態
　　　d　食事を短時間で済ませなければならない状態

【問4】「② 人間のなわばり」とあるが、この場合どんなものか。

"人間のなわばり"意为"個々人が他人に立ちいられると不安になって逃げだしたくなるような非許容空間"。"非許容空間"意为"不想別人進入的空間"。

　　○a　他人が立ちいると抵抗を感じる空間
　　　b　自我の立ちいることができない空間
　　　c　家族が立ちいると抵抗を感じる空間
　　　d　他人が立ちいっても抵抗を感じない空間

【問5】「③ カウンターの席なら、隣りにだれがすわってもさほど抵抗を感じない」とあるが、なぜか。

"個人空間""左右に短い"，即在吧台前，人们是横排坐着的。

　　　a　個人のまわりには泡のように広がる非許容空間があるから
　　　b　楕円形をした個人のなわばりは、左右の非許容空間が広いから
　　○c　楕円形をした個人のなわばりは、左右の非許容空間が狭いから
　　　d　カウンターの席は長いので個人のなわばりが広くなるから

综合解答

【問6】「⑤ これは」とあるが、何を指しているか。

"これ"指前面文中的"他人と同席して勝手に食べたいものを食べるのをなんとも思わなくなっている"。

 a カウンターの席で隣りにだれかすわると抵抗を感じること
○b 他人と同席して勝手に食べたい物を食べることに抵抗を感じないこと
 c 家族がそろって食事をする日が少なくなっていること
 d 相席をさせられると食べ物の味がかわること

【問7】筆者の言う「個人のなわばり」の形からすると、他人が入ってきたときに抵抗を感じる空間が広いのは、どの位置だと考えられるか。

"個人のなわばり",即前方空間大,而背后及左右空間小。前面文中有"人間の個人のなわばりが、前方に長く、背後や左右には短い楕円形をしている"。

 a 右側 b 左側 ○c 前方 d 後方

【問8】筆者は相席についてどのように思っているか。

注意文章最后的"これは文化からの退行でなければ、逸脱ではないか"的意思。

 a 行列しなければ昼食が食べられないという大都会の事情があり、当然のこととして受け入れるべきだ
 b 食べることはプライベートな行為であるが、親しい者とのみ相席をしてはいけない
 c どこの社会にもそれぞれの食事作法があるのだから、相席もその作法に合ったものでなければならない
○d 家族が食事を共にしなくなったり、相席をなんとも思わなくなっているのは文化からの退行である

第十课

本文 I

【問1】　a　おんだんか　　　b　うんぬん　　　c　こんだんかい
　　　　d　ぎょうせい　　　e　べつもの

【問2】　A　わけではない　　B　ところが　　　C　かというと
　　　　D　すると　　　　　E　からです

【問3】「① そんなこと」とはどういうことか。

　　近90％的科学家和普通人所相信的，即前面文中的"事实是科学の中に存在する"。

　　　a　科学は絶対的ではないこと
　　　b　一般の人が科学は絶対的だと信じていること
　　　c　科学者の9割近くが事実は科学の中に存在すると信じていること
　　○d　事実は科学の中に存在すること

【問4】「② 書き直してください」とあるが、なぜか。

　　前面文中有"炭酸ガスの増加云々というのは……一つの推論にすぎない"。即不能断定。

　　"CO₂ 増加による"　┌　a　古い考え方だから
　　ということは　　　│　b　科学者が認めていないから
　　　　　　　　　　　│○c　断定できないから
　　　　　　　　　　　└　d　政府の注文ではないから

【問5】「③ あなた」というのはだれのことか。

　　前面的文中有"官僚から反論があった"。即用"あなた"称呼官僚。

综合解答

○a 官僚　　　b 科学者　　　c 一般の人　　　d 政治家

【問6】 どうして「④心配だ」と言ったのか。

　　　後面文中有"おそらく、行政がこんなに大規模に一つの科学の推論を採用して……可能性があるからです"。表示担心的理由。

　　　a 大規模な国際会議をしようとしているから
　　　b CO_2増加によって地球温暖化が進むから
　○c 推論を事実として採用しようとするから
　　　d 科学は多数決ではないと思っているから

【問7】（ア）（イ）（ウ）に入る言葉の組み合せとして、適当なものはどれか。

　　ア：「真理だと決め付けてしまうのは怖い」→推論
　　イ：「気温が上がっている」→事実
　　ウ：「その原因が炭酸ガス」→推論

　　　a　ア：事実　　　　　イ：事実　　　　　ウ：推論
　○b　ア：推論　　　　　イ：事実　　　　　ウ：推論
　　　c　ア：推論　　　　　イ：推論　　　　　ウ：事実
　　　d　ア：事実　　　　　イ：推論　　　　　ウ：事実

【問8】「⑤『事実』ですら一つの解釈であることがあるのです」というのはどういうことか。

　　　这里表达了作者对"何を事実と考えるか"的慎重态度。

　　　a 事実をきちんと理解していないこともある
　○b 事実とされていることも真理とは限らない

c 事実は推論と混同されているかもしれない
  d 事実というものは実際には存在しない

【問9】 筆者の最も言いたいことは何か。二十字以内で説明しなさい。

| 科 | 学 | 的 | 推 | 論 | と | 事 | 実 | を | 区 |
| 別 | し | な | け | れ | ば | な | ら | な | い |

本文Ⅱ

【問1】 a いがた　　　b でんせん　　　c あいちゃく
　　　　d ぞんがい　　e まゆ

【問2】 A たとえば　　B それどころか　C しかも
　　　　D すなわち　　E また

【問3】「① 子どもは身近な大人の生きざまを自分の身にうつしていきます」とはどういう意味か。

　"身近な大人の生きざま"意为周围大人们的生活方式,而"自分の身にうつしていく"意为模仿。

　○a 周囲の大人の行為を次々にまねていくという意味
　　b 周囲の大人と同じことをして、それを鏡にうつして遊ぶという意味
　　c 周囲の大人の身なりをよく観察しているという意味
　　d 身近にあるものを何でも鏡にうつして遊ぶという意味

【問4】「② 身体の一部がつながっている」とはどういうことか。

　前面文中有"子ども同士でもよく行為が伝染します"、"まさに病がうつるごとく、子どもたちの身体は互いにうつしあっています"等等。

a 子どもたちは手をつないだりして、いつも体がつながっている
○b さまざまなものが伝染していくので、体がつながっているようだ
c 子どもはおなじようなことをするので、相手を鏡にうつしたようだ
d 子どもは同じようなことをするので、心と心がつながっているようだ

【問5】（ ③ ）に入る文として、適当なものはどれか。

前面文中有"覆す行為がそのうち型どりをする、同形のものを作りだす遊びへと変化していきます"，即"砂を泥状にしてプリン型に詰め、……"。

a その絵を描く
b それを鏡にうつす
c それを他の子どもと交換する
○d それを皿の上にひっくりかえす

【問6】「うつし、うつるという言葉をあえて漢字にせず用いましたが」から始まる第二段落の内容と合っているものはどれか。

这一自然段对"移す"行为进行了描述。即"砂を右手ですくい、それを左手に、また右手にと移しかえをくりかえす"、"これは子どもたちが自分に気づいていく過程と並行しているといえるのです"。通过这种游戏，孩子们得到了自我存在的认知。

a 子どもはものを「移す」という行為を通して、反復の動作を学んでいく
○b 子どもはものを「移す」という行為を通して、自分の居場所を認識していく
c 子どもは単純な遊びを通して、「写す」「移す」の違いを学んでいく
d 「右」から「左」へものをうつすことで、子どもは「いる―いない」というかくれんぼや鬼ごっこのルールを学んでいく

【問7】 この文章の内容と合っているものはどれか。

孩子们对周围世界和大人们行为的模仿。

 a　子どもは同型のものを作り出す遊びの天才である
 b　「うつす」ということばには、「写す」「移す」の二つの意味がある
 c　子どもは感情を伝えることが上手である
 ○d　子どもはまわりの世界や大人の動きをうつしとっていく

第十一课

本文 I

【問1】 a　こうさ b　せんさく c　へいばん
   d　かんき e　ものい(い)

【問2】 A　ばかり B　きっぱり C　ぼんやり
   D　あいまい E　ぼかす

【問3】 どういうときに「① 不思議な感覚におそわれる」のか。

所谓的"二重人格者になる"、"4人で会話をしている"是"不思議な感覚"的内容,但并非事实。问题在于这种感觉是什么时候产生的。

 a　2か国語が交錯して混乱しているとき
 b　2人とも二重人格者になるとき
 c　4人で会話をしているとき
 ○d　2か国語を使い分けているとき

【問4】 （ア）（イ）（ウ）（エ）に入る言葉の組合せとして、適当なものはどれか。

直白的表达为"フランス語",而暧昧的表达为"日本語"。

综合解答

a　ア：フランス語　イ：日本語　　ウ：フランス語　エ：日本語
　○b　ア：フランス語　イ：日本語　　ウ：日本語　　エ：フランス語
　　　c　ア：日本語　　　イ：フランス語　ウ：フランス語　エ：日本語
　　　d　ア：日本語　　　イ：フランス語　ウ：日本語　　エ：フランス語

【問5】（　②　）に入る文として、適当なものはどれか。

后面的文章叙述的是语言对国民性格产生的影响。

○a　私たちの性格もまた大きく異なってくる
　b　私たちの性格が影響を与えている
　c　私たちの国民性が決まるわけではない
　d　私たちはあいまいな表現を使うようになる

【問6】「③ さぞかし歯がゆい話であるにちがいない」というのはどういうことか。

即使不理解"歯がゆい"的意思，也可以想像意大利人着急的样子。

○a　いらいらするだろう　　　b　怒り出すだろう
　c　がっかりするだろう　　　d　喜ぶだろう

【問7】本文に出ている日本語とフランス語の違いについて、三十字以内で説明しなさい。

は	っ	き	り	も	の	を	言	い	た
い	と	き	は	フ	ラ	ン	ス	語	の
ほ	う	が	言	い	や	す	い	。	

本文Ⅱ

【問1】　a　ぞうさく　　　b　ひれ　　　　　c　ししょう
　　　　d　じゅみょう　　e　こどうぐ

【問2】　A　たとえば　　　B　だが　　　　　C　そうだとすると
　　　　D　つまり　　　　E　それにもかかわらず

【問3】（　①　）に入る文として、適当なものはどれか。

　文中有"理想的には対称になるはずなのだが、実際は、細かくみれば本当に対称ではない"、"細かくみれば本当に対称ではない"，即多少有一些左右的偏差。

　　　a　左右のずれはまったくないものだ
　○b　多少の左右のずれはあるものだ
　　　c　はっきりした左右のずれがあるものだ
　　　d　理想的ずれがあるものだ

【問4】「②　これら」とあるが、何を指しているか。

　前面文中有"手足や顔のような左右対称の構造は……"。

　　　a　さまざまな悪条件を作る構造
　　　b　本来の完全な対称が達成されなかった構造
　○c　手や足のような左右対称の構造
　　　d　微妙に対称性がずれた構造

【問5】「③　雌は、配偶者の選り好みをするときに、雄の形質の対称性のゆらぎに注目しているかもしれないのである」といっているが、筆者はなぜこう思ったのか。

　文中有"きちんと対称になっている個体がいたとしたら、その対称性は、

综合解答

発生途上の厳しい条件にもかかわらず達成されたのだから、その個体が遺伝的に非常に強いことを物語っているのかもしれない"。

  a 対称性のゆらぎの多いものほど遺伝的に強いと考えられるから
○b 正確に左右対称の個体は遺伝的に強いと考えることができるから
  c 正確に左右対称であるなしにかかわらず、雌は好きな雄を選ぶから
  d 正確に左右対称であっても、遺伝的に強いとは考えにくいから

【問6】「④ FAの少ない個体」とは、どんな個体か。

  文中有"FAとは、生物のからだのいろいろな部分の対称性が、理想的な対称から微妙にずれている度合いを表わす"。"微妙にずれている度合い"、即稍微有一点偏差。

  a 対称性のずれがない個体
  b 対称すぎて魅力が少ない個体
○c 対称性のずれが少ない個体
  d 対称性のゆらぎが大きい個体

【問7】（　⑤　）に入る言葉として、最も適当なものはどれか。

○a 有利である   b 不利である
  c 危険である   d 無用である

【問8】「⑥ それは、その器官のFAに着目して、雌が雄を選んできたからなのだろうか？」と筆者が考えるのはなぜか。

  前面文中有"雌に対する求愛の小道具の役割だけを果たしている器官"、"そのような器官も対称に作られていることが多い"。

  a すべての器官が左右対称になっているとはいえないから
  b 求愛の小道具の器官が左右対称になっていないから

c　生活上で機能している器官が左右対称になっているから
　○d　求愛の小道具の器官が左右対称になっているから

第十二课

本文 I

【問1】　a　しゃくようご　　b　はか（り）　　c　しょうがい
　　　　d　げいとう　　　　e　ざせつ

【問2】　A　たとえば　　　B　もはや　　　　C　したがって
　　　　D　はずはない　　E　あえて

【問3】　筆者の言う「カタカナ語」について、正しいものはどれか。

　　第一、第二自然段中有"本来の日本語ではない"、"ほとんど原語の音をとどめない"、"意味も違う"、"日本語でもなく、英米語でもない"等等。

　○a　英米語でも日本語でもない
　　b　英米語の発音をそのままとどめている
　　c　英米語の意味をそのままとどめている
　　d　日本語をカタカナで表記している

【問4】　筆者が、「① デパチカのフードコーナー」という言葉が理解できるのはなぜか。

　　后面文中有"私がそれを理解できるのは……知っているからである"。

　　a　英米語の意味をよく知っているから
　　b　英米語の発音ができるから
　　c　義務教育を受けたから
　○d　カタカナ語の知識があるから

【問5】　筆者は、「カタカナ語」が日本人の言語活動に与えた影響をどのよう

综合解答

に述べているか。

文中有"すなわちカタカナ語は、……コミュニケーションに大きな障害をつくりだす"，因此a是答案。b和d是关于汉语借用词的记述，而c本文中并没有"日本語には活力を与えている"的记述。

○a　日本人の間で話をわかりにくくしている
　b　日本語の語彙を拡大している
　c　日本語に活力を与えている
　d　日本語の表現力を豊かにしている

【問6】「② 日本の子供を英語国の小学校に入れれば、たちまち英語を流暢に話すようになる」のはなぜか。

文中有"その強い動機が突然英語国の小学校に入れられた子供にはある"。

　a　外国語教育は早くから始めたほうが効果が上がるから
　b　子供は大人より短い時間で適応する力があるから
○c　英語を覚えなければならない、という強い動機があるから
　d　英語国の小学校は教育のしかたが優れているから

【問7】筆者は、日本の小学生に英語の学習を強制すると何が起こると予想しているか。三十字以内で説明しなさい。

英	語	学	習	は	失	敗	し	、	そ
の	代	わ	り	に	不	便	な	カ	タ
カ	ナ	語	が	多	く	な	る	。	

本文Ⅱ
【問1】　a　きくば(り)　　　b　はらげい　　　c　だんらん

　　　　d　なげ(く)　　　　e　まど(り)

【問2】　A　しかし　　　　B　そして　　　　C　つまり

【問3】「① 言わなくても察する」が重視されるとあるが、なぜか。

　　后面文中有"これは、農耕、漁労などの共同労働を通じて地域の人々が皆気持ちを通じあっていたムラ的社会の心情が今も残っているからだろう"。

　　　a　ムラ社会ではおしゃべりな人は嫌われるから
　　　b　気配りや思い遣りが重要視されないから
　○c　共同作業を通じて、人々が気持ちを理解してきたムラ社会構造が残っているから
　　　d　農耕・漁労などに従事する人は、作業内容がわかっているので言葉で指示する必要はないから

【問4】「② つくづくそう思う」とあるが、何を思うのか。

　　前面文中有"アメリカの大統領選挙でテレビ討論、つまり言葉による戦いが重視され、そこで話された言葉が一回ごとに支持率に反映する"。

　　　a　国政の重要事項に関することも政治家の腹芸で決まってしまうこと
　○b　アメリカは日本よりずっと言葉社会であること
　　　c　アメリカでもまだムラ社会の心情が残っていること
　　　d　アメリカの大統領選挙ではいつもテレビ討論会が行われること

【問5】「③ この条件」とは、どんなことか。

　　指其前面的部分、即"黙っている相手の気持ちを察するにはある程度長い接触時間が必要だ"。

综合解答

a 長い接触時間が必要なこと　　　b 気配りや思い遣りが必要なこと
　○　c 家の真ん中に茶の間があること　d 家族がいつも家にいること

【問6】（　④　）に入る文として、適当なものはどれか。

"後ろ向きには考えてはならない"，即不能沉湎于过去。因此这里需要选择"後ろ向き"的内容。

　　　a 今はいい　　　　　　　　　　b 今もよくない
　○　c 昔はよかった　　　　　　　　d 昔はよくなかった

【問7】「⑤ 他人」とあるが、ここではどういう意味か。

前面文中有"子供を幼くても人格を備えた『個』、つまり年齢に応じてはあるが"。

　　　a 子供もある年齢を過ぎると、親と他人のような関係になるという意味
　　　b 子供を大人と同じに扱い、親であっても子供に丁寧な言葉を使うという意味
　○　c 子供であっても、一人の「個」をもつ人間として扱うという意味
　　　d 親子は結局他人であるという意味

【問8】「⑥ この段階」とは、どんな段階か。

第四自然段主要论述的是"人格を備えた「個」"。

　○　a 家族の中でも一人一人を人格のある個として認める段階
　　　b 都市的な生活様式が送れるような段階
　　　c 親子の間でも会話がよく行われる段階
　　　d 言語による自己表現能力がついてきた段階

【問9】 この文章の内容と合っているものはどれか。

最后自然段进行了总结,"子供が子供部屋に閉じこもるのを……非言語コミュニケーションに頼っていることにありはしない",即认为不与孩子们对话交流,也能做到与他们的沟通,这就是孩子们总是躲在自己的房间里的原因。

○a 日本は住まい方だけを輸入し、言語による自己表現能力を磨かなかったため子供が閉じこもってしまうことが多くなった
　b 家族が黙っていても気持ちが通じ合うのは今も昔も同じである
　c 日本人は非言語コミュニケーションで、思いやりの心を育てるべきである
　d 非言語コミュニケーションに頼っている限り、都会的な生活は送れない

第十三课

本文 I

【問1】　a　しょうちょう　　b　さんかっけい　　c　はっこう
　　　　d　とら(え)　　　　e　てぎわ

【問2】　A　やっぱり　　　　B　つまり　　　　　C　同様に
　　　　D　しかし　　　　　E　そこでは

【問3】 次の文を読んで、本文の内容と合っているものには○を、違っているものには×を(　)の中に入れなさい。

注意从日本菜与法国菜、日本文化与法国文化等的区别来考虑。

① (×) 筆者とフランス人の友人はごちそうに対して同じイメージを持っていた。
② (×) レヴィ＝ストロースは、ごちそうのイメージを三角形で表した。
③ (×) レヴィ＝ストロースによると「発酵したもの」は未開の料理

と考えられる。
④（ ○ ）日本人は焼いた魚料理より、生の新鮮な魚料理の方が上等だと考えている。
⑤（ ○ ）魚料理に対する価値観には文化の違いが見られる。
⑥（ ○ ）「火にかけたもの」と「発酵したもの」は、変形が加わったという点では同じである。

【問4】「生で食え、焼いて食え、煮て食え、捨ててしまえ」を、八十字以内で説明しなさい。

生	で	食	べ	ら	れ	な	か	っ	た
ら	焼	く	、	焼	い	て	食	べ	ら
れ	な	か	っ	た	ら	煮	る	、	煮
て	も	食	べ	ら	れ	な	か	っ	た
ら	捨	て	る	と	い	う	考	え	方。
言	い	換	え	れ	ば	、	生	で	食
べ	る	こ	と	が	一	番	い	い	と
い	う	価	値	観	。				

本文Ⅱ

【問1】　a　きず　　　　　b　おんしょう　　　c　きょうじゅ
　　　　d　ぼうけん　　　e　かいひ

【問2】　A　それどころか　　B　だが　　　　　C　もちろん
　　　　D　いざとなれば　　E　別に

【問3】「①自由な生き方」とあるが、ここではどんな意味か。

因为"自分は会社に縛られる生き方をしてきた"、所以"子供には自由な生き方を見つけて欲しい"。

　　　a　就職しないで親に支えてもらうという意味
　　　b　親の会社に就職して、自由にはたらくという意味
　　○c　会社に縛られない生き方をするという意味
　　　d　「ふつう」のはたらき方をするという意味

【問4】「② 願ってもない好環境」とあるが、どんな状態か。

　"フリーターにとっては夢を追い続ける期間を延長できる"是因为"親が、息子や娘のパラサイト・ライフを支えてくれる"。

　　　a　親が自信を失っていて、子供には何も期待していない状態
　　　b　親が会社に縛られていて、子供に何もいえない状態
　　○c　親が子供に自由な生き方を期待している状態
　　　d　子供が早く会社に就職することを親が期待している状態

【問5】「③ 新たなプレッシャー」とあるが、何がプレッシャーとなるのか。

　"新たなプレッシャー"即"そうした親の姿勢"。

　　○a　親の姿勢　　　　　　b　自分の姿勢
　　　c　仕事をさがすこと　　d　就職すること

【問6】「④『ふつう』ないしは『ふつう以下』の就職」とあるが、どんなことか。

　不是父母所期望的理想公司。

　　○a　夢が追えない、ふつうの会社に就職すること
　　　b　夢を実現させるために、理想的な会社に就職すること
　　　c　夢は追えないが、ビッグになれる会社に就職すること

综合解答

　　　　d　夢を実現させるために、親の会社以下の会社に就職すること

【問7】「⑤敗北宣言が出来なくなってしまっている」とあるが、どんな意味か。

　　　前面文中有"『夢を追い続けろ。ふつうのつまらない会社になんて就職するな。お前はビッグになれるはずだ』とプレッシャーをかけているわけではない。だが……"。

　　　　a　会社ではたらく意欲を失ったという意味
　　　　b　親からのプレッシャーに負けて、就職することにしたという意味
　　○　c　夢を諦めて、「ふつう」の会社に就職したいといえなくなったという意味
　　　　d　どうしても夢を諦められないという意味

【問8】「⑥それ」とあるが、どんなことか。

　　　指前面文中的"『ふつう』の生活は、……"。

　　○　a　「ふつう」の生活をすること
　　　　b　冒険的青春をおくること
　　　　c　ぬるま湯の生活を続けること
　　　　d　夢を追い続ける生活を支えてもらうこと

【問9】この文章の内容と合っているものは次のどれか。

　　　父母不期望子女找个"ふつう"的工作,这是因为父母从事的是"ふつう"的工作。

　　　　a　親は「ふつう」の就職をしてもらいたいと願っているが、子供は自由な生き方ができなくなるので、就職したがらない
　　○　b　親が子供を支えているために、子供は「ふつう」の就職に踏み出せ

ずにいる
　c　親子ともに「ふつう」の就職を願っているが、子供がふつうの就職を見つけるのは困難になっている
　d　親が実現できなかった「自由な生き方」を子供が手に入れるために親も子供も「ふつう」の就職をしようとしない

第十四课

本文 I

【問1】　a　ひとりぐ(らし)　　b　しゅうしゅうび　　c　じゅんかん
　　　　d　びせいぶつ　　　　e　わ

【問2】　A　なんとか　　　　B　とは限らない　　　C　それで

【問3】　次の文を読んで、本文の内容と合っているものには○を、違っているものには×を(　)に中に入れなさい。

注意从"リサイクル"和"サイクル"的角度来考虑。

① (○) ゴミを分別して処理するのは面倒だ。
② (○) 発泡スチロールやちらしは、一週間で非常にたくさんたまる。
③ (×) プラスチックをゴミにするのは環境問題について悩んでいないからだ。
④ (×) 「容器包装リサイクル法」ができたのでもう心配はない。
⑤ (×) 社会の中にできたリサイクルの道はゴミ問題の理想的な解決法である。
⑥ (×) 体の中の物質は不要なものと必要なものがはっきりしている。
⑦ (○) 生物間と体の中の物質には共通した点がある。
⑧ (×) 今の社会は「持続可能社会」である。

【問4】　「リサイクル」「サイクル」とはどういうことか。八十字以内で説明しなさい。

综合解答

リサイクルとは、必要なものを作った結果生じてしまったゴミを再利用すること。いっぽう、サイクルとは、はじめからゴミになるものを作らないですべて利用しあうこと。

本文Ⅱ

【問1】　a　あやつ　　　　b　よっきゅう　　　c　たいくつ
　　　　d　たしゃ　　　　e　せいぎょ

【問2】　A　しかし　　　　B　それどころか　　C　ところが
　　　　D　よりも　　　　E　つまり

【問3】　「① このような仮定」とあるが、どんな仮定か。

　　前面文中有"望ましい行動に対しては報酬を与え、好ましくない行動をしたら罰を加えればよい"。

　　a　報酬と罰を相互に与えれば、こちらの思いどおりに人を動かすことができるという仮定
　　b　サーカスの曲芸師のように芸を仕込めば、こちらが思ったように人が行動するという仮定
　　c　上手に操れば、誰でもこちらの思いどおりになるという仮定
　○d　望ましい行動には報酬を、そうでない行動には罰を与えれば思いどおりに人を動かすことができるという仮定

【問4】「② これらの行動」とあるが、どんな行動か。

前面文中有"行動することそれ自体が報酬になっているような行動の存在が確認された"。

    a 多くの成果を上げている行動
    b 動機づけを必要とする行動
   ○c 行動そのものが報酬となる行動
    d 動機づけを必要としない行動

【問5】（ ③ ）に入る言葉として、適当なものはどれか。

根据智力游戏的性质,结果会不一样。无聊的智力游戏即"金銭を支払われた学生の方が受けなかった学生よりもパズルに対して興味を示した"；而有趣的智力游戏即"報酬をもらった学生の方がそうでない学生よりも……"。选择「興味を示した」相反的内容。

   ○a 失っていた   b 増大させていた
    c 示していた   d 低下させまいとしていた

【問6】「④ やらされている」とあるが、どう感じるか。

"報酬によって『やらされている』という感じに変化せさられたのである。"中的"変化させられた"不具有主体性,即被动的。

    a 主体的にやらなければならないと感じる
    b お金を受け取ったうえ、パズルができると感じる
   ○c お金を受け取ったのだからやらなければならないと感じる
    d アメとムチの理論にしたがって行動しなければならないと感じる

【問7】 筆者によれば、人が意欲的な態度を持つためには何が必要か。

综合解答

最后自然段有"内発的に動機づけられた行動は、自己の環境との関連において、有能で自己決定的でありたいという人間の基本的要求に根ざしている"。"内発的に動機づけられた行動"即为"人が意欲的な態度を持つ"。

  a 適度の報酬を得ながら自分の興味のあることだけすること
  b 自分の行動を支配しているのは自分以外のものであるという感覚に打ち勝つこと
  c 報酬の有無にかかわらず、「やらされている」ということを感じないようにすること
  ○d 有能で自己決定的でありたいという人間の基本的な要求を持ち続けること

第十五课

本文Ⅰ

【問1】 a あ(げる) b ちか(う) c わだい
    d さいふ   e ぎょうじ

【問2】 A もし   B たとえば C また
    D そして   E すっかり

【問3】 次の文を読んで、本文の内容と合っているものには○を、違っているものには×を(　)に中に入れなさい。

注意从日本人"宗教心"的方面来考虑。

①（○）日本では結婚式のやり方を自由に決めることができる。
②（○）結婚するとき、神に誓うやり方ばかりでなく、人に誓うやり方もある。
③（○）一月の一日から三日の間に、三人中二人が神社や寺にお参りに行く。
④（○）どんな願いごとをするかによって、それぞれ違う神に祈る。

⑤（ ○ ）各宗教の信者を合計すると、日本の人口より多い。
⑥（ × ）日本人は、神は居ないと思っている。
⑦（ × ）日本人はいくつかの宗教を熱心に信じている。
⑧（ ○ ）日本人の生活習慣には、宗教心と結びついているものが少なくない。

【問4】 日本では、どんな形で結婚式を挙げるか。八十字以内で説明しなさい。

日本人は、宗教にかかわりなく自由に形式を選んで結婚式を挙げる。例えば、教会で挙げる人もいれば、神道のやり方や仏式で挙げる人もいる。また神ではなく人に誓う人もいる。

本文Ⅱ

【問1】　a　ちんぼつ　　　b　せんぱく　　　c　みづか
　　　　d　せんろもう　　e　たちおうじょう

【問2】　A　いくらでも　　B　これに対して　　C　ところが
　　　　D　少しでも

【問3】　「① 両者はまるで違う」とあるが、「両者」とは何を指すか。

　　注意前面文中出现的两个词，即"科学者"和"技術者"以及两者的区别。因此不加区别混为一谈的"科学技術者"是错误的。

综合解答

    a 科学技術者と技術者
    b 科学者に似た人種と技術者
  ○c 科学者と技術者
    d 世間の人から見た科学者と技術者

【問4】「② 退避させる計画に取り組んだかもしれない」とあるが、筆者はだれが「取り組んだ」と考えたのか。

文中有"タイタニック号に乗っていた技術者は……退避させる計画に取り組んだ"。

    a もし技術者と科学者がタイタニック号に乗り合わせていたら、彼らが退避計画に取り組んだだろうと考えた
    b もし科学技術者がタイタニック号に乗り合わせていたら、退避計画に取り組んだだろうと考えた
    c もし技術者と科学者がタイタニック号に乗り合わせていたら、乗客全員とともに退避計画に取り組んだであろうと考えた
  ○d もし技術者がタイタニック号に乗り合わせていたら、退避計画に取り組んだだろうと考えた

【問5】「③ 違うのは、何を予測するか、何のために予測するかである」とあるが、両者はどう違うのか。

文中有"科学者は人間のさじ加減一つで結果が変わるようなことの予測には興味を示さない"和"技術者、台風や地震で橋や建物がどうなるかを予測する"。

    a 科学者は運命を変えるために予測するが、技術者はそうはしない
  ○b 技術者は運命を変えようとして予測するが、科学者はそうはしない
    c 科学者は人間に変えられない将来の予測に興味を持たないが、技術者は興味を持つ

d　技術者は大きな現象を予測することには興味を持つが、科学者は持たない

【問6】「④ 列車は線路の通りにしか走れない」とあるが、ここではどんな意味か。

　　"列車の動き"即"自然現象"，而科学家和技術人員預測"自然現象"，即存在法則。

　　　a　自然現象は正確に調査されているものだという意味
　○b　自然現象は決まった法則によって起こるという意味
　　　c　自然現象が起きるのは運命によるという意味
　　　d　人間の期待通りには自然現象は起きないという意味

【問7】「⑤ これ」とあるが、どんなことか。

　　指的是前面文中的"科学者の仕事はこの自然法則という線路網、全国をおおっている線路網を正確に調査し、記録することである。"

　　　a　科学者が「自然現象」のことを「自然法則」と呼んでいること
　○b　科学者が自然法則を正確に調査し、記録していること
　　　c　技術者が自然法則を正確に調査し、記録していること
　　　d　技術者が「自然現象」のことを「自然法則」と呼んでいること

【問8】「⑥ その運命」とあるが、どんなことか。

　　"その運命"即"ガン患者の運命"和"今後どう進行するか"。

　○a　ガンが進行すること　　　　b　ガンの治療を受けること
　　　c　ガンを予測すること　　　　d　ガンが発見されること

【問9】筆者はガン研究者と医者についてどのように考えているか。

綜合解答

最后自然段有"今后どう進行するかを正確に予測するのはガン研究者の役目である"。而"医者は……どうしたらよいのか、何ができるのか、持てる知恵と技術を総動員する"。

    a ガン研究者と医者とは終始異なる考えを持ち、対照的に行動をするものだ
    b ガン研究者はガンの研究と予測、医者はガンへの対策といったように両者は仕事を明確に役割分担すべきだ
○c ガン研究者も医者も、ガンを研究・予測するが、その目的と対処法は非常に異なる
    d ガン研究者と医者は対照的に行動するが、考え方と行動の仕方は同じだ

第十六课

本文Ⅰ

【問1】 a はだざわ(り)   b けいさい   c びょうどう
          d おんち   e ふうちょう

【問2】 A うちに   B からだ   C しまったら
          D まで   E いっぽう

【問3】 次の文を読んで、本文の内容と合っているものには○を、違っているものには×を(　)に中に入れなさい。

注意从"男の領域"和"女の領域"这两个方面来考虑。

① (×) A氏は仕事で情報を集めているので育児に関する知識は主婦と同じぐらいある。
② (×) 現在、育児休暇を取る男性は多い。
③ (○) デパートで男性に話しかけてきた人は、子育ては女性がやるものだと考えている。

④（ × ）サラリーマンのD氏は車選びの主導権を奥さんに渡したことを後悔している。
⑤（ ○ ）若い男女は、ファッションも生活スタイルも似てきている。
⑥（ ○ ）バブルのころは、男性がデートの費用を持つことを期待されていた。
⑦（ × ）今は、男性も女性もジェンダーから解放されている。

【問4】 バブル後、男女の役割分担に対する意識が変化してきた理由は何か。五十字以内で説明しなさい。

ユ	ニ	セ	ッ	ク	ス	化	が	進	み
与	え	ら	れ	る	情	報	も	男	女
同	じ	で	、	生	活	ス	タ	イ	ル
に	差	異	が	な	く	な	っ	て	い
る	か	ら	だ	。					

本文Ⅱ

【問1】 a しょくしゅ　　b みちすじ　　c たくわ（え）
　　　 d あいい（れない）　e ちゅうちょ

【問2】 A すると　　　B ところが　　C しかし
　　　 D そろそろ　　E たまたま

【問3】 筆者はなぜ「① 取材者泣かせの言葉」と言っているのか。

　　后面文中有"それでは読者に伝わらないからと、あの手この手で聞き出さなくてはならない"。

　　　a 話し手がその三つの単語を使うと、読者が泣くほど感激するから
○b 話し手がなぜ成功したかが、その三つの単語だけでは読者に伝わ

综合解答

らないから
  c 話し手がこの三つの単語を使うと、取材者が泣くほど感激してしまうから
  d 話し手がなぜ成功したかが、その三つの単語だけで簡単に読者に伝わるから

【問4】「② 一分のすきもないキャリアを形成している」とは、どういう意味か。

"一分のすきもない"意为没有一点空隙，但从前面的文章意思看，这里比喻完美无缺。

  a 他人にすきを見せないという意味
  b 忙しくて一分の時間もとれないポストにいるという意味
○c 非常にりっぱなキャリアを持っているという意味
  d 他人が入り込むすきがまったくないという意味

【問5】「③ 取材には苦労しないのだが、話はちっともふくらんでいかない」とは、ここではどういう意味か。

"話がちっともふくらんでいかない"，即说话内容空洞乏味。

  a 資料がたくさんあるので、取材したこと以外で話をふくらませる必要はないという意味
  b 取材に苦労しないため、面白い記事にならないという意味
  c 資料がたくさんあるので、取材したことが全て使えないという意味
○d 資料はたくさんあるのだが、発展性がなく面白い記事が書けないという意味

【問6】どうして筆者はiモードの開発に関わったのか。

后面文中有"目の前にある偶然に心を開いてみよう"、"偶然を敵に回さ

ず、味方につける方法だってあるんじゃないだろうか"。

    a 42歳になった記念に何か新しいことがしてみたかったから
○b 偶然を味方にしようと考えたから
    c デジタルの分野に興味があったから
    d 知人に誘われ、仕方がなかったから

【問7】 この文章の内容と合っているものはどれか。

文中有"偶然はやっかいだからと排除するのではなく、偶然とうまく「付き合う」ことも必要になってきている"。

    a 偶然はやっかいなことだから、期待しないほうがいい
○b 偶然はやっかいなことだが、うまく付き合うことも必要である
    c 人は努力をすれば、幸運に恵まれなくても報われる
    d 人は努力しても、偶然が味方してくれなかったら報われない

参考文献

1. 畑佐由紀子編『第二言語習得研究への招待』(くろしお出版、2003年3月)
2. 舘岡洋子著『ひとりで読むことからピアリー・リーディングへ』(東海大学出版会、2005年3月)
3. 国際交流基金『読むことを教える』(国際交流基金 日本語教授法シリーズ7)(ひつじ書房、2006年6月)
4. 三上直之『「超」読解力』(講談社＋α新書)(講談社、2005年11月)
5. 草野宗子/村澤慶昭編著『完全マスター1級日本語能力試験読解問題対策』(スリーエーネットワーク、2001年7月)
6. 松本節子ほか著『実力アップ！日本語能力試験1級 読解編』(ユニコム、2005年3月)
7. 安藤節子ほか著『トピックによる日本語総合演習 中級後期』(スリーエーネットワーク、2001年8月)
8. 安藤節子ほか著『トピックによる日本語総合演習 上級』(スリーエーネットワーク、2001年12月)
9. 筒井由美子ほか著『新基準対応 日本語能力試験1級・2級 試験に出る読解』(桐原書店、2006年12月)
10. 周昇夫主編《现代日语读解 第一册》(吉林大学出版社、2001年4月)
11. 日本讲谈社编・上海译文出版社编译《日汉大辞典》(上海译文出版社、2002年6月)
12. CASIO电子辞典 EW-V3500、卡西欧(上海)贸易有限公司出品、2005年

13. 王曰和主编《新编现代日语外来语词典》(上海译文出版社、2002年7月)
14. 見坊豪紀ほか編『三省堂国語辞典 第五版』(三省堂、2001年3月)
15. グループ・ジャマシイ編著『教師と学習者のための日本語文型辞典』(くろしお出版、1998年2月)
16. 水谷修監修『日本語イディオム用例辞典』(朝日出版社、2001年10月)

图书在版编目(CIP)数据

日语中级口译岗位资格证书考试·阅读教程/陆留弟主编. —上海:华东师范大学出版社,2019
ISBN 978-7-5675-8992-6

Ⅰ.①日… Ⅱ.①陆… Ⅲ.①日语-阅读教学-资格考试-自学参考资料 Ⅳ.①H369.4

中国版本图书馆 CIP 数据核字(2019)第 042832 号

日语中级口译岗位资格证书考试·阅读教程

编　　著	蔡敦达　庞志春
项目编辑	王清伟　孔　凡
文字编辑	姜怡雯
封面设计	俞　越
版式设计	蒋　克

出版发行	华东师范大学出版社
社　　址	上海市中山北路 3663 号　邮编 200062
网　　址	www.ecnupress.com.cn
电　　话	021-60821666　行政传真 021-62572105
客服电话	021-62865537　门市(邮购)电话 021-62869887
地　　址	上海市中山北路 3663 号华东师范大学校内先锋路口
网　　店	http://hdsdcbs.tmall.com/
印刷者	昆山市亭林彩印厂有限公司
开　　本	890×1240　32 开
印　　张	10.25
字　　数	271 千字
版　　次	2019 年 3 月第 1 版
印　　次	2019 年 3 月第 1 次
书　　号	ISBN 978-7-5675-8992-6/H·1045
定　　价	26.00 元

出 版 人　王　焰

(如发现本版图书有印订质量问题,请寄回本社客服中心调换或电话 021-62865537 联系)